# Elena

*I'm gorwyrion*
**Hanna, Sara, Ifan** *a'r efeilliaid* **Elsi a Huwi**
*ac er cof am fy wyres annwyl*
**Mared Elfyn**
*(1990 – 2013)*

# Elena

## Geraint V. Jones

y|Lolfa

Carwn gydnabod fy niolch diffuant i staff y Lolfa am eu cyngor a'u cymorth parod gyda'r gyfrol hon eto. Diolch hefyd i Alwena Morgan am wirio fy nefnydd o dafodiaith hyfryd Dyffryn Clwyd.

Argraffiad cyntaf: 2019
© Hawlfraint Geraint V Jones a'r Lolfa Cyf., 2019

Cynllun y clawr: Sion Ilar

Rhif Llyfr Rhyngwladol: 978 1 78461 702 8

Dymuna'r cyhoeddwyr gydnabod cymorth ariannol
Cyngor Llyfrau Cymru

Cyhoeddwyd ac argraffwyd yng Nghymru
ar bapur o goedwigoedd cynaliadwy gan
Y Lolfa Cyf., Talybont, Ceredigion SY24 5HE
*e-bost* ylolfa@ylolfa.com
*gwefan* www.ylolfa.com
*ffôn* 01970 832 304
*ffacs* 01970 832 782

# RHAN 1
# CWESTIYNAU

# Mynwent Artillery Wood, Gwlad Belg

'BE OEDD YR enwe yne, eto?'

'Henry Thomas Morris a Harri Wood.'

'Ac rwyt ti'n berffeth siŵr mai yn y fynwent yma y cawson nhw eu claddu?'

'Ydw.' Ac yna, wrthi ei hun, 'dwi'n meddwl.'

Oherwydd y pellter rhyngddynt, mae'r naill yn gorfod codi llais i allu clywed y llall.

'Mae yma gannoedd o fedde, Elin, ac mi allwn ni fod yn chwilio am orie eto. Ond dyw'r amser ddim ar gael inni, mae'n beryg. Mi fydd y bws ar gychwyn, gyda hyn.'

'Rwla yn y gornel yma mae'r ddau, beth bynnag,' galwodd hithau'n ôl, cyn ychwanegu eto wrthi'i hun, 'dwi'n meddwl.'

*

Wrth gerdded allan o borth y fynwent, mae Alun Daniels, perchennog cwmni bychan Tregarnedd Coaches, yn oedi eiliad i ddarllen gyda balchder, eto fyth, y geiriau oren llachar ar ochr claer, ulw wyn ei fws newydd. Yna, mae'n dringo'r ddwy ris i gymryd ei le wrth y llyw ac i anwylo hwnnw efo'i ddwylo. Hon fu taith dramor gyntaf y bws newydd ac mae gan Alun le i deimlo'n fodlon iawn efo'r ffordd mae'r cerbyd wedi perfformio.

Mae'n taflu cip arall ar ei wats ac yn aniddigo wrth weld bod nifer o aelodau'r côr – Côr y Garn – wedi mynd i grwydro'n ddiamcan yma ac acw, i ddarllen yr enwau ar y gwahanol gerrig, tra bod y gweddill yn dal i sefyllian o gwmpas bedd Bardd y Gadair Ddu, i dynnu mwy a mwy o luniau.

*Faint o lunia maen nhw eu hangan, neno'r Tad? Dwi fy hun wedi tynnu dwsina iddyn nhw'n barod, tra'r oedden nhw'n canu'r englynion coffa ar lan y bedd.*

Mae'n rhaid iddo wenu, serch hynny, wrth weld Olwen Tŷ Cerrig yn mynd trwy bob math o stumiau i gael *selfie* efo carreg y bardd yn gefndir iddi.

*Rydan ni'n gadael petha braidd yn dynn, mae gen i ofn. Mi allwn ni gyrraedd Calais o fewn yr awr ond os ydyn nhw isio mynd i'r lle mawr 'na ar y Rue Marcel Doret i brynu gwin ac ati, yna mi fydd raid i ni gychwyn o fewn y deng munud nesaf.*

Mae'n troi i syllu tuag at awyr y gorllewin ac yn gwgu wrth weld y llinell o gymylau duon uwch y gorwel yn fan'no, fel clawdd terfyn i awyr sydd wedi bod yn hollol las ers dyddiau.

*Mi fyddwn ni yng nghanol nacw ymhell cyn cyrraedd Calais, mae'n beryg.*

'Mae'n anodd canu ei hochor hi. Dydi hi ddim, bob amsar, ar ei nodyn.'

O glywed y llais annisgwyl tu ôl iddo, mae'n taflu cip sydyn i'r drych i weld bod pedair aelod o'r côr eisoes yn eistedd yng nghefn y bws. Er bod wyneb pob aelod yn gyfarwydd iddo bellach, wedi iddo dreulio'r pum niwrnod diwethaf yn eu cwmni, mater arall yn hollol yw gallu rhoi wyneb i bob llais.

LLAIS 2: Ti'n iawn yn fan'na, Diana! Dydi hi ddim hannar mor sicir ei siwrna ag mae hi'n feddwl ei bod hi.

LLAIS 3: Llais rhy wichlyd o lawar, taech chi'n gofyn i mi.

Mae Alun Daniels yn gwenu trwy wefusau main. Dydy pwy bynnag sydd o dan y lach ddim eto'n ôl ar y bws, yn amlwg.

LLAIS 1: Am be mae Elin Puw yn chwilio, draw yn fan'cw, meddech chi?

LLAIS 3: Mae Dewi Saer yn awyddus iawn i'w helpu hi, beth bynnag.

LLAIS 1: Ffansïo'i jansus mae o, dach chi'n meddwl?

LLAIS 2: Fo fasa'r cynta iddi hi, mae'n siŵr. Does gen i ddim cof amdani hi'n canlyn neb erioed o'r blaen.

LLAIS 1: Rhyfadd hefyd, pan feddyliwch chi am y peth. Mae hi'n hogan smart, rhaid i chi ddeud. Be na rown i am gael y gwallt du trwchus sydd ganddi hi!

LLAIS 2: Ac am gael bod yn dal fel'na. Dydi hi ond ryw fodfadd neu ddwy yn fyrrach na Dewi ac mae o oddeutu dwy lath, siŵr o fod.

Nid am y tro cyntaf yn ei hanes, mae Alun Daniels yn rhyfeddu fel mae rhai pobol – dynion a merched fel ei gilydd – yn barod i hel clecs yn agored fel hyn o fewn clyw iddo, yn union fel pe bai pob dreifar bws yn anweledig neu'n gwbl fyddar.

LLAIS 2: Ond bechod na fasa hi'n dangos mwy o breid ynddi'i hun. Dyna dwi'n ddeud! Bob amsar mewn sgidia fflat. Dach chi wedi sylwi? Byth yn gwisgo sodla.

LLAIS 3: A bob amsar yn gwisgo dillad tywyll, *dowdy*! Mae hi'n edrych gymaint gwell pan mae hi yn lliwiau'r côr.

LLAIS 1: Ydi. Mae piws y crys polo yn ei siwtio hi.

LLAIS 2: Mae hi'n ddigon clên ond mae hi mor dawedog a di-sgwrs bob amsar.

LLAIS 1: Deudwch i mi, ydi o, Dewi Rhys y saer, yn dal yn briod?

LLAIS 3: Bobol bach, nac 'di! Mae'r difôrs wedi mynd

trwodd ers misoedd. Yn fuan ar ôl affêr ei wraig o efo'r Bryn Pritchard 'na. Welsoch chi mo'r petha oedd yn cael eu deud ar *Facebook* ar y pryd? Hen ddiawl dauwynebog oedd hwnnw, pan feddyliwch chi am y peth. Tra'r oedd o'n aelod o'r côr roedd o'n rhoi ei hun yn ffrind da i Dewi, os cofiwch chi.

LLAIS 2: Gwaredigaeth i Dewi, yn ôl pob sôn! Mae unrhyw ddyn yn ddigon da gan y Glesni 'na, meddan nhw i mi.

LLAIS 3: Cyn belled â'i fod o'n talu.

LLAIS 1: (*Mewn peth syndod*) Talu? Be ti'n feddwl?

LLAIS 3: Dyna glywis i, beth bynnag. Wel, ddim talu *cash in hand*, dwi'n feddwl. Faswn i byth yn mynd mor bell â'i galw hi'n hwran, am wn i, ond mae hi'n pluo pob un o'i *fancy men*, yn ôl pob sôn. Rheini'n ddigon gwirion i brynu presanta drud iddi, mae'n debyg. Dillad, jiwelri a phetha felly. Wel, dyna dwi wedi'i glywad, beth bynnag, ond peidiwch ag ailadrodd ar f'ôl i.

LLAIS 1: A mae Dewi rŵan yn hel ei din o gwmpas Elin Puw. Dyna dach chi'n ddeud?

LLAIS 2: Wel, mi fedrai hi neud yn waeth. Mae o'n hogyn digon dymunol, rhaid i chi ddeud, ac yn weithiwr cydwybodol. Saer coed arbennig iawn, yn ôl be dwi'n glywad. A mae o'n eitha golygus hefyd, tae'n dod i hynny, tae o'n cael gwarad â'r gwallt hir 'na, a'r blewiach o gwmpas ei ên. Fedra i ddim diodda dynion blewog. Sut bynnag, mae'n o'n rhy debyg i'r llun 'na o Iesu Grist oedd yn arfar hongian ar wal festri capal Calfaria ers talwm, cyn i fanno gael ei ddymchwal.

LLAIS 1: (*Yn chwerthin*) O Mari! Rhag dy gwilydd di'n deud y fath beth!

LLAIS 2: (*Hefyd yn chwerthin*) Be dwi'n feddwl ydi na faswn i byth yn teimlo'n gyfforddus i rannu gwely efo fo, waeth gen i pa mor olygus ydi o.

LLAIS 1: Fasat *ti* yn ei wthio fo allan o dy wely, Lynne, tasa'r cyfla'n codi?

LLAIS 3: Na faswn, debyg.

LLAIS 1: Na finna, chwaith. Meddyliwch am gael y breichia cry 'cw yn gwasgu amdanoch chi! Mi fasa fo'n ormod i Elin Puw allu ei handlo, mae gen i ofn.

'Merched!' meddai Alun Daniels, eto wrtho'i hun, gan ysgwyd ei ben a gwenu'n dosturiol.

LLAIS 4 (*Llais newydd yn torri ar y chwerthin*): Deudwch chi be liciwch chi ond mae Elin yn haeddu rhywfaint o blesar mewn bywyd. Dydi petha ddim wedi bod yn hawdd iddi hyd yma, yn reit siŵr.

LLAIS 1: Faint neith hi rŵan, meddech chi? Canol ei thridegau, siŵr o fod! Tua'r un oed â Josie, yr arweinyddes, falla?

LLAIS 4: Bobol bach, nac 'di! Fawr mwy na deg-ar-higian! Roedd hi flwyddyn yn iau na fi yn Ysgol Tregarnedd, slawar dydd.

LLAIS 1: Hm! Mae hi'n edrych yn hŷn na hynny, beth bynnag.

'Miaw!' meddai'r dreifar, eto o dan ei wynt.

LLAIS 2: A *mae* hi'n wahanol, rhaid i chi ddeud.

LLAIS 1: Ydi. Ti'n iawn yn fan 'na, Mari! Mae'n anodd rhoi bys ar y peth, ond *mae* hi'n wahanol.

LLAIS 4: Mae hi wedi cael bywyd calad. Ddylen ni ddim anghofio hynny! Pymthag oed oedd hi pan gollodd hi ei mam. Honno'n marw cyn cyrraedd ei deugian.

LLAIS 1: (*Sŵn edifeiriol rŵan*) Wyddwn i mo hynny. Doeddwn i ddim yn byw yn Tregarnedd bryd hynny, wrth gwrs.

LLAIS 2: Na finna! Be oedd yn bod ar ei mam hi, felly?

LLAIS 4: (*Yn amlwg yn benderfynol o gywiro barn annheg*) MS. *Multiple Sclerosis*. Ar gychwyn ei blwyddyn TGAU oedd Elin pan fuodd ei mam hi farw, ond roedd hi wedi gorfod colli llawer iawn o'i hysgol uwchradd cyn hynny, er mwyn aros gartra i ofalu amdani. Ac fel tae hynny ddim yn ddigon, mi fu hi'n gofalu am ei nain wedyn, am flynyddoedd, nes i honno farw, llynadd. A doedd honno mo'r hawsaf i fyw efo hi, yn ôl pob sôn. Dynas od! Dynas chwerw!

Tawelwch eiliad.

LLAIS 1: Mae hi'n hogan alluog, meddan nhw i mi.

LLAIS 2: A cherddorol hefyd. Yn wych ar y piano, fel y gwyddon ni. Rydan ni'n lwcus iawn o fod wedi'i chael hi'n gyfeilyddes i'r côr, beth bynnag. Ac, yn ôl be glywis i, mae hi'n medru chwarae ffidil hefyd.

LLAIS 4: (*Yn fodlon o fod wedi unioni'r cam*) Mae hi wedi ffeindio'r bedd roedd hi'n chwilio amdano fo, beth bynnag.

Mae pob un o'r lleill, ac Alun y dreifar i'w canlyn, yn troi eu pennau i syllu i bellter y fynwent lle mae Elin Puw yn tynnu llun ar ôl llun o un o'r cerrig claerwyn, ac yn oedi eiliad wedyn i neud yn siŵr eu bod nhw o safon dderbyniol yn ei chamera ffôn. Yna, mae hi'n gwau ei ffordd at lle mae Dewi Rhys yn sefyll wrth fedd arall, ddeg llath neu fwy i ffwrdd.

LLAIS 2: Hm! Rhagor o luniau! Dach chi'n meddwl bod ganddi ddau berthynas wedi eu claddu yma? Mi fasa hynny *yn* gyd-ddigwyddiad.

LLAIS 3: Ond ddim yn amhosib, o gofio bod cannoedd wedi eu claddu yma.

LLAIS 1: Mil a thri chant! Dyna ddeudodd rhywun, gynna. Ond mynwent fach, serch hynny, o'i chymharu â'r un welsom ni ddoe. Faint ddwedson nhw oedd wedi eu claddu yn honno?

LLAIS 4: Ym mynwent *Tyne Cot* wyt ti'n feddwl? Dros ddeuddeng mil, mae'n debyg, heb sôn am y miloedd na chafodd fedd o gwbwl. Does ryfadd bod yr enw *Passchendaele* yn codi'r cryd ar bobol, hyd heddiw.

Ar ôl edrych, eto fyth, ar ei wats, mae Alun Daniels,

perchennog Tregarnedd Coaches, yn taro cledr ei law am eiliad fer ar gorn y bws, yn arwydd ei bod yn amser cychwyn ac mae aelodau'r côr i gyd yn anelu'n ôl am borth y fynwent, fel diadell ufudd yn dod tua'r gorlan, heb unrhyw gi i'w chymell.

*

*Calais 25km*

Mae'r glaw, erbyn hyn, yn arllwys i lawr ac yn codi'n stêm oddi ar wyneb poeth y draffordd.

'I'r dim y cawsom ni gychwyn yn ôl, cyn y tywydd drwg 'ma.'

Mae'r sylw, o un o'r seddau blaen, yn cael ei gyfeirio at y dreifar.

'Ia,' meddai hwnnw, a brathu ei dafod rhag ychwanegu *pe baen ni wedi cael cychwyn hannar awr ynghynt, mi allen ni fod yn Calais erbyn rŵan.* 'Gobeithio y bydd hi'n well na hyn ar yr M25 yn Lloegar, beth bynnag. Mae'r prysurdeb ar honno'n ddihareb.'

Pump ar hugain ydi cyfanswm aelodau Côr y Garn – saith ar hugain, os am gynnwys Josie yr arweinyddes ac Elin Puw y gyfeilyddes – i gyd yn eu hugeiniau neu dridegau cynnar. Cyplau priod sy'n hawlio'r pedair sedd flaen, a Josie a'i gŵr yn eu mysg, tra bod yr aelodau sengl a iau wedi tyrru tua'r cefn i siarad a chanu a chwerthin yn swnllyd yn fan'no. Hynny'n golygu bod digon o seddi gwag tua'r canol, lle'r eistedda Elin efo'i llygaid ynghau, yn gwrando ar y glaw trwm yn curo ar gragen y bws ac ar *shhhhh* cyson y teiars ar wyneb gwlyb y ffordd oddi tani. Mae wedi bod yn daith lwyddiannus ac yn werth y drafferth o'i threfnu. Dyna sy'n mynd trwy'i meddwl hi.

'Mi fydde bws llai wedi gneud y tro.'

Mae'n agor ei llygaid i weld bod Dewi Rhys wedi symud ddwy sedd ymlaen, i eistedd gyferbyn â hi.

'Doedd un llai ddim ar gael, mae gen i ofn. Mi wnes i fy ngora.'

Mae'r ymateb annisgwyl yn peri iddo fynd i'r pot yn lân. Yn ei fyrbwylledd roedd wedi anghofio mai hi, Elin Puw, fu'n gyfrifol am holl drefniadau'r daith fer; trefnu'r bws, y gwesty yn Ypres, ymweliadau â'r mynwentydd yn ystod y dydd a swper mewn gwahanol fwytai bob min nos. Hi hefyd oedd wedi trefnu'r profiad bythgofiadwy o gael canu o dan Borth Menin, am wyth o'r gloch neithiwr, fel rhan o'r seremoni fer arferol yn fan'no. *Damia unwaith!*

'Ym!... Nid beirniadu'r trefniade oedd gen i mewn golwg, Elin. Ym!... Mae hi wedi bod yn daith wych, diolch i ti, ac wedi gneud byd o les i'r côr. Synnen i ddim na fyddwn ni'n cael nifer o aelode newydd ar ôl hyn. Mae pawb wedi mwynhau eu hunen gyment. Biti na fyddet ti wedi ymuno efo Côr y Garn ers blynydde, ddweda i.'

O gael dim ateb, mae yntau hefyd yn mynd yn dawel rŵan, gan amau ei bod hi'n dal dig oherwydd ei feirniadaeth ddifeddwl ychydig eiliadau'n ôl.

'Fedrwn i ddim, yn hawdd, fedrwn i?' meddai hi o'r diwedd. 'Nain!' meddai hi wedyn, fel eglurhad.

'Na, wrth gwrs! Roedd gen ti gyfrifoldebe, gartre. Ond ryden ni'n ffodus iawn o dy gael di rŵan, beth bynnag, fel cyfeilyddes ac fel... fel Trefnydd Teithie i'r côr.' Ac mae'n chwerthin yn awgrymog mewn ymgais i lacio'r tyndra.

'Na. Gwaith i rywun arall fydd y daith nesa. A bod yn onast, roedd gen i resyma hunanol dros gytuno i drefnu hon.'

'Yr ymweliad ag Artillery Wood pnawn 'ma oedd un ohonen nhw, mae'n siŵr?' Ac arhosodd i'w gweld hi'n nodio'i phen y mymryn lleiaf. 'Wyt ti am ddeud pwy oedd y ddau y buom ni'n chwilio am eu bedde nhw? Be oedd yr enwe hefyd? Henry Morris a...?'

'Harri Wood.'

'Wyt ti am ddeud wrtha i pwy oedden nhw? Hen aelode o'r teulu, falle?'

'Na, ond y ddau yn dod o Dregarnedd. Mae eu henwa nhw i'w gweld ar y gofgolofn ar Sgwâr y Dre.'

'O! Dydw i erioed wedi talu llawer o sylw i'r gofgolofn a bod yn onest, gan nad ydw i fy hun yn enedigol o Dregarnedd, mwy na sawl aelod arall o'r côr, 'tae'n dod i hynny.'

Ym mhen blaen y bws mae Alun Daniels, y gyrrwr, yn cael achos i ddiawlio o dan ei wynt wrth i lorri hir, deunaw olwyn, dynnu allan i'r lôn ganol o'i flaen gyda'r bwriad o basio'r Citroen bach melyn sy'n hawlio'r lôn araf.

'Fel pe bai'r glaw trwm ddim yn ddigon, dyma hwn yn cyrraedd rŵan i godi cwmwl o ddŵr budr oddi ar wyneb y ffordd i fy nallu i.'

Prin bod y sychwyr yn llwyddo i gadw'r sgrin wynt yn glir.

'... Ond mae gen i le i ddiolch nad ydi petha cynddrwg â be ydyn nhw draw yn fan 'cw, yn reit siŵr.'

Y draffordd gyferbyn sydd ganddo mewn golwg. Mae honno dan ei sang efo lorïau a bysus, faniau a cheir, a'r rheini'n ymrithio'n ddiddiwedd, fel drychiolaethau allan o'r mwrllwch gwlyb, cyn gwibio heibio ar eu ffordd tua'r dwyrain, pob un efo'i oleuadau ymlaen.

'Llawar ohonyn nhw newydd ddod oddi ar y cwch, mwy na thebyg,' meddai eto wrtho'i hun wrth sylwi ar y rhifau Prydeinig ar amryw o'r ceir. 'Gobeithio y cân nhw well tywydd na hyn ar eu gwyliau.'

Tu ôl iddo, mae merched y seddau cefn yn cynhyrfu ac yn gneud sioe o droi i edrych ar y bws coch sy'n eu dilyn. 'Ŵ-la-la!' meddai un, ar ucha'i llais. 'Be am inni gael un o'r rhain yn aelod o'r côr?'

'Mae gen i well syniad,' meddai un arall mewn llais yr un mor dreiddgar. 'Be am eu cael nhw i gyd i joinio!'

Mae'r awgrym yn peri i'r criw merched i gyd ffrwydro mewn storm o chwerthin a chymeradwyo'r syniad.

'Tîm rygbi ar eu ffordd i rwla, ddwedwn i!'

Dewi Rhys, yn ôl pob golwg, ydi'r unig un sy'n fyddar i'r sŵn, a hynny am fod ganddo rywbeth amgenach ar ei feddwl. 'Deud i mi, Elin,' meddai. 'Fyddet ti'n fodlon dod allan am bryd o fwyd efo fi, ryw noson?'

Yn hytrach na'i ateb, na dangos ei bod hi hyd yn oed wedi clywed ei gwestiwn, mwy na'r ffwlbri chwaith sy'n dal i ddod o'r seddau cefn, mae Elin Puw yn codi'n ddirybudd a phrysuro tua blaen y bws, lle mae Alun Daniels eisoes yn arwyddo ei fod am droi i'r lôn gyflym er mwyn cael mynd heibio'r lorri sydd rŵan yn llenwi'r lôn ganol, a'r Citroen bach melyn sy'n hawlio'r lôn araf.

'Wnewch chi stopio'r bws, Mr Daniels? Plis?'

Mae'r cwestiwn annisgwyl yn peri i'r dreifar ysgafnu ei droed yn reddfol ar y sbardun ac, yn hytrach na mynd am y lôn gyflym, mae rŵan yn arwyddo ei fod am ddefnyddio'r lôn araf.

'Cha i ddim stopio yn fan 'ma,' meddai dros ei ysgwydd, heb wybod yn iawn pwy sy'n gwneud y cais. 'Ddim ar y draffordd, o bob man! Be sy'n bod, beth bynnag?'

'Ym! Teimlo'n sâl oeddwn i.'

Er ei bod yn siarad efo'r gyrrwr, syllu heibio iddo i'r pellter y mae Elin Puw, ac mae tyndra amlwg yn ystum ei chorff ac yng ngewynnau ei hwyneb.

Ar yr un eiliad, daw gwaedd o siom hwyliog o gefn y bws, wrth i un o'r merched yn fanno sgrechian: 'Peidiwch â gadael iddyn nhw ein pasio ni, beth bynnag wnewch chi, neu welwn ni mohonyn nhw byth eto.'

Yn ei ddrych, mae Alun Daniels yn gweld bod y bws coch,

oedd yn eu dilyn nhw funudau ynghynt, yn symud allan rŵan i'r lôn gyflym ac yn hwylio'n ddidrafferth heibio iddyn nhw, a hynny i sŵn genod y cefn yn gweiddi'n ffug siomedig ac yn gwneud sioe o chwifio dwylo a chwythu swsys at y bechgyn ifanc cydnerth yn y bws gyferbyn. A'r rheini, yn eu tro, yn gwneud sioe debyg o chwythu swsys dwbwl yn ôl a gwenu'n braf wrth ffarwelio.

'Dwi'n cynnig,' meddai un o'r lleisiau treiddgar, 'ein bod ni'n cael taith arall yma'n fuan, a'n bod ni'n rhoi consart am ddim i bob clwb rygbi yn Ffrainc.'

'Clywch clywch!' meddai gweddill y merched, tra bod y dynion ifanc yn eu mysg yn gwneud sŵn wfftio gan honni bod hogiau Cymru nid yn unig yn well am ganu ond am chwarae rygbi yn ogystal.

'Fedri di ddal am filltir neu ddwy arall?' meddai Alun Daniels, eto dros ei ysgwydd, wrth bwy bynnag sy'n dal i sefyll tu ôl iddo.

Yn y cyfamser, mae bwlch o hanner canllath a mwy wedi agor rhwng bws y côr a'r lorri.

Ond aros yn fudan a wna Elin Puw y gyfeilyddes, efo rhyw olwg bell, ddiddeall yn ei llygaid. O boptu iddi, mae cyplau y seddi blaen wedi troi i syllu i fyny ati, hwythau hefyd yn awyddus i wybod beth sy'n bod.

Erbyn hyn, mae'r bws coch, y lorri a'r Citroen bach yn cyd-deithio ochr yn ochr fel pe baen nhw ar gychwyn ras neu am greu rhwystr i ddal pawb arall yn ôl ac mae Alun Daniels eto'n arwyddo ei fod am dynnu allan i'r lôn gyflym ac yn rhoi ei droed yn drymach ar y sbardun er mwyn cau'r bwlch unwaith eto.

Mae'r olwg boenus bell yn dal yn llygaid Elin Puw.

'Arglwydd mawr!'

Alun Daniels biau'r ebychiad wrth iddo rythu i'r un cyfeiriad yn union ag Elin Puw.

'Be ddiawl mae nacw'n drio'i neud?'

Ddau ganllath neu lai i ffwrdd ar y drafffordd gyferbyn, mae goleuadau car Toyota gwyn i'w gweld yn gwau i mewn ac allan o un lôn fyglyd i'r llall mewn ymgais hurt ac anghyfreithlon i gael y blaen ar y cerbydau o'i gwmpas.

'Mae'r diawl gwirion yn siŵr Dduw o achosi damwain.'

A dyna cyn belled ag y caiff Alun fynd cyn gweld ei eiriau yn cael eu gwireddu. Yr eiliad nesaf mae cyplau'r seddi blaen hefyd yn dal eu gwynt mewn dychryn wrth weld y car cyfeiliornus yn torri i mewn yn rhy sydyn o flaen fan ddodrefn anferth yn y lôn ganol a honno wedyn, trwy wneud ei gorau i'w osgoi, yn crwydro i lwybr Mercedes du yn y lôn gyflym gan beri i hwnnw hefyd golli pob rheolaeth.

Mae'r gwrthdrawiad yn anochel. Mae'r Mercedes yn cael ei wthio yn erbyn y gwrthglawdd metal sy'n gwahanu dwy ran y drafffordd ac yn cael ei daflu gryn ddwy lath i'r awyr dros y rhwystr, cyn plymio ar ei drwyn, ac efo'i olwynion yn uchaf, i mewn i ochr y bws coch sy'n digwydd bod gyferbyn â fo ar y pryd, gan beri i hwnnw yn ei dro daro'r lorri hir ac i honno wedyn gyffwrdd y Citroen bach melyn nes bod hwnnw'n rybowndian fel cragen wag, neu bêl glan y môr o flaen gwynt cryf, i blymio i ganol y llwyni trwchus sy'n ffinio ochr dde'r drafffordd. Yn yr un eiliad mae'r lorri ddodrefn yn troi ar ei hochr ac yn sglefrio drwy'r rhwystr metal, i daro yn erbyn y Mercedes a gwthio hwnnw ymhellach i mewn i'r bws coch, fel gordd yn gyrru hoelen i mewn i bren meddal. Ac mae'r byd yn ffrwydro mewn protest o sŵn gwydrau'n chwalu, metal yn sgrechian a rwber yn rhwygo'n boeth ac yn fyglyd ar hyd wyneb y ffordd.

Mae'r cyfan drosodd mewn llai na phymtheg eiliad.

Yna, ar ôl ennyd o dawelwch syfrdan, mae bws y côr yn troi yn un waedd hir o ddychryn wrth i bawb sylweddoli maint y gyflafan.

Mae Alun Daniels wedi llwyddo i stopio bws y côr mewn da bryd, ychydig lathenni yn fyr o'r llanast, ac mae'n reddfol wedi rhoi'r goleuadau rhybudd i fflachio. Ond yn rhy hwyr, serch hynny, i ddarbwyllo gyrrwr y car sy'n gwibio heibio iddyn nhw ar yr eiliad dyngedfennol honno, cyn dod i olwg yr hunllef. Er brecio'n wyllt, gan beri i oleuadau coch ei gar sgubo'n ddireolaeth o'r naill ochr i'r llall, fel cynffon rhyw fwystfil meddw, fe ddaw'n amlwg i bawb nad oes ganddo ddim gobaith stopio mewn da bryd rhag llithro wysg ei ochr i mewn i gefn y lorri sydd hefyd, erbyn hyn, wedi llonyddu yn y lôn ganol, rai llathenni ymhellach ymlaen na'r bws rygbi.

Alun Daniels a Dewi Rhys yw'r ddau gyntaf allan i gynnig cymorth, ac wrth fynd mae Dewi yn cipio'r diffoddydd tân bychan oddi ar y clip pwrpasol sy'n ei ddal wrth risiau'r bws. Eisoes mae teiars poeth yn ffrwydro'n fflamau yma ac acw ac yn bygwth nid yn unig y teithwyr sydd yng nghanol yr holl lanast ond hefyd yr olew sydd rŵan yn colli dros wyneb y ffordd. Heb ystyried y perygl o weld y cyfan yn ffrwydro mewn pelen o dân, mae'r Cymro'n gweithredu'n gwbl reddfol ac yn rhuthro ymlaen i chwistrellu trochion gwyn y diffoddydd dros bob fflam a phob mygu bygythiol, ac mae'n parhau i wneud hynny nes gweld y mwg yn lleihau, a'r diffoddydd o'r diwedd yn gwagio. Ond parhau wna'r griddfan a'r sgrechian dirdynnol o gyfeiriad y bws coch.

Diolch am y glaw i gadw pethau o dan reolaeth. Dyna sydd ar feddwl Dewi ond mae'n dal i ofni gweld olew neu betrol yn ffrwydro yn yr uffern fyglyd o'i gwmpas.

Yn y cyfamser mae Alun Daniels wedi rhuthro at y car olaf i gyrraedd, gan fynd ati i ryddhau'r eneth fach o'i gwregys ar y sedd gefn a'r wraig ifanc o'i gwregys hithau ar y sedd flaen. Tu draw i honno, yn sedd y gyrrwr, mae ei gŵr, a thad yr eneth, yn brwydro'n ofer i ryddhau ei hun o falurion fframwaith y car sydd wedi cau fel magl am ei goesau. Mae ei boen yn amlwg.

Mae'r drafnidiaeth ar y draffordd gyferbyn, yr un sy'n anelu tua'r dwyrain, wedi llonyddu bron yn llwyr erbyn hyn. Nid bod gan geir y lôn gyflym yn fanno unrhyw ddewis ond aros yn eu hunfan, gan nad oes ffordd ymlaen iddyn nhw heibio'r lorri ddodrefn sy'n gorwedd fel rhyw Lefiathan marw ar draws eu llwybr. Ond cyndyn iawn i symud ydi'r ddwy lôn arall yn ogystal, naill ai o ddychryn neu o chwilfrydedd y gyrwyr i gael bod yn dystion i'r drychineb. Erbyn hyn, mae'r draffordd tu cefn i fws y côr hefyd wedi llenwi'n gyflym ac yn creu rhwystr i'r gwasanaethau diogelwch allu cyrraedd y ddamwain.

Fe â pum munud heibio cyn i seiren car yr heddlu dorri ar eu clyw, a dau arall wedyn, ar gwt hwnnw, un ohonynt yn cynnwys *gendarmes* arfog. Ac fel mae'r plismyn yn rhuthro allan o'u ceir i geisio sefydlu rhyw fath o reolaeth ar y sefyllfa, ac i greu llwybr clir at y ddamwain, mae'r ambiwlans cyntaf yn cyrraedd, ac injan dân yn fuan ar ei ôl.

O dipyn i beth wedyn, ceir rhyw lun o drefn ar bethau, ac ar ôl diolch i Dewi ac Alun Daniels am eu gwaith, mae un o swyddogion yr heddlu yn eu hannog nhw rŵan yn ôl at y bws, lle mae aelodau Côr y Garn i gyd wedi gwthio ymlaen i rythu'n fudan ar y gyflafan. Mae'r swyddog yn egluro i'r gyrrwr na fydd y bws yn cael gadael yn fuan gan eu bod yn llygaid dystion pwysig i'r ddamwain. Unig ymateb Alun yw tynnu sylw'r swyddog at y Citroen bach sy'n gorwedd ar ei ochr, ac o olwg pawb bron, yn y llwyni trwchus ar ymyl y draffordd ac mae hwnnw'n gweiddi gorchmynion i rai o'i ddynion fynd i chwilio yng nghanol y drysi.

Wrth i nifer o ambiwlansys a pheiriannau tân eraill gyrraedd, gan lenwi'r gwagle efo'u sŵn cwynfanus a'u goleuadau glas gwallgof, mae hanner dwsin o'r plismyn yn mynd ati rŵan i gyfeirio'r holl geir, sydd wedi cael eu dal yn ôl gan y ddamwain, i wasgu heibio'r lorri wyth olwyn a pharhau ar eu siwrnai, a hynny'n bennaf er mwyn hwyluso gwaith y gwasanaethau diogelwch.

'Ond mi fyddwn ni yma am oriau eto, mae'n beryg, yn aros i gael ein holi,' meddai Dewi Rhys.

'Falla ddim,' meddai Alun Daniels, wrth i syniad ddod i'w feddwl. 'Aros i mi gael gair efo'r Inspector draw yn fancw.'

Erbyn rŵan, mae safle'r ddamwain yn debycach i olygfa canol gaeaf, efo ewyn gwyn yn gorwedd fel eira trwchus dros weddillion y bws, y Mercedes a'r fan ddodrefn. Mae sgrech llif trwy fetal yn boddi pob sŵn arall erbyn hyn wrth i ddynion y frigâd dân fynd ati i ryddhau cyrff o ganol y llanast. Y cyntaf i mewn i ambiwlans ydi gyrrwr y car olaf i gyrraedd. Mae un goes i'w drowsus yn rhidans gwaedlyd ac mae'r boen yn amlwg yn ei wyneb. Ond mae'n gwenu, serch hynny, o gael ei ryddhau, ac o weld ei wraig a'i ferch fach yn rhedeg i'w gofleidio. Yna mae'r tri yn cael eu hebrwng i'r ambiwlans a hwnnw, ymhen dim, yn gadael efo'i seiren yn sgrechian a'i olau glas yn fflachio.

Wrth i sŵn y seiren honno farw yn y pellter, mae'r corff cyntaf yn cael ei godi allan o'r bws coch – y bws rygbi – a daw ochenaid drist gan aelodau'r côr.

'Esgusodwch fi, Inspector!'

Ond mae diddordeb hwnnw yn y ddau heddwas sy'n dod yn ôl o fod yn archwilio'r Citroen bach yng nghanol y llwyni ar ochr y draffordd. Ysgwyd eu pennau yn ddifrifol mae'r rheini ac mae eu neges yn glir.

'Ia? Be sydd, syr?' meddai'r Inspector, yn troi rŵan at Alun Daniels, a heb wneud unrhyw ymdrech i gelu'r dinc ddiamynedd yn ei lais. Gellid meddwl bod yn gas ganddo orfod troi i'r Saesneg.

'Os oes gynnoch ddau funud, Inspector, yna mae gen i rywbeth i'w ddangos ichi.'

Mae'n cyfeirio at fws y côr ac yn arwain y plismon yn ôl yno.

'Fe ddylai hwn fod o help ichi, Inspector,' meddai, gan bwyntio at y *dashcam* sy'n glynu'n uchel ar sgrin wynt y bws.

Mae'n aros i'r plismon ddringo i mewn ato cyn pwyso botwm dethol ar y camera.

Mae sgrin fechan y camera yn rhoi darlun llydan o ddwy draffordd, ac yn dechrau trwy ddangos y lorri wyth olwyn yn croesi i'r lôn ganol i oddiweddyd y Citroen melyn, ac yna'r bws coch yn mynd heibio bws y côr ar y lôn gyflym ac yn anelu i basio'r lorri a'r car bach. Ond mae Alun Daniels yn fwy awyddus i dynnu sylw'r plismon at gampau anghyfrifol y Toyota gwyn ar y draffordd gyferbyn ac mae'r Inspector yn nodio'i ben yn ddwys wrth wylio'r hyn sy'n digwydd dros yr eiliadau nesaf.

'Wnewch chi ei ailddangos, os gwelwch yn dda?'

Ac mae Alun yn gwneud hynny.

'Rwy am gael y cerdyn SD o'r camera,' meddai'r swyddog, gan ddal ei law allan. 'Peidiwch â phoeni,' meddai wedyn, o weld dreifar y bws yn gwingo braidd. 'Fe ofalaf ei fod yn cael ei anfon yn ôl ichi ar ôl y cwest a'r achos llys.'

'Achos llys?'

'Ia. Mi fydd dreifar y car gwyn yn ein dwylo ni o fewn ychydig funudau. Does dim lle iddo adael y draffordd am o leiaf chwe milltir a gyda lwc mi fyddwn ni wedi cael ein dwylo arno fo cyn i hynny ddigwydd.'

Mae rŵan yn cyfarth gorchmynion mewn Ffrangeg dros ei ffôn, cyn troi eto at Alun Daniels: 'Mi gewch adael rŵan, syr. Mae tystiolaeth y *dashcam* yn derfynol. Diolch ichi.' Ac mae'n arwyddo ar ei blismyn i hwyluso'r ffordd i fws y côr hefyd adael.

Ac eithrio sŵn wylo ysgafn o bryd i'w gilydd, tawel iawn ydi'r daith yn ôl i Calais. Mae golygfa'r ddamwain wedi ei serio ar gof pob un ohonynt, a'r unig beth ar eu meddyliau, bellach, yw faint, tybed, a ddaw allan o'r gyflafan yn fyw.

'Gwell gyrru tecst adra, dwi'n meddwl,' meddai un o'r merched, 'i ddeud ein bod ni'n saff.'

'Syniad da,' meddai un arall, 'rhag ofn i rwbath gael ei ddeud am y ddamwain ar y Newyddion.'

Yna, wrth aros i gael byrddio'r llong, mae Idris, cadeirydd y côr a gŵr Josie yr arweinyddes, yn codi o'i sedd yn y tu blaen ac yn cydio ym meicroffon y bws.

'Yn anffodus, mae'r ddamwain ofnadwy gynna wedi taflu dŵr oer ar lwyddiant ein taith ni,' meddai, 'ond mae'n bwysig ein bod ni, serch hynny, yn cydnabod y gwaith da a wnaeth Dewi Rhys ac Alun Daniels, ein dreifar ni, cyn i'r gwasanaethau argyfwng gyrraedd. Mi all pawb fod yn ddiolchgar bod Dewi yn aelod o'r frigâd dân yn Tregarnedd a'i fod o wedi sylweddoli mewn da bryd y peryg i bethau fynd yn wenfflam. Go brin y byddai neb wedi dod allan o'r ddamwain yn fyw pe bai hynny wedi digwydd. Trwy neud be wnaeth o, roedd Dewi yn mentro'i fywyd ei hun hefyd, wrth gwrs.'

Mae gweddill y côr yn clapio eu cymeradwyaeth a cheir clywed ambell, 'Da iawn, Dewi!'

'A rhaid peidio ag anghofio'r hyn a wnaeth ein dreifar ni hefyd, i achub y fam a'i merch o'u car. Roedd Alun hefyd yn mentro'i fywyd.'

Wrth i'r clapio cymeradwyol ailddechrau, mae Alun Daniels yn codi o sedd y dreifar ac yn derbyn y meicroffon o law y cadeirydd.

'Mae'r awr ddwytha wedi bod yn brofiad na wneith yr un ohonom ni byth ei anghofio, gyfeillion, ond dyma i chi wybodaeth a ddylai fod o gysur ichi. Ychydig eiliada cyn y ddamwain, fe ddaeth un ohonoch chi ymlaen i ddeud ei bod hi'n teimlo'n sâl ac i ofyn i mi stopio'r bws. Dwi'n dallt, erbyn rŵan, mai eich cyfeilyddes chi oedd honno.'

Mae Elin Puw yn gostwng ei llygaid wrth i Alun Daniels grymu ei ben tuag ati.

'Chawn i ddim gwneud hynny, wrth gwrs… ddim stopio ar y draffordd, dwi'n feddwl… ond mi wnes i arafu a gadael i fws arall fynd heibio. Gyfeillion, oni bai fy mod i wedi gneud hynny, yna bws y côr yn hytrach na'r bws rygbi fyddai wedi bod yng nghanol y ddamwain. Felly, mae gynnon ni le i fod yn ddiolchgar.'

Mae'n nodio'i ben eto i gyfeiriad Elin Puw, ac mae tawelwch dwys yn syrthio dros bawb.

# Hen Benrallt (Tair wythnos yn ddiweddarach)

CAFODD EI SYNNU gan faint y tŷ. O bellter y dref, dri chwarter milltir i ffwrdd, doedd hwn ond megis bwthyn bychan yn swatio wrth droed y Garnedd Lwyd ond yn ei ymyl, fel hyn, roedd yn stori bur wahanol.

Yn y gornel gyfyng o'r ffordd oedd ar gael iddo, llwyddodd Dewi i droi trwyn y Volvo fel ei fod yn wynebu at i lawr unwaith eto, ac ar ôl canu corn y car i adael iddi wybod ei fod wedi cyrraedd, dringodd allan i gael gwell golwg ar y lle. Dyma cyn belled ag y rhedai Ffordd Penrallt a dyma'r unig dro erioed iddo gael achos i fentro i fyny yma.

Deuai'r ffordd i ben gyferbyn â thalcen uchaf y tŷ gan adael mymryn o gilfach i ganiatáu lle i allu troi car. Safai Peugeot bach coch Elin wrth y talcen hwnnw a thu draw iddo sylwodd Dewi ar lwybr troed yn cychwyn ar ei daith igam-ogam i fyny llechwedd cymharol serth ac anelu am y bwlch uchel rhwng y Garnedd Lwyd ar y chwith a chrib greigiog Dannedd y Wrach ar y dde.

I fyny yn fan'cw, yn rhwle, mae'r Llynnoedd Llwydion, meddyliodd. Fe glywsai rai o bysgotwyr y cylch yn eu canmol. Rhyw ddiwrnod mi fydd rhaid i mi ddringo'r Llwybyr Cam, i fynd i'w pysgota nhw. Ac mae'n debyg mai i fyny yn fan'cw yn rhwle y mae hon hefyd yn tarddu, meddai wedyn wrtho'i hun, wrth i fwrlwm y nant dynnu ei sylw; honno, dros y blynyddoedd, wedi cafnio'i ffordd, yr un mor droellog â'r llwybr, i lawr y llechwedd garw, cyn arafu'n barchus wrth lifo heibio talcen y tŷ ac ailgarlamu wedyn i lawr y llethr i gyfeiriad y dref ac yna Cwm Llwyd a'r môr yn y pellter.

Torrwyd ar ei feddyliau gan glep drws y tŷ yn cau a throdd i weld Elin Puw yn camu'n swil tuag ato.

'Mae'r tŷ 'ma'n hen iawn, fasen i'n tybio?' meddai fel ffordd o dorri'r garw. 'Rhanne ohono fo, beth bynnag.'

Wrth ddal drws ei gar yn agored iddi gael dringo i mewn, syllodd gyda diddordeb newydd ar yr adeilad o gerrig gwenithfaen hardd efo rhimyn hir o ardd o'i flaen. Rhaid bod yma ddau dŷ yn wreiddiol, meddyliodd, wrth sylwi ar ffenest dal a chul lle gynt y bu drws arall. Yna trodd i edmygu'r olygfa i lawr dros y dref a draw wedyn tuag at y môr yn y pellter, lle'r oedd yr haul eisoes wedi dechrau gadael llwybr coch cyn belled â'r gorwel.

Yn hytrach na brysio i ateb ei gwestiwn, arhosodd Elin iddo gymryd ei le wrth y llyw a thanio peiriant y Volvo.

'Un wyth tri wyth yn ôl y gweithredoedd. Ond mae o wedi cael ei ehangu ers hynny, wrth reswm. Dau dŷ oedd o i ddechrau, efo 'chydig o dir yn y cefn i gadw buwch a 'chydig o ieir, neu i fagu mochyn neu ddau, a hynny mewn oes pan oedd petha'n dipyn caletach nag ydyn nhw heddiw, yn reit siŵr. Dyna fel mae fy hen, hen, hen daid yn disgrifio'r lle yn ei ddyddlyfr.'

'Be? Yma mae dy hynafied di wedi byw erioed?'

'Wel, sawl cenhedlaeth ohonyn nhw, beth bynnag. Penrallt Uchaf a Penrallt Isaf oedd yr enwa gwreiddiol ond erbyn heddiw mae'r ddau dŷ yn un, a'r lle yn cael ei nabod bellach fel Hen Benrallt.'

'Rhaid i mi ddeud, mae'r Hen Benrallt wedi cadw'i gymeriad yn rhyfeddol. Mae'n drawiadol iawn o'r tu allan.'

Roedd y sylw yn amlwg yn ei phlesio.

'Ydi. Diolch i Taid yn benna.'

Erbyn hyn, roedd y car hanner y ffordd i lawr y rhiw ac yn mynd heibio rhes o dai bychain ar y chwith.

'Pan gafodd rhain eu hadeiladu, rywbryd yn mhumdegau'r ganrif ddwytha, fe benderfynodd rhywun neu'i gilydd roi'r enw Stryd Penrallt arnyn nhw ac mae'n debyg bod hynny wedi creu tipyn o ddryswch i'r Swyddfa Bost. A dyna pam y newidiodd Taid enw ei dŷ i Hen Benrallt. Fo, hefyd, ddaru neud y ddau dŷ yn un, ar ôl prynu Penrallt Isa, pan fu farw'r hen wraig oedd yn arfar byw yn fan 'no.'

'Ond mi soniest ti am ddyddlyfr dy hen, hen, hen daid? Be ydi oed peth felly?'

'Blynyddoedd y Rhyfal Mawr,' oedodd Elin, cyn ychwanegu, 'Nid dyddiadur go iawn, chwaith. Dim byd mwy na llyfr sgwennu rhad efo rhes o gofnodion, llinell neu ddwy am bob diwrnod. Petha syml iawn, gan amla, fel *Mynd â'r mochyn i'w ladd fore heddiw* neu *Glawog iawn eto heddiw. Nant Lwyd yn golchi ei glannau a dŵr yn dod i mewn i'r tŷ o dan ddrws y cefn.* Ac ambell sylw trist hefyd, fel *Lisi Edwards y Foel wedi derbyn telegram ddoe i ddywedyd bod Twm Edwards ei gŵr wedi ei ladd yn Ffrainc.* Ond mae'n anodd iawn darllan rhanna ohono fo erbyn heddiw gan mai mewn pensal y cafodd pob dim ei gofnodi. A deud y gwir, rhwng bod yn fy ngwaith bob dydd a rhoi amsar yn ddiweddar i drefnu taith y côr, yna dydw i ddim wedi cael llawar o gyfla i fynd i'r afael â fo'n iawn. Does gen i ddim syniad pwy ydi'r bobol sy'n cael eu henwi ynddo fo; pa un ai aeloda o'r teulu oedden nhw ynte gymdogion neu gydnabod. A bod yn onast, dydw i ddim wedi gneud rhyw lawar o ymchwil i hanas fy nheulu tan yn ddiweddar. Sut bynnag, gad i ni siarad am rwbath arall, wir, rhag i mi dy ddiflasu di. Er enghraifft, be ydi hanas dy deulu di?'

Chwarddodd Dewi Rhys yn fyr a dihiwmor gan ddal i ganolbwyntio ar y ffordd o'i flaen. 'Dim byd diddorol iawn, gelli fentro. Cael fy ngeni a'm magu ar ffarm yn Nyffryn Clwyd, heb fod ymhell o Ruthun, yn un o bedwar o blant. Mae fy nhad a Crad, fy mrawd hynaf, yn dal i ffarmio'r tir hyd heddiw. Gadael 'rysgol yn un ar bymtheg oed a hynny heb unrhyw gymwystere academaidd gwerth sôn amdanyn nhw, mwya'r cywilydd imi, ond yn ddigon ffodus ar y pryd i gael cynnig prentisieth efo hen ffrind i nhad yn Rhuthun; hwnnw'n saer coed go arbennig, ac yn ymgymerwr angladde hefyd. Mi fues i efo fo am ddwy flynedd a hanner. Yna, pan es i at fy ngwaith un bore, mi ddois i o hyd iddo fo'n gorwedd yn farw ar lawr y gweithdy, a hynny ddeuddydd yn unig ar ôl iddo ddathlu ei ben-blwydd yn hanner cant. Trawiad ar y galon, yn ôl y crwner. Sut bynnag, fe werthwyd y busnes yn fuan ar ôl hynny ac roeddwn inne, wedyn, allan o waith.'

Tawelodd, gan roi'r argraff ei fod wedi dod i ben â'i stori, ond yna, 'Nid saer oeddwn i isio bod, cofia.'

'O? Be, felly?'

'Wnei di byth gesio!'

'Doctor?'

Chwarddodd. 'Na.'

'Milfeddyg?'

'Na.'

'Athro, pêl-droediwr proffesiynol, astronot...' Daeth y rhestr allan ar un gwynt direidus ganddi.

'Na, na, na!' meddai yntau gan ddal i chwerthin. 'Tria eto.'

'*Film star*, dyn deud tywydd ar y teledu, nyrs, gweithiwr cymdeithasol, siopwr, actor ar *Pobol y Cwm*, plismon plant...'

Chwarddodd yn uwch rŵan gan edmygu cyflymder ei meddwl hi. 'Yr olaf oedd agosaf ati.'

'Be? Nid plismon plant? Plismon go iawn, felly!'

'Ddim cweit.'

'Plismonas, 'ta!'

Chwarddodd eto fyth. Roedd yn cael golwg newydd ar Elin Puw. 'Paid â rwdlan! Os wyt ti isio gwybod, Ditectif. Erbyn cyrredd oed gadel ysgol, ro'n i wedi darllen y rhan fwya o lyfre Agatha Christie. Roedd fy ffrindie i gyd yn chwerthin am fy mhen i, yn darllen pethe mor hen ffasiwn. A dwi'n dal i wylio hen raglenni Sherlock Holmes ac Inspector Morse a phethe felly pan fyddan nhw'n cael eu hailddangos.'

'Dim esgus, felly, dros beidio datrys dirgelwch fy nheulu i, Inspector Rhys.'

'O? A pha ddirgelwch yw hwnnw, Miss Puw?'

'Rhywbryd eto, falla.'

O weld ei bod hi wedi difrifoli mwyaf sydyn, ciliodd ei hwyl yntau. Yna, gan dynnu gwynt hir i'w ysgyfaint, rhoddodd yr argraff ei fod am ddatgelu mwy amdano'i hun.

'Sut bynnag, i dorri stori hir a diflas yn fyr, mi ddechreues ganlyn merch o'r ardal yma a… Wel, fe wyddost ti'r gweddill, mae'n siŵr.'

Roedd y Volvo wedi gadael y dref o'i ôl erbyn hyn, ac yn anelu i lawr y dyffryn i gyfeiriad tref glan y môr fechan Porthtwyni.

'A ddaru'r briodas ddim llwyddo.' Mynegi ffaith yn hytrach na gofyn cwestiwn oedd hi. 'Mae'n ddrwg gen i, Dewi.'

Wrth i'r car gael ei lyncu gan dwnnel o goed derw hynafol oedd â'u canghennau'n clymu'n fwa deiliog uwchben, ymestynnodd Dewi yn reddfol at switsh y goleuadau a pheri i ddau belydryn hollti'r tywyllwch cynnar.

'Gwranda, Elin. Does dim angen i ti gydymdeimlo. Coelia fi'n deud mai'r peth gore o ddigon ynglŷn â fy mhriodas i efo Glesni oedd yr ysgariad.'

Roedd y chwerwedd i'w glywed yn drwm yn ei lais.

'Ac mi ddeude i rwbeth arall wrthet ti hefyd, sef 'mod i'n diolch hyd heddiw na ddaeth dim plant o'r briodas. Meddylia di am reini, wrth dyfu, yn dod i wybod mai prif ddiddordeb eu mam oedd hel dynion. Ac mae hynny'n wir amdani hyd heddiw. Mi wneith unrhyw beth mewn trowsus y tro iddi. Ac fel sy'n digwydd yn aml, fi, y gŵr, oedd yr olaf i gael gwybod beth oedd yn mynd ymlaen.'

'Gwranda, Dewi. Does dim disgwyl i ti egluro petha personol fel 'na i mi.'

'Oes, Elin! Dydw i ddim yn bwriadu cadw dim cyfrinache oddi wrthet ti, o bawb.'

Trodd hithau i edrych yn syn arno.

'Gad i mi ddeud wrthet ti sut y dois i wybod y gwir am Glesni. Noson practis côr oedd hi, dros ddwy flynedd yn ôl bellach, ac roedd nifer ohonom ni wedi mynd am beint i'r Llew Du wedyn. Ro'n i'n iste wrth y bar yn siarad efo'r Bryn Richards 'na, tra bod rhai o'r aelode erell wedi hel yn griw bychan o gwmpas un o'r byrdde, tu ôl inni. Roedd o a finne yn canu wrth ochre'n gilydd yn y côr bryd hynny ac roedd Glesni ac ynte'n gweithio ar yr un shifft yn ffatri Process Packaging.'

Sylwodd Elin ar y nodyn o chwerwedd yn magu yn ei lais.

'Sut bynnag, pan gododd o i fynd i'r tŷ bach, fe ddaeth dau o hogie'r côr draw ata i. Wna i mo'u henwi nhw. "Gwranda, Dewi," medde un. "Dydi o'n ddim o'n busnas ni, dwi'n gwbod, ond dydan ni ddim am weld y diawl dauwynebog yna'n gneud ffŵl ohonot ti." Cyfeirio at Bryn Richards oedd o ac fe aethon nhw ymlaen wedyn i egluro i mi bod y stori'n dew drwy'r dre bod fy ngwraig a fynte wedi cael eu gweld fwy nag unwaith yn brysio o'r ffatri yn ystod amser cinio a bod Glesni'n mynd â fo adre efo hi. Gwaith dau funud yn unig yn y car oedd peth felly. Hithe'n gwybod fy mod i'n gweithio yn ddigon pell i ffwrdd ar y dyddie hynny, mae'n siŵr! Sut bynnag, erbyn i'r cythrel ddod yn ôl o'r tŷ bach y noson honno, ro'n i wedi hen adel.'

Roedd cywilydd Dewi yn amlwg iawn erbyn rŵan a theimlai Elin yn euog o fod yn gwrando ar yr hanes.

'Does dim rhaid i ti egluro i mi, Dewi.'

'Oes. Mae'n bwysig nad ydw i'n cadw dim byd oddi wrthet ti, Elin. Dwi'n gwybod bod pob math o straeon wedi bod yn mynd o gwmpas y dre yr adeg honno, ond dwi isio i ti ddeall nad fy mai i oedd yr ysgariad.'

Gwelodd hi ef yn gwasgu llyw y car nes bod ei figyrnau'n troi'n wyn ddi-waed.

'Sut bynnag, y diwrnod wedyn fe ddwedes i wrthi fy mod i'n gorfod mynd i Gonwy i weithio ar stad o dai newydd yn fanno. Celwydd oedd hwnnw, wrth gwrs, a phan ddaeth hi'n amser cinio, ro'n i'n aros, o'r golwg, i weld ei char hi'n cyrredd a'r ddau ohonen nhw'n sleifio i mewn i'r tŷ. Fe arhoses am ddeng munud cyn mynd i mewn ar eu hôl ac mi fedri di ddychmygu, mae'n siŵr, be oedd yr olygfa oedd yn fy aros i.' Tawelodd eiliad, yna, 'Be wnes i, meddet ti, i haeddu'r fath wraig? A'r fath ffrind dauwynebog a dan din?'

Aeth sawl eiliad o dawelwch annifyr heibio cyn iddo droi'r sgwrs.

'Ond gad i ni sôn am rwbeth amgenach, wir. Be arall fedri di'i ddweud wrtha i am y llyfr... y dyddlyfr? Hwnnw wedi aros yn dy deulu di ers can mlynedd, meddet ti? Diddorol iawn. Ac ydw i'n iawn i feddwl bod rhyw gysylltiad rhwng hwnnw a'r ddau fedd ym mynwent Artillery Wood? Enwe wedi eu cofnodi yn nyddlyfr dy hen, hen, hen daid oedden nhw, dwi'n cymryd? Aelode o'r teulu, falle?'

'Na, ddim hyd y gwn i. Newydd ddod i'r fei mae'r dyddlyfr, yn ogystal ag amball beth difyr arall. Sut bynnag, fel ro'n i'n sôn, dydw i ddim wedi cael cyfla i fynd trwyddo fo'n iawn eto. I ble wyt ti'n mynd â fi, beth bynnag?' meddai hi, hithau hefyd rŵan yn awyddus i newid cyfeiriad y sgwrs.

'Amynedd, Miss Puw!' meddai yntau gyda gwên, a syrthiodd tawelwch hir fel blanced dros y ddau.

Fe aethai tair wythnos heibio cyn i'r côr ailgyfarfod ar ôl eu hymweliad byr â Ffrainc a Gwlad Belg ac yn yr amser hwnnw, caed clywed y newydd trist bod cymaint â saith wedi cael eu lladd yn y ddamwain – pedwar yn y bws rygbi, ynghyd â dreifar y Mercedes a'r ddau oedrannus oedd yn y Citroen bach melyn – a bod pump arall, gan gynnwys dreifar y fan ddodrefn, yn cael eu trin am anafiadau pur ddifrifol mewn gwahanol ysbytai. Yr unig newydd i'w groesawu oedd bod dreifar y Toyota gwyn, a achosodd y fath gyflafan, wedi cael ei arestio ar gyhuddiad o ddynladdiad a bod yr erlynydd yn bwriadu galw am y gosb lymaf bosib, sef hyd at ugain mlynedd o garchar.

Fu dim ymarfer yn yr wythnos gyntaf ar ôl dod 'nôl ond ar nos Iau yr ail wythnos fe gaed noson gymdeithasol i'r aelodau yn nhafarn leol y Llew Du a chyfle i rannu lluniau ac i hel atgofion am y daith. Bu'n anodd ymlacio'n llwyr, wrth reswm, gan fod y drasiedi yn dal i daflu cysgod dros yr atgofion ond, fel yr âi'r noson yn ei blaen, llwyddwyd i ysgafnu rhywfaint ar yr awyrgylch a dyna pryd y manteisiodd Dewi ar ei gyfle i roi ei law ar ysgwydd y gyfeilyddes ac i sibrwd yn ei chlust 'Wnest ti ddim ateb fy nghwestiwn i.' 'Pa gwestiwn?' meddai hithau, ond yn cofio'n iawn, serch hynny. 'Ddoi di allan am swper efo fi ryw noson?' 'Fedri di ddim meddwl am gwmni gwell i ti dy hun, Dewi Rhys?'

Oedd, roedd hi wedi mynd allan o'i ffordd i wneud pethau'n anoddach nag oedd raid iddo, naill ai o ddireidi neu efallai oherwydd swildod cynhenid.

'Na fedraf, neu faswn i ddim yn gofyn i ti, Elin Puw. A hynny am yr eildro rŵan. Be ti'n ddeud?' 'Ia, iawn, 'ta,' meddai hithau mewn llais bach, o gael ei gyrru i gornel, 'ond ar yr amod fy mod i'n cael talu fy siâr. Dydw i ddim isio teimlo unrhyw ddyled iti. Dallt?' Bu yntau'n ddigon craff i sylwi ar y wên fach swil yn chwarae ar ei gwefus, ac i adnabod y cellwair. 'Be am nos fory, nos Wener? Hanner awr wedi chwech? Fe ddo i heibio i dy nôl di.' Ac roedd hithau wedi ateb yn awgrymog, 'O? A sut wyt ti'n gwbod lle dwi'n byw, felly?' Bu'n rhaid i'r ddau chwerthin wedyn, nes tynnu sylw mwy nag un o aelodau'r côr.

'Felly, be oedd dy ddiddordeb di yn y ddau y buon ni'n chwilio am eu beddau nhw y diwrnod hwnnw, ym mynwent Artillery Wood?'

Erbyn hyn, roedden nhw wedi gorffen eu cwrs cyntaf ac yn mwynhau, rŵan, yr olygfa drawiadol o ffenest lydan y bwyty – Bwyty'r Afr Wyllt – ym Mhorthtwyni. O'u blaen, roedd y bae yn ymestyn ar siâp pedol eang, a'i lanw aflonydd yn adlewyrchu goleuadau'r pentrefi glan y môr yn y pellter gyferbyn.

'Aelodau'r teulu, ta be?'

'Na. Dim perthynas, hyd y gwn i. Ond mae 'na stori ddigon trist ynglŷn â'r ddau, a thipyn o ddirgelwch hefyd pe bai'n dod i hynny.'

'Wyt ti am ddeud wrtha i? Yn enwedig o gofio fy mod i wedi dy helpu di i ddod o hyd i'w bedde nhw?'

'Anodd gwbod lle i ddechra, Dewi.'

Gwelodd hi'n codi'r grwydryn at ei gwefus, i flasu, am y tro cyntaf, y gwin roedd o wedi ei dywallt iddi gryn chwarter awr ynghynt.

'Wyst ti be? Mae hon yn olygfa a hannar, rhaid i ti ddeud!'

O, wel! meddyliodd, wrth ei gweld hi'n newid testun y sgwrs eto fyth. Mae'n amlwg nad ydi hi isio trafod y peth. Rhyw ddirgelwch i'w guddio, falle. Ond, yn hytrach na dilyn llwybr ei llygaid, i edrych allan eto dros y bae, daliodd i syllu arni'n werthfawrogol. Rwyt ti dy hun yn well golygfa na dim byd sydd allan yn fancw, meddyliodd. Ac oedd, roedd hi wedi gwneud ymdrech i edrych yn fwy deniadol nag arfer, heno. *Er fy mwyn i, gobeithio.* Y ffrog felen, er enghraifft. A'r sodlau uchel oedd yn amlygu'r coesau siapus. Y llygaid tywyll a'r gwefusau heb finlliw. Roedd y croen iach di-golur hefyd yn ei blesio. Gwahanol iawn i Glesni, diolch am hynny! A'r gwallt gloywddu hir yn goron ar y cyfan. *Wyt, rwyt ti'n ferch go drawiadol, Elin Puw. A dwi'n lwcus o gael dy gwmni di. Synnwn i ddim nad oes rhywfaint o waed tramor yn rhedeg trwy dy wythienne di. Gwaed Eidalaidd, falle? Groegaidd hyd yn oed?*

Cyrhaeddodd eu prif bryd a pharhaodd y tawelwch hir rhyngddynt, hi i fwynhau'r eog ffres a'r llysiau, yntau i ymosod ar stecen go nobl o gig eidion Cymreig.

Fo oedd gyntaf i dorri ar y tawelwch. 'Wyst ti be, Elin? Fedra i ddim peidio â meddwl mor lwcus fuom ni i osgoi'r ddamwain yn Ffrainc. Pe baet ti heb deimlo'n sâl y diwrnod hwnnw a bod Alun Daniel ddim wedi gorfod arafu'r bws, does wybod be fydde hanes yr un ohonom ni erbyn heddiw. Roedd Ffawd o'n plaid ni y diwrnod hwnnw, does dim sy'n sicrach. Meddylia! Pe baen ni...'

Tawelodd ar ganol brawddeg wrth ei gweld hi'n rhoi'r gyllell a fforc i lawr ar ei phlât ac yna'n syllu i fyw ei lygaid.

'Dwi wedi bod isio sôn am y peth wrth rywun neu'i gilydd, byth ers hynny, ond bod gen i ofn gneud ffŵl ohonof fy hun.'

'Gneud ffŵl ohonot dy hun?' Roedd ei ddryswch yn amlwg. 'Be ti'n feddwl, Elin?'

Aeth eiliadau eto heibio cyn iddi fentro egluro. 'Mi fyddi di'n cofio ein bod ni'n dau yn siarad efo'n gilydd ar y pryd.'

'Cofio'n iawn,' meddai'n ffug edliwgar. 'Ro'n i newydd ofyn

i ti ddod allan am swper efo fi ac, yn hytrach nag ateb, fe godest ti'n swta a cherdded i flaen y bws. Finne'n meddwl fy mod i wedi bod yn rhy bowld, yn gofyn y fath beth.'

Estynnodd ei law dros y bwrdd a'i rhoi i orffwys ar ei llaw hi. Syllodd i ddyfnder y llygaid duon.

'Do'n i ddim wedi sylweddoli mai teimlo'n sâl oeddet ti ar y pryd.'

'Dyna'r peth, Dewi,' meddai hi, ymhen rhai eiliadau, a chaniatáu i'w law aros lle'r oedd hi. 'Doeddwn i ddim yn teimlo'n sâl. Y ffaith ydi, na fedra i ddim egluro hyd heddiw pam y gwnes i be wnes i. Un funud ro'n i'n gwrando arnat ti'n siarad a'r funud nesa roedd llais yn fy mhen yn rhybuddio bod yn rhaid i mi stopio'r bỳs.'

'Wel diolch am hynny, ddwede i, neu fydden ni ddim yn fan 'ma heno.'

Roedd wedi gobeithio y byddai'r ychydig wamalrwydd yn tynnu gwên i'w llygaid hi ond gwelodd bod rhyw bryder arall yn ei phoeni a'i bod hi wedi colli pob awydd i orffen ei bwyd.

'Be gymeri di yn bwdin? Mae yma ddewis da o bethe melys.'

'Na. Dim mwy diolch.'

'Coffi?'

'Na.'

'Mwy o win, 'ta?'

Estynnodd at y botel ac roedd hithau'n fwy na pharod iddo ail-lenwi ei gwydryn.

\*

Wrth ei danfon at ddrws ei thŷ, awr yn ddiweddarach, synhwyrodd Dewi Rhys mai annoeth fyddai ceisio cusan. Roedd rhyw newid od wedi dod drosti gynnau, ac roedd yntau, erbyn hyn, yn ofni ei fod wedi tramgwyddo mewn rhyw ffordd neu'i gilydd.

'Nos da, Elin,' meddai, wrth ei gweld hi'n troi'r goriad yn y clo. 'Gobeithio dy fod wedi mwynhau rhywfaint ar y noson.'

Yn hytrach na'i ateb, trodd yn sydyn i'w wynebu. 'Dewi! Fyddet ti'n fodlon dod yma, rywbryd, am sgwrs. Mi liciwn i gael dy farn di ar rwbath. Ga i dy ffonio di, i drefnu?'

Gyda hynny, plygodd ymlaen i daro cusan gyflym ar ei foch, cyn troi'n ôl am y tŷ.

'Diolch am heno. Mi wnes i fwynhau fy hun, cofia.'

Yr eiliad nesaf roedd hi wedi diflannu a chau'r drws o'i hôl, gan ei adael yno'n ddryslyd iawn ei feddwl.

# 1.3

# Noson ymarfer

'OES RHYWUN YN gwbod rhwbath o hanas y gyfeilyddes?'

Cadeirydd y côr oedd piau'r cwestiwn.

'Mae Josie wedi trio cysylltu efo hi sawl gwaith yn ystod y deng munud dwytha ond dydi Elin Puw ddim yn atab y ffôn. Oes rhywun yn gwbod pam nad ydi hi yma efo ni heno?'

Mae meddwl Dewi Rhys yn bell i ffwrdd. Roedd wedi disgwyl galwad neu decst yn fuan oddi wrth Elin yn dilyn y swper yn Yr Afr Wyllt ym Mhorthtwyni, ond fe aethai dyddiau heibio heb iddo gael yr un gair oddi wrthi. Nid ei fod wedi cael amser i bendroni rhyw lawer, beth bynnag, oherwydd fe fu'r wythnos yn un anarferol o brysur iddo, rhwng bod wrth ei waith bob dydd ac yn ateb galwadau'r gwasanaeth tân ar adegau eraill.

Tair galwad frys o fewn yr un wythnos. Anghyffredin iawn. Y gyntaf o'r rheini yn hwyr brynhawn Llun, ac yntau ond newydd gyrraedd adref ar ôl diwrnod blinedig o fod yn coedio to tŷ newydd ar gyrion y dref. Fu dim dewis, fodd bynnag, ond anghofio'i flinder, neidio i'w gar a gyrru'n wyllt am yr orsaf dân, i gael clywed yn fanno bod y goedwig ar lethrau Moel y Cymer yn wenfflam. Pump o'r gloch fore trannoeth y cafodd weld ei wely.

Ddeuddydd yn ddiweddarach, ond ganol pnawn y tro yma,

gorfod rhuthro o'i waith i ateb galwad i'r bwyty Tsieineaidd ar y Stryd Fawr. Saim wedi gorboethi a ffrwydro'n fflamau yn y gegin yn fanno. Er cael y tân o dan reolaeth yn fuan iawn, eto i gyd bu'n rhaid oedi am awr a mwy wedyn i sicrhau nad oedd dim un marworyn ar ôl oedd yn debygol o ailgynnau wedi iddyn nhw adael.

Ac yn olaf, galwad ganol nos neithiwr, i ffermdy ar lethrau Cwm Tafol, ddeuddeng milltir i ffwrdd. Er bod dwy injan dân arall wedi cyrraedd o'u blaen, eto i gyd fe aethai dwy awr a hanner heibio cyn i griw brigâd Tregarnedd gael troi unwaith eto tua thre.

Oherwydd ei flinder, mae Dewi yn cofio rŵan mai bach iawn fu ei awydd i fynychu'r practis côr heno. Ar ei ffordd adref o'i waith, roedd wedi prynu swper parod iddo'i hun yn siop tsips Y Badell Boeth, ac wedi cael hepian wedyn yn ei gadair freichiau. Ond doedd deng munud o gyntun ddim yn mynd i wneud iawn am yr oriau o gwsg a gollwyd dros y dyddiau diwethaf.

*Os y bydda i'n colli'r practis, yna wela i mo Elin Puw am wythnos arall.* Dyna fu ei unig ysgogiad i godi o'i gadair ac i gychwyn allan heno.

'Dewi. Oes gen ti syniad lle gall hi fod?'

Mae cwestiwn Idris yn ei ysgwyd allan o'i feddyliau ac mae'n sylwi rŵan bod nifer o bennau wedi troi i edrych tuag ato, yn amlwg yn disgwyl ateb i gwestiwn y cadeirydd. Ond mewn ystum o godi ei ysgwyddau a throi ei ddwy law at allan, mae'n awgrymu 'Pam dach chi'n gofyn i mi?' A meddwl, ar yr un pryd, *Weles i neb erioed mor fusneslyd â phobol y dre 'ma! Dim ond unweth dwi wedi bod yng nghwmni Elin, tu allan i orie'r Côr, ond mae rhywun neu'i gilydd yn amlwg wedi'n gweld ni ac wedi cychwyn stori.*

Am yr awr nesaf mae Josie yn ymdrechu i gyfeilio ac i arwain ar yr un pryd ond does fawr o lewyrch ar y canu. O ganlyniad, mae'r practis yn dod i ben yn gynt nag arfer.

*Be wna i? Ddylwn i bicio i fyny i'w gweld hi, rhag ofn ei bod hi'n sâl? Falle mai dyna'r rheswm pam na ddaru hi gysylltu efo fi yn ystod yr wythnos, fel roedd hi wedi addo.*

Mae'n taflu golwg ar ei wats. Pum munud i naw!

*Ia. Gwell picio i fyny yno, rhag ofn.*

\*

O fewn deng munud, mae'n dringo allan o'r Volvo tu allan i Hen Benrallt ac yn teimlo niwl a glaw mân yn cau amdano. Mae'n sefyll eiliad cyn penderfynu mynd i guro ar y drws ac mae'r oedi hwnnw yn rhoi cyfle iddo dalu mwy o sylw, y tro yma, i wyneb y tŷ ac i edmygu'r adeiladwaith o gerrig nadd gwenithfaen.

O'r chwith i'r dde ar y llawr isaf, mae'n gweld ffenest a honno'n dywyll. Yna drws, ac i'r dde o hwnnw, dwy ffenest oleuedig, yr ail ohonynt yn gul a thal ac yn un sy'n amlwg wedi cymryd lle y drws arall oedd yn arfer bod yma pan oedd yr adeilad yn ddau dŷ. Dwy ffenest yn unig ar y llawr uchaf, a'r ddwy yn hollol dywyll.

*Dydi hi ddim yn sâl beth bynnag!*

Mae'r nodau unigol sydd i'w clywed yn cael eu taro ar y piano yn profi hynny.

*Ond gwell holi, rhag ofn.*

Mae ar fin rhoi ei fys ar fotwm y gloch pan ddaw sŵn gwahanol i daro ar ei glyw. Nodau ar y ffidil y tro yma, a'r rheini'n gychwyn ar alaw leddf. Does ganddo ddim dewis, rŵan, ond sefyll yno yn y niwl gwlyb i gael ei swyno gan gerddoriaeth sy'n gwbl ddieithr iddo wrth i'r nodau lifo'n hudolus, yn chwyddo a gostwng am yn ail, i'w ddenu ac yna ei foddi mewn awyrgylch sy'n felys drist. A phan ddaw'r alaw i ben, mae Dewi yn dal i sefyll yn ei unfan, efo'i lygaid ynghau, fel pe bai arno ofn i'r profiad gael ei lyncu gan y niwl a'r nos.

*Dydw i erioed wedi bod yn hoff o'r ffidil fel offeryn, ond…*

Mae'n methu rhoi geiriau i'r hyn sydd ar ei feddwl.

*… chlywes i erioed alaw mor anhraethol drist â honne. A chlywes i erioed, chwaith, y ffidil yn cael ei chwarae mor… mor…*

'Gerddorol' ydi'r gair sy'n dod gyntaf i'w feddwl ond dyw hwnnw ddim yn ddigon, rywsut, i gyfleu'r profiad.

*… mor berffeth, dwi'n feddwl, mae'n siŵr.*

Erbyn hyn, mae nodau unigol, unwaith eto, yn cael eu taro ar y piano ac mae yntau'n amau bod gan Elin gwmni'n barod. Bod yma blentyn, efallai, yn cael gwers.

*Na, go brin. Ddim yr adeg yma o'r nos.*

O'r diwedd mae'n taro'i fys ar gloch y drws ac mae'r piano'n tawelu. Ond mae eiliadau'n mynd heibio a does neb yn dod i agor iddo. Mae'n camu'n ôl, mewn dau feddwl erbyn hyn. Beth pe bai ganddi ddyn yn gwmni? Dyna fyddai'n embaras i bawb.

*Mynd yn ôl adre fydde ore imi, mae'n siŵr.*

Ond yna, wrth iddo droi draw, mae lamp uwch ei ben, nad oedd wedi sylwi arni o'r blaen, yn taflu golau i lawr arno ac mae wyneb Elin yn ymddangos yn y ffenest dywyll ar ochr chwith y drws, ei gwallt yn ddryswch du dros ei hysgwyddau. Wrth iddi ei adnabod, mae gwên yn erlid yr ofn o'i llygaid.

'Dewi! Fe wnest ti 'nychryn i. Tyrd i mewn. Be ti'n neud yma, yr adag yma o'r nos? Sbia'r golwg sydd arna i, bendith y Tad iti!' Ac mae'n rhedeg bysedd ei dwy law fel crib trwy'i gwallt cyn mynd ati wedyn i dwtio mymryn ar y wisg jogio ddu sy'n gorwedd yn llac amdani.

Bendith y Tad! Roedd blynyddoedd ers iddo glywed y dywediad yna yn cael ei ddefnyddio. Iaith llyfr ydi peth fel 'ne erbyn heddiw, meddyliodd.

Ar ôl camu dros y trothwy i gyntedd bychan, rhyw ddwy lath sgwâr, mae'n aros iddi gau'r drws o'i hôl ac yna mae'n cymryd ei arwain ganddi i'r stafell oleuedig ar y dde.

'Be gymeri di? Te? Coffi? Nage, gwin fasa ora, mae'n siŵr.' A chyn aros am ateb mae hi wedi troi'n ôl am y gegin ac yn fuan iawn mae o'n clywed sŵn gwydrau'n tincial.

Mae ei habsenoldeb yn rhoi cyfle iddo edrych o'i gwmpas ac i gael ei synnu gan yr hyn sydd gan yr ystafell i'w gynnig. Stafell dipyn mwy na'r disgwyl yn un peth, efo stôf fechan yn sefyll yn erbyn wal y talcen pellaf, a choed yn mudlosgi ynddi. Llechen las drwchus ydi'r garreg aelwyd. Ar un ochr i'r stôf saif hen gloc mawr o bren derw hardd ac, ar yr ochr arall, silffoedd yn ymestyn o'r llawr hyd at y nenfwd, a'r rheini'n drwm gan lyfrau. Ar ganol llawr y stafell, yn wynebu'r stôf ac efo'i chefn tuag ato, saif cadair gyfforddus, ac un arall debyg iddi wedi cael ei gwthio o'r neilltu yn erbyn y wal fewnol, fel pe bai dim angen am honno mwyach. Yn erbyn yr un wal mae bwrdd bychan a dwy gadair galed gyferbyn â'i gilydd. Ond yr hyn sydd wedi hawlio'i sylw o'r eiliad y camodd i mewn i'r ystafell, yw'r piano o flaen y ffenest uchel ar y dde, lle gynt y bu drws.

*Grand piano fechan!*

Ac yn gorwedd arni, y ffidil a'r bwa a fu'n ei swyno ychydig funudau'n ôl.

'Wel? Wyt ti am ddeud wrtha i pam y doist ti i fyny yma, yr adag yma o'r nos?'

Mae'n derbyn y gwydriad o win coch o'i llaw. 'Diolch, Elin. Dod i neud yn siŵr dy fod ti'n iawn. Dene i gyd.'

'Fy mod i'n iawn?' Mae'r dryswch i'w glywed yn ei llais. 'Pam na faswn i'n iawn?'

'Ofn dy fod ti'n sâl neu rwbeth, am nad oeddet ti yn y practis heno.'

Mae'n gweld ei hwyneb hi'n gwelwi, ac mae ei syndod

hi'n dod yn amlwg wrth iddi godi ei llaw yn reddfol at ei
cheg.

'Mae Josie wedi trio dy ffonio di sawl gwaith ond wedi
methu cael ateb.'

'O!' meddai hi, ar ôl cael ei gwynt ati. 'Fe anghofiais i'n
lân bod heno'n noson practis. A chlywis i mo'r ffôn chwaith,
mae gen i ofn. Mae hwnnw yn y stafell gefn, a finna yn fan
'ma yn gneud gormod o sŵn i'w glywad o'n canu, mae'n
siŵr.'

*Sŵn? Dyna wyt ti'n galw'r hyn ddaru fy syfrdanu fi gynne?*

'Mi ffonia i Josie rŵan, i ymddiheuro iddi. Sut ar y ddaear
fues i mor flêr?'

'Fydd hi ddim wedi cyrredd adre eto.'

'Trio'n hwyrach, felly.'

'Deud i mi, Elin. Be ydi enw'r darn roeddet ti'n ei chware
cyn i mi gyrredd?'

'Be? Ar y ffidil wyt ti'n feddwl?'

'Ia.'

'Dydw i ddim wedi penderfynu'n derfynol eto. *Dagrau'r
Garnedd Lwyd* oedd gen i mewn golwg.'

'Be? Nid ti sydd wedi...?'

Mae'n gadael ei gwestiwn yn benagored.

'Wedi ei gyfansoddi, ti'n feddwl? Ia. Pam ti'n gofyn?'

Mae'n ysgwyd ei ben fel arwydd o'i ryfeddod.

Erbyn hyn mae hi wedi camu at y piano ac wedi gosod
ei llaw ar bentwr o bapurau nad oedd o wedi sylwi arnyn
nhw'n gynharach, a hynny oherwydd bod y ffidil yn hanner
eu cuddio.

Tudalennau *manuscript*, sylwodd, a'r rheini'n llawn rhesi
o nodau cerddorol. Mae'n sylwi bod yno hefyd bensel a
rhwbiwr.

'Rhag ofn nad wyt ti'n gwbod yn barod, y Garnedd Lwyd
ydi enw'r mynydd tu ôl i'r tŷ 'ma, ac fe synnet ti at y gwahanol

synau mae'r gwynt yn gallu eu creu yn y creigiau ar ei gopa. Sŵn trist, dolefus weithia.'

Wrth iddi siarad, mae'n codi'r ffidil at ei gên ac yn chwarae cyfres o nodau i gyfleu synau pruddglwyfus.

'Dro arall, mae ei sŵn yn llawer mwy dymunol, mwy cartrefol, mwy clyd os lici di, ac ar adegau felly, mae'n gefndir bendigedig i drydar ehedydd... i grawc cigfran... i fref ambell ddafad... i gyfarthiad llwynog o bell... neu i dincial Nant Garnedd wrth i honno fyrlymu i lawr y llethr a heibio talcen y tŷ 'ma.'

Mae dawns y ffidil yn dod â'r synau hynny i gyd yn rhyfeddol o fyw iddo, yn eu tro.

'I rywun fel fi, sydd wedi byw yma gydol ei hoes, mae yna ryw hud, rhyw ysbrydoliaeth os lici di, i'w gael yn sŵn y gwynt; yn ei ffyrnigrwydd a'i ddolefain un funud ac yna yn ei gân fwyn y funud nesaf. Ac weithia mae'r niwl a'r glaw mân yn dod i lawr, fel heno, i guddio nid yn unig y Garnedd Lwyd ond i lyncu'r tŷ yma yn ogystal. Fedri di gredu bod rhyw fodlonrwydd i'w deimlo pan fo hynny'n digwydd hefyd?'

Er nad yw'n gallu amgyffred yn iawn yr hyn mae hi'n ei ddweud, mae Dewi'n nodio mymryn ar ei ben i gytuno, tra ar yr un pryd yn rhyfeddu at ei dawn i fynegi ei hun.

'Rhyw drio cyfleu teimlada o'r fath oeddwn i wrth gyfansoddi'r darn yma. Ydw i wedi llwyddo ai peidio? Wel, matar i rywun arall fydd penderfynu peth felly. I mi, y ffidil ydi'r offeryn gora i gyfleu'r emosiynau dynol; yr anhraethol drist un funud, chwerthin a dawns o lawenydd y funud nesa.'

Unwaith eto, mae'r bwa'n llifo ac yn dawnsio dros y tannau i gyfleu'r union emosiynau hynny.

Ond mae hi'n tawelu rŵan, fel pe bai hi â chywilydd o fod yn dangos ei gorchest.

'Sut bynnag,' meddai hi, gan bwyntio at y *manuscript* ar y

piano, 'dyna'r rheswm i mi anghofio am y practis côr heno. Ro'n i mor awyddus i orffan ei gyfansoddi, fel fy mod i wedi anghofio'n llwyr, nid yn unig faint o'r gloch oedd hi ond hyd yn oed pa noson o'r wythnos oedd hi hefyd. Be ydi dy farn di? Ydi *Dagrau'r Garnedd Lwyd* yn deitl addas arni, wyt ti'n meddwl?'

Yn hytrach na rhuthro i'w hateb mae Dewi'n aros rai eiliadau i ystyried ei chwestiwn. 'Addas iawn, iawn yn fy marn i,' meddai o'r diwedd, a'i lais yn llawn didwylledd. 'Waeth i mi gyfadde ddim, fy mod i wedi sefyll yn hollol gegrwth tu allan i'r drws yn gwrando arnat ti. Wyddwn i ddim... wyddwn i ddim fod gen ti gyment o dalent gerddorol, Elin. Ro'n i'n gwybod am dy ddawn di ar y piano, wrth gwrs, ond mae hyn...' ac mae'n pwyntio at y ffidil sydd yn ôl eto rŵan ar ben y tudalennau *manuscript* ar y piano, '... wedi mynd â fy ngwynt i'n lân. Gwirioneddol wych. Ar fy llw!'

Mae hi, yn amlwg, yn gwerthfawrogi ei ddiffuantrwydd ond mae'n ansicr sut i dderbyn y fath lefel o glod. '*Flattery will get you nowhere*, i ti gael dallt,' meddai hi gan chwerthin. 'Ond diolch am ddeud. Rŵan, tyrd i eistedd at y tân. Mae gen i rwbath i'w ddeud wrthat ti. Rhwbath dwi wedi bod isio'i rannu efo rhywun neu'i gilydd ers tri mis a mwy.'

Mae hi rŵan wedi croesi i gornel y stafell, ac yn llusgo'r gadair freichiau arall o fanno i ganol y llawr.

'Fe eistedda i yng nghadair Nain ac fe gei di gymryd f'un i.'

Yna, ar ôl agor drws y stôf a gwthio blocyn sych i lawr i'r marwor coch nes gweld ambell fflam yn cydio'n syth, mae hi'n codi ei gwydryn tuag ato ac mae yntau'n codi ei wydryn yntau, i gynnig llwncdestun i'w llwyddiant cerddorol hi.

'I *Dagrau'r Garnedd Lwyd*!' meddai. 'A llongyfarchiadau gwirioneddol ar dy gamp!'

Ond mae golwg fwy difrifol wedi dod i'w llygaid hi. 'Mi

ddaru mi drio trafod hyn efo ti nos Wener dwytha, Dewi, pan oedden ni'n cael bwyd ym Mhorthtwyni.'

Mae'n ei gweld hi eto'n oedi ond mae'n aros yn amyneddgar iddi fynd yn ei blaen.

'Y ddamwain yn Ffrainc. A'r hyn ddigwyddodd jest cyn hynny.'

'Be? Ti yn gofyn i'r dreifar stopio am dy fod ti'n teimlo'n sâl?'

'Ia. Ond y peth ydi, doeddwn i ddim *yn* teimlo'n sâl.'

'Dwi'm yn deall.' Mae'r dryswch yn amlwg ar ei wyneb.

'Y gwir ydi fy mod i'n fwriadol wedi gneud i'r dreifar arafu.'

'A diolch am hynny, ddweda i,' meddai gyda gwên, 'neu fydden ni ddim yma rŵan, ac mi fydde *Dagrau'r Garnedd Lwyd* yn dal heb ei orffen.'

Ond dydi'r sylw, na gwamalrwydd ei oslef, ddim yn llwyddo i erlid y boen o'i llygaid.

'Fedri di gredu, Dewi, fy mod i'n gwbod ymlaen llaw be oedd yn mynd i ddigwydd? Paid â gofyn i mi sut, oherwydd dydw i fy hun ddim yn dallt, ond ro'n i'n gallu synhwyro be oedd yn mynd i ddigwydd, fel petaswn i'n cael rhybudd. Ro'n i wedi gweld y car gwyn, y car ddaru achosi'r ddamwain, cyn iddo fo ymddangos o gwbwl ac ro'n i'n gweld y ddamwain cyn iddi ddigwydd. Yn gweld pob manylyn ymlaen llaw! Ond fedrwn i neud dim byd ynglŷn â fo oherwydd roedd pob dim drosodd mewn 'chydig eiliada, fel y gwyddost ti dy hun.'

Eiliadau o dawelwch llethol rŵan wrth i'r olygfa ddod eto'n fyw i'r ddau.

'Dwi wedi bod yn cael traffarth cysgu, byth ar ôl dod yn ôl. A phan ddaw cwsg, mae hwnnw'n llawn hunllefa. Nid yn unig hynny ond, a bod yn onest, dwi wedi bod yn llyncu gormod o hwn hefyd, er fy lles.'

Mae'n codi ei gwydryn i awgrymu'r gwin.

Gan nad yw'n gwybod yn iawn sut i ymateb, mae Dewi'n ymestyn ei law i wasgu ei braich fel rhyw arwydd bychan o gydymdeimlad. Yna, mae'n eistedd yn ôl i deimlo gwres y tân ar ei wyneb ac yn teimlo'i lygaid yn trymhau er ei waethaf.

'Ond dwi wedi bod yn cael rhyw brofiada rhyfadd ers chwe mis neu fwy, byth ers colli Nain. Fe driais i godi'r matar efo ti yn y bwyty nos Wenar ond newid fy meddwl wedyn ar yr eiliad olaf am fod gen i ofn gneud ffŵl ohonof fy hun.'

O gael dim ateb, mae hi'n troi ato ac yn gweld bod ei lygaid ynghau a bod y gwydryn yn ei law yn gwyro ymlaen ac efo'r gwin yn bygwth colli dros ei ymyl. Yn ysgafn, mae'n mynd â hwnnw oddi arno ac yn tywallt y cynnwys i'w gwydryn ei hun, sydd eisoes yn wag.

*

'Dewi! Dewi! Mae'n amsar i ti fynd.'

Mae'r llais yn dod ato o bell, trwy'i drwmgwsg, ac mae fflamau tân ei hunllef yn cael eu boddi gan alaw anhraethol drist ei ddychymyg.

'Dwi wedi gadael i ti gysgu am ddwy awr ond mi fydd yn rhaid i ti fynd rŵan, mae gen i ofn. Meddylia be fydd pobol Stryd Penrallt yn feddwl pan welan nhw dy gar di'n pasio, yr adag yma o'r nos.'

Wrth ddod ato'i hun, mae Dewi'n cynhyrfu'n lân, yn fwy o gywilydd na dim arall, ac yn neidio'n afrosgo i'w draed.

'Ma... mae'n ddrwg gen i Elin.'

Wrth siarad, mae'n edrych ar ei ddwylo gwag ac yna chwilio'n ddryslyd o gylch ei draed am y gwydryn coll. Nid yw'n sylwi ar ei gwên nac yn sylweddoli mai tynnu coes mae hi.

'Ym! Wedi colli cwsg efo'r holl danau yn ddiweddar. Mae'n

wir ddrwg gen i. Dwi'n teimlo'n ofnadwy. Faint o'r gloch ydi hi?'

Wrth ei weld yn craffu ar ei wats, mae Elin yn chwerthin yn uchel.

'Fe rois lonydd iti am ryw ddeng munud, dyna i gyd. Rhaid bod fy llais yn dy yrru di i gysgu!' Ac mae'n chwerthin eto. 'Sut bynnag, tra'r oeddet ti'n cysgu dwi wedi ffonio i Josie i ymddiheuro am heno.'

'Gwell i mi fynd, mae'n siŵr.' Mae'r euogrwydd i'w glywed o hyd yn ei lais.

'Ia. Dyna fasa ora...'

Mae tôn ymarferol ei llais rŵan yn sugno'r gwynt o'i hwyliau wrth iddo synhwyro ac ofni ei fod wedi tramgwyddo.

'... ond ar yr amod dy fod ti'n dod yma eto'n fuan i wrando ar be sydd gen i i'w ddeud wrthat ti. Rhaid i mi gael trafod efo rhywun, ac mi fyddai'n well gen i gael dy glust di nag un neb arall.'

'Wrth gwrs! Unrhyw bryd. Be am nos fory? Yma?'

'Na. Rhyw feddwl am y fainc ar sgwâr y dre oeddwn i.' Mae'r direidi'n amlwg yn ei gwên ac yn ei llais. 'Ia, yma, wrth gwrs. Oni bai bod gen ti ofn i bobol ddechra siarad.'

Mae'r chwerthin rhyngddynt yn erlid ei annifyrrwch wrth iddo gychwyn allan drwy'r drws.

'Diolch i ti am ddangos consýrn amdana i heno, Dewi, a dod yr holl ffordd i fyny yma.' Mae hi'n ymestyn yn sydyn i daro cusan ar ei wefus. 'Tyrd yma at hannar awr wedi chwech nos fory ac mi fydda i wedi paratoi tamaid o fwyd inni'n dau.'

# Diwrnod cythryblus

HANNER AWR I ginio a gâi Elin Puw o'i gwaith bob dydd gan gyfreithwyr Casson & Rees, lle gweithiai hi fel clerc personol i Gordon Jones, un o bartneriaid y cwmni. Fel rheol, âi â thamaid o fwyd efo hi – brechdan neu damaid o *pizza* oer, efallai – i'w fwyta gyda phaned o de yn ei swyddfa fach.

Yn ddiweddar, bu'n manteisio ar y seibiant canol dydd i gael pori uwchben ei chopi o *Dagrau'r Garnedd Lwyd* gan hymian yn dawel wrthi'i hun a newid ambell nodyn yma ac acw, ond roedd y gwaith hwnnw wedi'i orffen bellach a heddiw roedd hi wedi penderfynu mynd heb ginio er mwyn cael picio draw i archfarchnad leol Tesco Express i brynu deunydd pryd addas at heno, ar gyfer Dewi Rhys.

*Dim byd OTT, cofia!*

Dyna ei phenderfyniad.

*Os wyt ti am gael amsar i drafod pob dim efo fo – a dyna holl bwrpas gofyn iddo alw, wedi'r cyfan – yna fydd dim cyfla am ddim byd ffansi i'w fwyta na rhyw fân siarad am y peth yma a'r peth arall. Pryd ymarferol sydyn, dyna fydd o. Platiad o gig oer a salad, a glasiad bach o win i'w olchi i lawr.*

'Chdi ydi Elin Puw, ia?'

Roedd hi wrthi'n dewis pedwar tomato ffres ar y pryd a throdd i gydnabod y llais. Merch tua'r un oed â hi ei hun.

Tebyg o ran taldra, hefyd. Corff unionsyth siapus mewn trowsus a siwmper o liw llwydolau ariannaidd. Gwallt melyn-lliw-potel yn ffrâm i wyneb main trawiadol. Ond y llygaid yn oer a bygythiol.

'Ia?' *A phwy wyt ti?* oedd yn ei goslef.

Gan na welodd hi'r ergyd yn dod, yna chafodd Elin ddim cyfle i'w harbed ei hun cyn i gledr llaw ei tharo hi'n filain a gyda chlec glywadwy ar draws ei boch, gan beri iddi gamu'n ôl yn erbyn y stondin llysiau a gollwng y tomatos ar y llawr wrth ei thraed nes bod rheini'n gwasgaru i bob cyfeiriad.

'Dyna ti'n gael am boetsio efo gŵr rhywun arall, i ti gael dallt!'

Gymaint oedd sioc Elin Puw fel mai prin y gallodd hi amgyffred ystyr y geiriau.

Am i sawl cwsmer fod yn dyst i'r ymosodiad, safent yn gegrwth rŵan i wylio'r wraig felynwallt yn troi ei chefn ar yr un â gwallt du ac yn gwau ei ffordd rhwng y rhesi silffoedd tuag at y drysau allanol, gan adael adlais ei sodlau milain ar ei hôl.

Wrth weld y dagrau yn neidio i lygaid Elin a'r gwrid yn lledu dros ei boch, camodd gwraig mewn oed yn frysiog tuag ati.

'Wyt ti'n iawn, 'nghariad i?… Rhag cwilydd i'r gnawes fach, ddweda i!'

Erbyn hyn, roedd dwy wraig arall hefyd wedi camu'n nes, fel arwydd o'u pryder a'u cydymdeimlad, tra bod eu gwŷr yn cadw'n ôl, cystal ag awgrymu nad eu lle nhw oedd ymyrryd mewn ffrae gyhoeddus rhwng merched.

'Garet ti i mi alw am y manejyr? Ddylai rhywun fel 'na ddim cael dod i mewn i'r siop 'ma byth eto.'

'Na,' meddai Elin, a'i llais fawr mwy na sibrydiad. Daliai i rwbio'i boch ag un llaw tra ar yr un pryd yn plygu i godi'r tomatos coll efo'r llaw arall. 'Rhaid ei bod hi wedi 'nghamgymryd i am rywun arall,' meddai hi, ar ôl sythu unwaith eto.

'Wel mi wn i yn iawn pwy ydi hi,' meddai un o'r gwragedd iau, gan gamu eto'n nes. 'Y Glesni ddigywilydd 'na oedd hi. Gwraig y saer, gynt. Hen hogan bowld, os bu un erioed!'

'Gwell i mi fynd yn ôl i'r gwaith, dwi'n meddwl,' meddai Elin, yn gryg ei llais ac wedi cynhyrfu'n lân, ac yn fwy na balch o'r esgus i adael. 'Ym! Diolch ichi!' meddai wrth yr hen wraig, a gosod llaw ysgafn ar fraich honno fel arwydd o'i gwerthfawrogiad, cyn brysio wedyn i dalu am yr ychydig nwyddau yn ei basged.

*

Pan ddychwelodd i breifatrwydd ei swyddfa, gadawodd i'r dagrau lifo'n rhydd. Yna sylwodd fod llwch tatws yn stremp i lawr coes ei throwsus du a phrysurodd i'w frwsio i ffwrdd efo'i llaw, cyn tacluso rhywfaint wedyn ar ei siwmper ddu.

Neidiodd pan ganodd y ffôn ar ei desg. Gordon Jones, ei phennaeth, am iddi ymuno efo fo yn ei swyddfa.

'Stedda am eiliad, Elin,' meddai, ond heb dynnu ei lygaid oddi ar y ddogfen hynafol oedd yn gorwedd dros y ddesg o'i flaen. 'Dwi am i ti ddod o hyd i'r ffeil yma i mi, os gweli di'n dda.'

Heb godi ei olygon, estynnodd y manylion iddi ar ddalen *post it* fach felen. Y cwbl a welai hi oedd moelni ei ben ac ymyl uchaf ffrâm ddu ei sbectol.

'Iawn, Mr Jones. Mi wna i hynny rŵan.'

Rhaid bod y crygni yn ei llais wedi tynnu ei sylw a pheri iddo edrych i fyny cyn iddi gael troi draw.

'Aros. Be sy'n bod, Elin?' Ni allai lai na sylwi ar gochni ei llygaid a'r llid oedd bellach yn biws ar ei boch. 'Be sydd wedi digwydd?'

'Dim byd i'w neud â'r gwaith, Mr Jones. Wir. Matar preifat.'

'Elin, stedda.'

Roedd y gorchymyn yn un plaen a doedd ganddi ddim dewis ond ufuddhau.

'Rŵan, be sy'n bod?'

'Dim byd mwy na rhyw gamgymeriad bach anffodus yn y dre, gynna. Dyna i gyd, Mr Jones.'

'Mae rhywun wedi dy daro di ar dy foch. Pwy?'

Ar ôl bron bymtheng mlynedd o weithio iddo, a hynny'n syth o'r ysgol, roedd Elin yn adnabod ei phennaeth yn well na neb arall erbyn hyn ac yn sylweddoli na allai hi osgoi dweud y cyfan wrtho.

'Ac rwyt ti'n sicir mai dyna pwy oedd hi? Cyn-wraig Dewi Rhys y saer?'

'Wel na. Fedra i ddim deud i sicrwydd. Doeddwn i ddim yn ei nabod hi o gwbwl, a deud y gwir, er ei bod hi, fel finna, wedi ei geni a'i magu yn Nhregarnedd 'ma, fel dwi'n dallt. A deud y gwir wrthoch chi, Mr Jones, dim ond yn ddiweddar, ar ôl claddu Nain, dwi wedi cael cyfla i ddod i nabod rhyw lawar o bobol y dre... heblaw, wrth gwrs, am y cwsmeriaid sy'n dod yma i'r swyddfa, i'ch gweld chi neu Mrs Easter a Miss Llwyd.' Gwenodd yn wan. 'Mae'n siŵr bod rhai pobol yn meddwl fy mod i'n berson anghymdeithasol. Mawreddog hyd yn oed!' A gwenodd yr un mor wan eto. 'Un o'r merched yn y siop ddeudodd mai Glesni, cyn-wraig Dewi, oedd hi. Ond rhaid mai camddealltwriaeth oedd y cyfan. Mae pob dim drosodd rŵan, beth bynnag.'

'Gad ti i mi benderfynu hynny. Unwaith y doi di o hyd i'r wybodaeth yna i mi,' a phwyntiodd at y papur melyn bychan yn ei llaw, 'yna fe gei di fynd adra.' Wrth weld ei bod hi ar fin protestio, cododd y cyfreithiwr ei law, fel plismon yn atal traffig. 'Dim dadla,' meddai. 'Fe'th wela i

di ben bora dydd Llun, fel arfar. Rŵan, dos,' ychwanegodd
yn dadol.

*

Erbyn canol pnawn, roedd y sgandal yn yr archfarchnad wedi
dod i glustiau Dewi Rhys hefyd. Wedi cynhyrfu'n lân, aeth
i chwilio am ei gyn-wraig. Daeth o hyd iddi o'r diwedd yn
siop trin gwallt Y Gyrlen Gain ar y Stryd Fawr, lle'r eisteddai
hi'n troi tudalennau rhyw gylchgrawn neu'i gilydd wrth aros
ei thro. O boptu iddi, eisteddai dwy arall yn gwneud yr un
peth.

Fe ddaeth hi'n ymwybodol o bresenoldeb ei chyn-ŵr
pan welodd ei gysgod yn taflu drosti. Wrth godi ei golygon,
gwelodd fod ei lygaid yn tanio.

'Dwn i ddim be ydi dy gêm di, Glesni, ond dwyt ti ddim
yn wraig i mi ers blwyddyn a mwy, ac mae pawb sydd yn fan
'ma rŵan yn gwybod hynny.'

Gan ddal i bwyntio'n ffyrnig ati, trodd i edrych ar y lleill
o un i un.

'A does gen i ddim cywilydd deud wrthoch chi mai priodi
hon oedd y peth gwirionaf i mi ei neud yn fy mywyd. A'r
tebyg ydi eich bod chi i gyd, erbyn heddiw, yn gwybod pam
dwi'n deud hynny. A dyma i chi rwbeth arall i'w ystyried –
tra mae hon o gwmpas, dydi priodas yr un ohonoch chitha
chwaith ddim yn saff.'

Trodd eto i syllu i lawr yn ddig i lygaid ei gyn-wraig.

'Ond gair o rybudd, Glesni!' cyfarthodd. 'Paid ti â meiddio
mynd yn agos at Elin Puw byth eto. Wyt ti'n deall? Dydi Elin
a finna yn ddim ond ffrindie ar hyn o bryd, pe bai hynny
o unrhyw fusnes i ti na neb arall. Felly cadw di draw oddi
wrthi neu... neu...'

Cyn rhoi cyfle iddo'i hun allu meddwl am fygythiad

digonol, trodd a cherdded allan o'r siop i sŵn clep y drws o'i ôl.

Lai nag ugain eiliad yn ddiweddarach, sleifiodd Glesni hefyd allan o'r Gyrlen Gain, ei hapwyntiad gwallt yn angof a'i hwyneb yn biws gan embaras, os nad cywilydd.

Erbyn hynny, fodd bynnag, roedd ei chyn-ŵr wedi hen ddiflannu yn ei gynddaredd.

*

'Carys! Pan fydd Mrs Easter wedi gorffen efo'r cwsmer sydd efo hi yn ei swyddfa ar hyn o bryd, wnei di ofyn iddi fy ffonio i?'

Casson & Rees Solicitors oedd yr enw mewn llythrennau euraid ar ffenest y swyddfa ond doedd neb o drigolion presennol Tregarnedd – mwy na'r ddwy genhedlaeth o'u blaen chwaith, o ran hynny – yn gwybod pwy oedd Casson na Rees, na pham bod y partneriaid presennol, Gordon Jones a Sheila Easter yn mynnu cadw at yr hen enw, enw oedd wedi bodoli ers canrif a chwarter o'r bron. 'Mae'r enw Casson and Rees yn adnabyddus trwy ogledd Cymru ac yn hysbyseb werthfawr ynddo'i hun.' Dyna'r eglurhad a gâi pawb a fyddai'n holi.

'Mae'r cwsmer yn gadael y funud 'ma, Mr Jones. Mi ofynnaf i Mrs Easter eich ffonio chi rŵan.'

Carys oedd ysgrifenyddes Sheila Easter, fel yr oedd Elin yn ysgrifenyddes i Gordon Jones. Roedd swyddfeydd y naill ar y llawr isaf a rhai'r llall ar y llawr cyntaf. Yr unig un arall oedd yn gweithio yno oedd Catrin Llwyd, cyfreithwraig ifanc o dan hyfforddiant.

'Helô, Gordon? Roeddech chi am gael gair?'

'Ymholiad sydyn, dyna i gyd. Chi, Sheila, os cofia i'n iawn, oedd yn delio efo'r materion ddaru godi yn dilyn ysgariad Dewi Rhys a'i wraig, oddeutu blwyddyn yn ôl?'

'Catrin Llwyd gafodd y cyfrifoldeb hwnnw, Gordon. Fe rois y gwaith yn ei dwylo hi, er mwyn iddi gael y profiad, ond mae hi wedi bod yn ymgynghori efo fi'n gyson ar y mater, wrth gwrs.'

'Ydi pob peth wedi'i gwblhau, wyddoch chi?'

'Wel, pob dim ac eithrio cais y wraig am werth hanner y tŷ. Dyna'r unig beth sy'n ein dal ni'n ôl rhag cwblhau pob dim. Mae hi'n mynnu, ar y naill law, bod y tŷ yn cael ei roi ar werth ac, ar y llaw arall, yn gwrthod iddo fynd am lai na dau gan mil. Pris cwbl anystyriol, wrth gwrs, o gofio mai can mil a hanner dalson nhw am y tŷ yn y lle cynta, a hynny lai na phedair blynedd yn ôl. Tŷ bychan iawn ydi o, fel rwy'n deall, ac fel y gwyddoch chi, Gordon, mae'r farchnad dai yn wan iawn ar y funud, a bod digonedd o dai eraill ar werth yn y dre. Mae Catrin Llwyd wedi bod yn trafod efo'r ddau asiant tai, yma yn Nhregarnedd, a does yr un ohonyn nhw'n rhagweld cael mwy na chan mil a deugain am y lle. Ond mae hi'n hollol styfnig, mae'n debyg, ac mae'n dal i roi pwysau ar Catrin i symud pethau ymlaen a rhoi'r lle ar werth am ddau gan mil, er mwyn iddi allu fforddio prynu lle iddi'i hun meddai hi. Ar hyn o bryd, mae hi'n byw efo'i rhieni ond wn i ddim faint o groeso mae hi'n gael yn fanno chwaith. Dydi ei chyn-ŵr hi ddim yn awyddus i werthu, wrth gwrs, neu fyddai ganddo fo unlle arall i fynd. Mae Catrin wedi trio ymresymu, ond mae hi'n anodd trafod yn synhwyrol efo hi.'

'Ydw i'n iawn i feddwl bod morgais ar y tŷ? Ac mai yn enw Dewi Rhys mae hwnnw?'

'I'w dalu dros gyfnod o bymtheng mlynedd ar hugain, os cofia i'n iawn. Ga i ofyn pam eich bod chi'n holi, Gordon?'

'Rydw i'n bwriadu anfon gair bygythiol at y ddynes yma heddiw, Sheila. Fe ddaru hi ymosod yn gorfforol ar Elin Puw yn yr archfarchnad gynnau, a hynny heb unrhyw reswm na chymhelliad, a dwi'n bwriadu bygwth mynd â hi i'r llys.'

'*Common assault?*'

'Ia, a bygwth y ddirwy drymaf hefyd. Ond ddaw petha ddim i hynny, wrth gwrs, oherwydd does gen i ddim bwriad gwireddu'r bygythiad, mwy nag y basa Elin Puw yn dymuno i mi gymryd y fath gam, ond dwi'n gobeithio dychryn y ddynas er mwyn dod â hi at ei choed. Ga i awgrymu eich bod chitha, neu Catrin Llwyd, yn anfon gair ati hefyd o fewn y dyddiau nesaf yn egluro iddi, os y caiff y tŷ ei werthu am y pris y mae'r asiant yn ei ragweld, yna bydd disgwyl iddi hi a'i chyn-ŵr rannu'r golled ariannol ar y *deposit* ac ar y morgais, a all fod cymaint â deng mil neu fwy, o bosib. Fyddech chi'n barod i neud hynny, Sheila?'

'Dim problem. Mae'r busnes yma wedi llusgo ymlaen yn rhy hir fel ag y mae hi. Fe ofynnaf i Catrin lunio llythyr pnawn 'ma. Mi fydd yn brofiad gwerthfawr iddi hithau hefyd.'

'Diolch, Sheila. Ond fyddech chi hefyd yn annog Carys i beidio sôn gair am y peth wrth Elin Puw?'

\*

'Dewi? Elin sy 'ma. Elin Puw.'

Edrychodd ar ei wats. Chwarter i bump!

'Wyt ti'n iawn, Elin? Dwi wedi clywed be ddigwyddodd efo Glesni a mae fy ngwaed i'n corddi, coelie di fi. Dwi am gychwyn i fyny acw yn gynt, os ydi hynny'n iawn efo ti. Dyro gyfle i mi newid o fy nillad gwaith ac mi alle i fod efo ti mewn llai na hanner awr.'

Fe ddaeth ei hymateb ar ôl ychydig eiliadau o dawelwch dwfn.

'Anghofio petha fasa orau, Dewi. Mi ddaw digon o gyfla rywbryd eto i mi gael dy farn di ar betha. Does dim brys.'

Sylwodd y saer bod mwy o boen nag o argyhoeddiad yn ei llais hi.

'Gwranda, Elin! Does gen i ddim syniad be ydi'r *pethe* rwyt ti'n sôn amdanyn nhw ond rwyt ti wedi bod yn awyddus i gael fy marn i arnyn nhw ers wythnose, bellach. Felly, dwi'n dod i fyny acw rŵan, ac fe gei di benderfynu, wedyn, os wyt ti am agor y drws i mi ai peidio.'

Gwrandawodd nes clywed y ffôn ar ben arall y lein yn mynd yn fud.

\*

Pan gyrhaeddodd y Volvo, roedd copa'r Garnedd Lwyd yn parhau dan gwmwl, a niwl ei odre yn bygwth dod i lawr i lyncu Hen Benrallt unwaith eto. Ond cwmwl sych oedd hwn, diolch am hynny. Roedd y glaw mân wedi hen gilio.

*Mae'n nosi'n gynt yn fan 'ma nag i lawr acw yn y dre.*

Gan mai ond golau'r gegin oedd ymlaen heno, a'r ffenestri eraill i gyd yn dywyll, yr argraff a gâi Dewi oedd bod y tŷ yn syllu'n unllygeidiog arno. Taflodd gip ar gloc y car ac edrychodd i lawr y llechwedd wedyn i gyfeiriad Stryd Penrallt, dri chanllath yn is, a thoeau Tregarnedd yn is ac ymhellach wedyn. Uwchben y môr, ym mhellter Porthtwyni, roedd glesni'r awyr yn gwanhau yng ngoleuni haul min nos.

*Pum munud i bump. Ddaw goleuadau'r stryd ddim ymlaen yn fancw am o leiaf awr arall, ond mae gan Elin olau yn barod.*

Ar ôl rhedeg ei fysedd fel crib trwy'i wallt llaes, twtio'r farf fach dywyll a gwneud yn siŵr bod ei ddillad, y jîns llwyd a'r siwmper ddu mewn cyflwr derbyniol, curodd yn betrus ar y drws gan ofni cael ei droi draw.

'Gwell i ti ddod i mewn, Dewi.'

Doedd dim cynhesrwydd yn y gwahoddiad, dim ond sŵn dagrau.

Wrth gamu dros y trothwy i'r cyntedd bychan, gosododd ei law dros ei hysgwydd fel arwydd o gydymdeimlad, a rhywfaint o euogrwydd hefyd o bosib, am yr hyn oedd wedi digwydd yn gynharach yn y dydd.

'Mae'n wir ddrwg gen i am be ddigwyddodd, Elin. Beth bynnag a ddaeth dros ben yr hulpen wirion, dwi wedi gneud yn siŵr na fydd rhwbeth fel 'ne byth yn digwydd eto. Coelia fi!'

Ceisiodd ei gwasgu hi ato fel arwydd o gysur ond, yn hytrach na symud i'w gesail, teimlodd hi'n fferru ac yn dal yn ei erbyn.

'Tyrd trwodd,' meddai hi, a'i arwain trwy'r drws ar y chwith y tro yma, ac i'r gegin.

Bu cip eiliad yn ddigon iddo sylweddoli mor syml a chwaethus oedd y stafell yma hefyd, efo tair silff hir o bren derw golau yn ei wynebu ar y wal allanol a'r rheini'n cynnal amrywiaeth o lestri lliwgar ac addurniadau hynafol. Oddi tanynt, safai bwrdd derw plaen a dwy gadair o'r un ansawdd bob pen iddo. Gorweddai gliniadur agored ar wyneb y bwrdd, a'i sgrin oleuedig yn arwydd bod Elin wedi bod yn ei ddefnyddio ychydig funudau ynghynt. I'r chwith o ble safai Dewi, ac o dan y ffenest ffrynt, roedd bwrdd bychan hen iawn yr olwg yn cynnal potyn glas ac oren addurnedig a hwnnw'n gartre i blanhigyn deiliog na allai gofio ei enw, tebyg i'r un oedd gan ei fam yn y parlwr, gartre yn Nyffryn Clwyd. Draw i'r dde, wedyn, roedd ffenest lydan yn edrych allan dros yr ardd gefn, lle tyfai coeden eithaf sylweddol a dau lwyn lliwgar o boptu iddi. Ffenest dipyn mwy na'r un oedd yno'n wreiddiol, sylwodd, a'r wal oddi tani wedi'i chuddio gan beiriant golchi, rhewgell fechan a chwpwrdd llydan oedd â sinc golchi llestri'n gorwedd arno. Dresel Gymreig draddodiadol oedd yn hawlio'r wal fewnol ar y dde iddo, a silffoedd honno'n sioe o lestri gleision o dri maint gwahanol, i gyd efo'r patrwm helyg Tsieineaidd. Tu draw i'r dresel roedd drws arall, yn gilagored ac yn arwain, tybiodd Dewi, at ddrws cefn y tŷ ac at stafell arall tu draw i hwnnw. Ymresymodd mai yno hefyd, yn rhywle, yr oedd y grisiau i'r llofft.

'Wyddwn i ddim pwy oedd hi hyd yn oed, Dewi. Fedri di ddim dychmygu sut ro'n i'n teimlo, yn sefyll yn fanno fel llo, yng nghanol yr holl bobol, ac yn methu dallt pam bod rhywun hollol ddiarth wedi ymosod arna i mor filain.'

Wrth weld ei dagrau mud, teimlodd ei waed yn corddi o'r newydd. 'Coelie fi, Elin, mi fedrwn i ei thagu hi am yr hyn wnaeth hi i ti. Ac fe wyddost ti pam hefyd, gobeithio.'

'Be ti'n feddwl?' meddai hi, yn troi ato.

Cafodd ei daflu braidd gan ei chwestiwn annisgwyl a dechreuodd gecian. Oedd o wedi cymryd gormod yn ganiataol?

'Wel... ym... Does bosib nad wyt ti wedi sylweddoli, bellach, fy mod i... ym... dy fod ti yn... yn golygu llawer iawn i mi, Elin.'

Yn hytrach na cheisio'i ateb, na'i orfodi i fanylu, camodd Elin ymlaen i daro cusan sydyn ar ei foch.

'Doeddwn i ddim yn dy ddisgwyl di i fyny yma heno, ddim ar ôl be ddigwyddodd. Mae gen i ofn nad oes gen i lawar o swpar ar dy gyfar di wedi'r cyfan. Wneith brechdan domato y tro?'

'Pa well gwledd?' meddai yntau.

A chwarddodd y ddau.

Rai munudau'n ddiweddarach, dros wydraid o win coch, ac ar ôl gorffen y wledd, cychwynnodd Elin Puw ar ei stori.

'Gan amlaf, yn y car y bydda i'n mynd i'r gwaith bob dydd ond, pan fydd hi'n sych ac yn braf, yna mae'n well gen i gerddad i lawr i'r dre ac adra'n ôl. Dwi'n teimlo peth felly yn gneud lles imi. Sut bynnag, ar adega fel 'na mi fydda i'n defnyddio Llwybyr y Gelli, am fod hwnnw'n arbad amsar a gwaith cerddad. Wyddost ti lle mae hwnnw?'

'Na, ond ydw i'n iawn i feddwl mai'r Gelli ydi'r tir gwyllt 'na wrth y bont lle mae'r Ffordd Fawr yn croesi'r afon?'

'Ia, dyna ti. Y Bont Newydd, neu Pont Newydd y Gelli fel mae honno'n cael ei galw, er ei bod hi yno flynyddoedd cyn i mi gael fy ngeni. Roeddet ti'n ei chroesi hi heno, ar dy ffordd yma, ac yn gadal y ffordd fawr o fewn rhyw ddau gan llath wedyn, i droi i fyny am Ffordd Penrallt.'

Oedodd Elin eiliad i roi cyfle iddo nodio'i ben i ddangos ei fod yn gyfarwydd â'r lleoliad.

'Mae'r Gelli tua thair acar o ran maint meddan nhw i mi, ac yn codi ar siâp hanner cylch o'r ffordd fawr, efo wal gerrig yn rhedag o'i chwmpas hi ond bod honno, erbyn heddiw, o'r golwg o dan ddrain a choediach ac ati. Yr unig ffordd o fynd i mewn i'r Gelli ydi trwy un o'r ddwy giât sydd ar bob pen i'r llwybyr. Mae'r llwybyr hwnnw'n arbad tua deng munud i mi pan fydda i'n cerddad i lawr i'r dre. A dyna'r ffordd y byddwn i'n mynd i'r ysgol hefyd, wrth gwrs, flynyddoedd lawar yn ôl.'

Chwarddodd Dewi. 'Ti'n swnio fel hen nain dy hun, rŵan.'

'Hen ferch wyt ti'n feddwl, mae'n siŵr!' Ond aeth ymlaen cyn rhoi cyfle iddo brotestio. 'Ffordd Gelli oedd hi'n arfar cael ei galw pan oedd hi'n ddigon llydan i geffyl a throl ers talwm, ymhell cyn cof i mi wrth gwrs, ond mae'n rhy gul hyd yn oed i hynny erbyn heddiw. Roedd Lôn Crawia yn enw arall arni yn y dyddia hynny.'

'Lôn Crawia? Pa fath o enw ydi hwnna?'

'Crawiau! Darna mawr o lechi gwastraff a gafodd eu cario o doman y chwaral slawar dydd a'u gosod ochor yn ochor i greu ffens neu rwystyr bob ochor i'r ffordd. Rhatach o lawar na chodi walia cerrig, wrth gwrs. Ond go brin bod ffarmwrs cefnog Dyffryn Clwyd yn gwbod am betha felly.' Methodd gelu ei gwên gellweirus. 'Beth bynnag, Lôn Crawia oedd y ffordd fawr trwy'r Gelli yn y dyddia hynny, cyn i'r ffordd osgoi a'r bont newydd gael eu creu. Ond, fel ro'n i'n deud, llwybyr troed yn unig ydi Ffordd Gelli bellach, am fod drain a rhedyn a choed cyll ac ati wedi culhau petha'n arw dros y blynyddoedd ac wedi cuddio'r crawia bron yn llwyr erbyn heddiw. Yr unig le mae'r rheini i'w gweld yn glir, bellach, ydi o boptu yr hen bont ac o flaen cartra Margiad Rowlands. Bwthyn honno ydy'r unig dŷ yn Y Gelli ers blynyddoedd lawar. Yn ôl Nain, roedd stryd o dai yn arfar bod yno ers talwm, un bob ochor i'r hen ffordd, ond roedd hynny ymhell cyn cof iddi hi hyd yn oed. Pan aeth y tai hynny yn wag ac yna'n furddunnod, yna buan iawn yr aeth y tir o'u cwmpas nhw hefyd yn wyllt. Yn ôl y sôn, pan fydd bwthyn Margiad Rowlands yn mynd yn wag, hynny ydi, pan fydd yr hen wraig yn marw, yna mae'n fwriad gan y cyngor tref i roi holl dir Y Gelli ar werth, a'r peryg ydi y bydd y safle'n cael ei glirio wedyn a'i ddatblygu ar gyfar stad newydd o dai. Does wbod pa fath bobol a ddaw yma wedyn. Sut bynnag, dim ond rhyw ganllath a hannar ydi'r llwybyr i gyd ond mae o'n arbad o leia deirgwaith cymaint â hynny o waith cerddad i mi pan fydda i'n mynd i lawr i'r dre. Gyda llaw, glywist ti am Margiad Rowlands erioed?'

'Naddo. Ddylwn i ei nabod hi?'

'Na, go brin, mae'n siŵr. Mae hi rai blynyddoedd yn hŷn nag oedd Nain hyd yn oed, ac mi fyddai honno'n wyth deg a chwech erbyn heddiw. Sy'n golygu bod Margiad yn tynnu am ei naw deg oed. A hŷn na hynny hefyd, o bosib. Sut bynnag, mae rhai o bobol y dre ma'n credu ei bod hi'n seicig, yn un o'r bobol ma sy'n honni eu bod nhw'n gallu cysylltu efo'r meirw. Neu'n hytrach bod y meirw yn cysylltu efo'r byw trwyddi hi.'

'O! Un o'r rheini!' meddai Dewi, gan chwerthin yn wamal.

'Na. Paid â chwerthin! O leia ddim nes y cei di glywad be oedd ganddi hi i'w ddeud wrtha i.'

O weld yr olwg ddifrifol ar wyneb Elin, ciliodd pob arwydd o hwyl o'i wyneb ac o'i lais yntau hefyd.

'Rhyw bedwar mis yn ôl, a finna'n cerddad adra mewn tywydd braf, fe welis i Margiad Rowlands yn sefyll yng ngiât gardd ei bwthyn ac mi wyddwn i, ym mêr fy esgyrn – paid â gofyn imi sut! – mai aros amdana i oedd hi. "A! Elin!" meddai hi, fel pe bai hi yn fy nabod i'n iawn, er nad o'n i erioed wedi sgwrsio llawar efo'r ddynas cyn hynny, dim ond i ddeud "Bora da!" ar fy ffordd i'r ysgol ers talwm, neu "Pnawn da!" ar fy ffordd yn ôl, a chyflymu fy ngham wedyn, am fod gen i ei hofn hi. "Oes gen ti amsar am banad?" meddai hi. Rhaid ei bod hi wedi gweld y syndod ar fy wynab i oherwydd fe aeth hi ymlaen ar ei hunion i gynnig rhyw fath o eglurhad. "Roedd dy nain a finna yn nabod ein gilydd ers talwm, wyddost ti, ac ar un adag, pan oedden ni'n dwy dipyn yn iau, doedd yn ddim ganddi hi alw heibio'r tŷ 'ma, i 'ngweld i. Tyrd i mewn am eiliad! Mae'r teciall ar ferwi. Mae gen i rwbath i'w roi i ti, rhwbath sy'n perthyn iti... a negas i ti hefyd." Fedrwn i ddim gwrthod wedyn oherwydd roedd hi wedi troi ar ei sawdl a cherddad llwybyr yr ardd, am y tŷ. A dyna ddechra petha, am wn i.'

'Dechre pethe?'

Yn hytrach na rhuthro i'w ateb, daeth golwg bell i lygaid Elin Puw wrth iddi ddrachtio eto o'i gwin.

'"Mi wyddost ti be mae rhai o bobol y lle 'ma yn fy ngalw i, mae'n siŵr," meddai hi. Margiad y Wrach! Ia ddim?" Finna, yn naturiol, yn gwadu clywad dim byd o'r fath. Ond doedd hi ddim fel pa bai hi'n disgwyl atab gen i, beth bynnag. "Negas sydd gen i iti," meddai hi eto, gan daro'r banad o de ar y bwrdd o 'mlaen i. "Negas gan dy daid." Wel, fe aeth hynny

â'm gwynt i'n lân, fel y medri di ddychmygu, Dewi, oherwydd
dydw i ddim hyd yn oed yn cofio fy nhaid. Dwy oed oeddwn i
pan fuodd hwnnw farw.'

'Be am dy daid arall?'

'Na. Does gen i ddim cof am hwnnw chwaith. Sôn am
Taid Penrallt oedd Margiad Rowlands. Fe wnath hi hynny'n
ddigon clir.'

Tawodd Dewi er mwyn cael clywed gweddill y stori.

'"Mae dy daid", meddai hi, "am i ti fynd i nôl y petha o'r
to." "Paid â gofyn pa betha," meddai hi wedyn, "oherwydd
dydw i ddim yn gwbod fy hun. Dyna'r unig negas sydd wedi
dod oddi wrtho fo. Mynd i nôl y petha o'r to."'

Gwelodd Dewi fod Elin yn disgwyl iddo ymateb.

'Be? To y tŷ yma wyt ti'n feddwl?'

'Ia.'

'Ac rwyt ti am i mi fynd i fyny yno i chwilio?' cynigiodd.

'Bobol bach, nac'dw! Mi wnes i hynny gyntad ag i mi
gyrradd adra y diwrnod hwnnw. Goeli di nad oeddwn i
ddim hyd yn oed wedi sylwi, nes mynd i chwilio, bod *trap
door* bychan yn nenfwd y llofft gefn, llofft Nain, ac mai trwy
hwnnw yn unig y mae posib mynd i fyny i'r to. Ro'n i angan
*step ladder* i allu cyrraedd, ac ar ôl gwasgu fy hun trwyddo
fo, gorfod ymgripian wedyn ar fy mhedwar ar hyd y distiau,
i chwilio yng ngola tortsh. Choeliet ti ddim faint o we pry
copyn ac o lwch calch oedd yno.'

'Ac ar ôl mynd i'r drafferth, ddoist ti o hyd i rwbeth?'

Yn ateb, pwyntiodd Elin at ddau lyfr mawr trwm a
hynafol yr olwg oedd yn gorwedd ar wyneb y dresel. Ar ben y
rheini hefyd gorweddai dwy amlen frown eithaf trwchus, a'r
rheini'n hen a bregus yr olwg.

Rhythodd Dewi. 'Be?' meddai, yn methu celu ei syndod, gan
ymdrechu ar yr un pryd i gadw sŵn chwerthin anghrediniol
o'i lais. 'Wyt ti'n meddwl deud wrtha i... go wir?... bod dy

daid wedi cysylltu efo chdi trwy Margiad Rowlands? Ei fod o
wedi anfon neges iti, trwyddi hi, i fynd i chwilio am yr union
bethe ene,' – a phwyntiodd fys i'w cyfeiriad – 'yn nho'r tŷ?'

Gan ysgwyd ei phen i gyfleu ei dryswch, cydiodd Elin yn
ei gliniadur oddi ar y bwrdd a'i daro o'r neilltu, ar un o'r
silffoedd uwchben. Yna, aeth i godi'r pentwr trwm oddi ar y
dresel a dod â fo i'w osod ar ganol y bwrdd, rhyngddyn nhw.
Ar ôl arwyddo ar Dewi i gymryd cadair ac wedi iddi hithau
eistedd gyferbyn â fo yn y gadair arall, tywalltodd gynnwys
un o'r amlenni dros wyneb y bwrdd o'i blaen a dechrau
dosbarthu'r cyfan yn dri phentwr – toriadau papur newydd
bregus iawn yr olwg mewn un, cardiau post a dau neu dri o
luniau mewn un arall a'r ddau lyfr mawr yn ffurfio'r trydydd
pentwr ac efo llyfryn bach arall, cymharol denau, yn gorwedd
ar ben y rheini. Roedd yr ôl bodio ar glawr du y gyfrol fach
a'r ôl traul o gwmpas ei hymylon yn tystio bod honno hefyd
yn bur hen.

'Mae pedwar mis ers i mi ddod o hyd iddyn nhw ond 'chydig
iawn o gyfla dwi wedi'i gael, hyd yma, i edrych trwyddyn
nhw. Roedd gen i ormod o betha erill ar y gweill.'

'Cyfansoddi pethe gwych fel *Dagrau'r Garnedd Lwyd*, er
enghraifft. Trefnu taith y côr yn rhwbeth arall.'

Gwenodd Elin wên fach drist. 'Ia, ac yn fwy na hynny,
cael trefn ar betha Nain. Ei dillad hi a phetha felly. A bod
yn onast, ro'n i wedi bod yn ymarhous i roi cychwyn ar y
gorchwyl hwnnw. Doedd hi ddim yn hawdd i mi gael gwarad
â'i phetha hi, Dewi, fel y medri di ddychmygu, gobeithio.'

Nodiodd yntau ei ben yn ddwys i ddangos cydymdeimlad,
gan ryfeddu, ar yr un pryd, ac nid am y tro cyntaf, at mor
raenus oedd ei hiaith lafar hi. Canlyniad byw efo'i nain
erioed, mae'n siŵr, meddyliodd.

'Ar ôl i Nain farw, doedd gen i ddim mwy o deulu. Neb i mi
fod yn gwbod amdanyn nhw, beth bynnag. Neb agos. Nain

oedd yr ola. Fedri di ddychmygu pa mor wag oedd y tŷ 'ma ar ôl iddi hi fynd.'

O glywed y crygni yn dod yn ôl i'w llais, teimlai Dewi fel codi a mynd i roi ei fraich amdani ond gwyddai mai gwell fyddai iddi beidio ymroi gormod i'w hunandosturi.

'Ond rŵan, o'r diwedd, rwyt ti wedi dechre mynd trwy'r pethe yma oedd yn cuddio yn y to?'

'Do, ond dydw i ddim ond wedi megis dechra.' Cydiodd yn y llyfryn bach du. 'Dwi wedi sôn am hwn wrthat ti'n barod. Dyddiadur fy hen, hen, hen daid ydi o, dwi'n ama, ond, hyd yma, dim ond cip sydyn ar amball dudalan dwi wedi'i gael. Mae yma dros gant a hannar o dudalenna i gyd a'r rheini, hyd y gwela i, yn cynnwys rhyw linall yn unig o wybodaeth am bob diwrnod dros gyfnod o ddwy flynadd a hannar. Blynyddoedd ola'r Rhyfal Mawr. Ond dyma oeddwn i isio'u dangos i ti heno.'

Rhoddodd y llyfryn bach o'i llaw a gwelodd Dewi hi'n bodio trwy'r toriadau papur newydd oedd yn y pentwr cyntaf o'r tri, ac yna'n estyn darn melynfrown brau tuag ato.

'Tudalen allan o bapur *Yr Ehedydd*,' eglurodd. 'Papur Cymraeg wythnosol yr ardal yma gan mlynadd a mwy yn ôl. Bydd yn ofalus wrth agor y dudalan. Mi all rwygo'n hawdd.'

Cydiodd y saer yn ufudd o ofalus yn y papur bregus a'i agor allan o'i ddau blyg nes ei fod yn gorwedd dros bopeth arall oedd ar wyneb y bwrdd. 9 Awst 1917 oedd y dyddiad ar ben y dudalen, ac o dan hwnnw, y pennawd bras MWY ETO O'N DEWRION IEUAINC YN SYRTHIO AR FAES Y GAD. Sylwodd fod ôl y plygion, fel croes frau, yn rhannu'r ddalen felynfrown yn bedair rhan a bod y llythrennau o fewn y plygion hynny yn gwbl aneglur, bellach. Ond roedd gweddill y dudalen, er wedi pylu, yn ddigon darllenadwy. Pedair colofn yn cynnwys lluniau pen ac ysgwydd pum milwr mewn gwahanol lifrai ac efo llith goffa fer o dan bob llun. Gwŷr

Tregarnedd i gyd, sylwodd. Pob un wedi colli'i fywyd o fewn ychydig ddyddiau i'w gilydd. Yno hefyd, o dan ambell lun, roedd copi o lythyrau a dderbyniwyd gan y teuluoedd rheini oddi wrth rhyw uwch-swyddog neu'i gilydd, neu nyrs a fu'n gofalu am y claf yn ystod ei oriau olaf.

Am rai eiliadau, syllodd Dewi yn ddiddeall ar y dudalen ac ar luniau oedd naill ai yn rhy dywyll neu'n rhy raenllyd i fod yn glir iawn. Gwelodd fod pedwar ohonynt yn aelodau o'r fyddin, tra bod y llall yn lifrai'r llynges, wedi ei golli ar y môr. Am be dwi i fod i chwilio? meddyliodd. Ond yna fe ganodd cloch yn ei ben. 'Henry Thomas Morris!' meddai'n fuddugoliaethus gan bwyntio at un o'r lluniau. 'Roedd hwn yn un o'r ddau y buom ni'n sefyll uwchben ei fedd ym mynwent Artillery Wood.'

Gwelodd hi'n nodio'i phen i gytuno. 'A...?'

Yr awgrym yn ei chwestiwn-un-gair oedd bod disgwyl iddo ddal ati i chwilio.

'Harri Wood!' medda fo o'r diwedd, yn fwy cyffrous fyth. 'Mae'r *ddau* yma. A dyna pam roeddet ti mor awyddus i ddod o hyd i'w bedde nhw? Am mai hogie o Dregarnedd oedden nhw, a'u bod nhw wedi eu claddu mor agos at ei gilydd yn y tir pell ene.'

'Wyt ti'n cofio'r dyddiada ar y cerrig? Pryd y cawson nhw eu lladd?'

'Na, mae'n ddrwg gen i.'

'Wel, mae'r manylion i'w gweld yn fan 'na, yn *Yr Ehedydd*. Fe laddwyd Harri Wood ar yr y cyntaf o Awst 1917, ddiwrnod yn unig ar ôl Hedd Wyn, a Henry Thomas Morris ddeuddydd yn ddiweddarach, ar Awst y trydydd. Hynny ydi, yn ystod dyddia cynta Brwydyr Passchendaele. Fel dwi'n dallt, roedd y tri yn rhan o'r un bataliwn o'r Ffiwsilwyr Cymreig, a be sy'n debygol ydi eu bod nhw wedi mynd dros y top efo'i gilydd tua'r un adag, ac i gael eu lladd o fewn tridia i'w gilydd.'

'Felly, dene oedd dy ddiddordeb di pan oedden ni allan yno?'

'Roedd gen i reswm arall hefyd, Dewi. Edrycha ar hwn.'

Estynnodd ddarn arall o bapur melynfrown iddo, a'r print ar hwn yn llai eglur na'r llall, a hynny oherwydd y staen tywyll oedd arno, fel pe bai rhywun, rywbryd neu'i gilydd, wedi colli dŵr neu de yn ddamweiniol dros y papur, cyn mynd ati wedyn i'w sychu a'i gadw.

LLOFRUDDIAETH YSGELER meddai'r pennawd, a'r dyddiad ar ben y dudalen yn dangos 'Dydd Gwener, 26 Gorffennaf 1917'.

'Dydw i ddim wedi cael amsar i neud synnwyr o'r hanas yma eto ond fedra i ddim peidio â gofyn pam bod yr hen daid, neu rywun arall o'r teulu, wedi trafferthu cadw hwn o gwbwl, oni bai bod rhyw gysylltiad efo'r erthygl yma, wrth gwrs.' Ac estynnodd Elin doriad arall iddo, allan o dudalen fewnol rhyw bapur Saesneg neu'i gilydd.

*MURDERER'S IDENTITY REVEALED* meddai'r pennawd, ac yna,

*A letter from the Front alleges that a North Wales war hero, whilst home on leave, forced his attentions on Vicar's daughter before murdering her. The police claim they have an interest in several suspects but...*

'Ond fel y gweli di, mae hannar y stori wedi cael ei rhwygo i ffwrdd, felly does wbod pam bod hwn wedi cael ei gadw o gwbwl.'

Yn hytrach na'i hateb, dechreuodd Dewi Rhys ddarllen yn uchel yr ysgrifau coffa byrion oedd ar y papur cyntaf iddi ei ddangos iddo.

### *Private Henry Thomas Morris (1898–1917)*
*Gyda gofid dwys y croniclwn y newydd trist am golli un o blant hawddgaraf Tre'r Garnedd Lwyd ar Awst 3ydd, yn*

y frwydr erchyll ar Gefn Pilkem yng ngwlad y Belgiaid, a dymunwn ddangos y cydymdeimlad dwysaf â'i rieni galarus yn eu trallod o golli mab mor foneddigaidd ac mor uniawn ei ffordd. Unig fab ydoedd Henry Thomas Morris i Owen Thomas Morris, un o wŷr busnes mwyaf llwyddiannus yr ardal hon, ac Elizabeth ei wraig. Trist, serch hynny, yw gorfod cydnabod nad yw llewyrch materol yn ddim iddynt heddiw o golli'r heulwen o'u bywydau. Gweddïwn ar i Dduw eu cynnal ar eu hawr dduaf. Yn rhifyn nesaf y papur hwn, gobeithiwn gael cynnwys cerdd goffa i'r gwron, o waith y bardd lleol Llwydfardd.

### Private Harri Wood (1900–1917)
Trist yw gorfod cofnodi marwolaeth Harri Wood, mab i Howel a Victoria Wood o linach balch y Romani, a hynny ar y dydd cyntaf o Awst. Nid oes ond cwta flwyddyn ers i'r teulu symud i'r ardal hon o barthau Llanbrynmair ond deellir iddynt dreulio rhai blynyddoedd cyn hynny yn crwydro gwlad Ffrainc, ym mha le y ganwyd Harri a'i chwaer Eldora. Yng Nghymru y ganed y plant eraill. Buan iawn y gwnaeth teulu Howel Wood eu hunain yn gartrefol ac yn boblogaidd iawn yn ein mysg ni, yma yn Nhre'r Garnedd Lwyd, a mawr yw cydymdeimlad ardal gyfan efo hwynt heddiw yn eu colled a'u galar. Roedd Harri yn ŵr ifanc golygus ac annwyl ac, fel Howel ei dad, yn hynod o gerddorol. Fel sy'n hysbys i bawb o'r ardal, byddai croeso bob amser i'r ddau yn y twmpathau dawns lleol, i'r naill efo'i delyn deires a'r llall efo'i ffidl hen. Estynnwn ein cydymdeimlad dwysaf â'r teulu cyfan yn eu colled lem.

'Hm! Dwy ar bymtheg oedd Harri Wood. Rhy ifanc hyd yn oed i enlistio. Rhaid ei fod wedi deud celwydd ynglŷn â'i oed.'

'Dim byd yn anghyffredin mewn peth felly, mae'n debyg,' meddai Elin. 'Edrycha ar rhain, rŵan!' Ac, wedi rhoi cyfle iddo blygu'r dudalen yn ofalus unwaith eto, estynnodd bentwr o gardiau post dros y bwrdd iddo. 'Dwi wedi cael golwg sydyn arnyn nhw ond fe garwn i gael dy farn *di* hefyd, Dewi.'

O'u cyfrif, gwelodd fod yno bump o gardiau post i gyd, tri ohonyn nhw'n dangos golygfeydd llwydaidd o drefi megis Bray-sur-Somme ac Armentières yn Ffrainc a phentre Boesinghe yn Fflandrys, tra bod y ddau arall yn fwy lliwgar ac o well ansawdd. Nid golygfeydd oedd ar y rhain ond blodau lliwgar mewn brodwaith sidan.

'Rŵan darllena beth sydd arnyn nhw.'

Yn ufudd, fe droes yntau y pentwr drosodd yn ei law.

'CARTE POSTALE', darllenodd, fe pe bai disgwyl iddo ddarllen pob gair oedd yno. 'A stamp a dyddiad y FIELD POST yn dangos i'r cerdyn gael ei anfon ar *12th May 17*. *Nineteen seventeen*, fasa hynny, wrth gwrs. Ac o dan y gair *Adresse* ar yr ochr dde mae enw *Elena Morgan Puw*, a'r cyfeiriad *Penrallt Uchaf, Tre'r Garnedd Lwyd, North Wales*. Ac ar yr ochr chwith, o dan y gair *Correspondance*, ac mewn llawysgrifen fân iawn... er mwyn gallu gwasgu'r geiriau i gyd i mewn, fasen i'n tybio... dyma sydd wedi'i sgrifennu, *Fy anwylaf Elena, Mae shells y gelyn yn syrthio'n gawodydd o dân am ein pennau bob dydd a nos. Dyma yw Gehenna'r Beibl. Mae'n wyrth fy mod yn dal yn fyw. Gyda chofion anwylaf, Henry.* A rhwbeth tebyg sydd ar y llall 'ma hefyd,' meddai Dewi, gan edrych ar yr ail gerdyn. 'Hwn eto yn yr un lawysgrifen fân ac anodd ei ddarllen. *Twelfth of June 1917* ydi dyddiad hwn ac mae'r llythrenne *BEF* wedi eu stampio arno.'

'*British Expeditionary Force*,' eglurodd Elin. 'Ond, yn ôl y llun sydd ar y cardyn yna,' meddai hi, 'mae'n amlwg bod y gatrawd wedi symud i fyny o ardal Bray-sur-Somme i Armentières ar y ffin rhwng Ffrainc a Gwlad Belg, a heb fod ymhell iawn, felly, o ble y cafodd o ei ladd. I ti gael dallt, dwi wedi bod yn astudio'r map ar Google Earth. Nid ar hwnna,' meddai hi wedyn, o weld Dewi'n edrych i gyfeiriad y gliniadur ar y silff uwch ei phen, 'ond ar y cyfrifiadur sydd gen i yn fy swyddfa. Dydw i ddim yn gallu derbyn band eang i fyny yn fama, gwaetha'r modd, felly dydw i ddim yn medru mynd ar-lein na gyrru negeseuon e-bost na dim ar hyn o bryd. A does dim signal yma, chwaith, i mi allu defnyddio fy ffôn symudol.'

Edrychodd Dewi arni'n fingam i gyfleu ei gydymdeimlad cyn mynd ymlaen i ddarllen neges yr ail gerdyn. *Fy anwylaf Elena, Mae'r gwlaw yn ddiddiwedd a'r llygod mawr yn bla. Rwy'n ofni weithiau na chaf dy weld di byth eto. Yr eiddot, Henry.*

'A hwn eto oddi wrth *Henry*, efo stamp a'r dyddiad *17 July 17* arno – *Fy anwylaf Elena, O'r diwedd mae'r leave yn agored ac edrychaf ymlaen at ddod adref ymhen yr wythnos, am ychydig ddyddiau. Gan edrych ymlaen i dy weld, Henry.*

Ond mae'r ddau gerdyn arall 'ma'n fwy trawiadol. Brodwaith mewn sidan sydd ar y ddau yma. Rhosyn coch efo'r geirie *Souvenir de France* ar un, a blodau bach glas efo'r geirie *Forget me not* ar y llall. Neges fer ar y cyntaf ohonyn nhw, a honno yn Saesneg – *Wishing you a Happy New Year* ac wedi ei arwyddo gan *Harry*. *31 December 1916* ydi'r dyddiad post arno. A *Thursday 18 July 17* ydi'r dyddiad post ar yr ail un; hwn eto efo neges Saesneg, ond mewn llawysgrifen hollol wahanol y tro yma – *Coming home on short leave and looking forward to seeing you. All my love, Harry xxx.*'

Tawodd Dewi am eiliad neu ddwy i roi amser iddo'i hun feddwl, cyn ychwanegu, 'Roedd hwn yn cael ei ladd bythefnos union ar ôl i'r cerdyn yma gael ei bostio.'

'Oedd. Ro'n inna wedi sylwi hefyd. Ond, yn y cyfamsar, fe

gafodd Harri Wood ddod adra ar lif am 'chydig ddyddia. Fo a Henry Thomas Morris.'

'Be? Efo'i gilydd?'

'Mae'n ymddangos felly.'

'Tipyn o gyd-ddigwyddiad! A sefyllfa o embaras hefyd, o bosib, i dy hen, hen nain. Ond does bosib ei bod hi, Elena Morgan Puw, yn canlyn tri bachgen ar yr un pryd? Un *Henry* a dau *Harry* gwahanol! Be ti'n feddwl, Elin?'

'Na. Dwi'n amau mai'r gwahaniaeth rhwng Henry a Harry ydi bod un ohonyn nhw, sef Henry Thomas Morris, yn gallu sgrifennu drosto'i hun, tra bod y llall, sef Harri Wood, yn anllythrennog ac wedi gorfod dibynnu ar wahanol rai i sgwennu gair ar ei ran, a'r rheini'n Saeson yn ôl pob golwg. Mi fyddai hynny'n egluro'r sillafiad Saesneg ar yr enw *Harry* a'r camgymeriada yn y cyfeiriad. Duw a ŵyr sut y cyrhaeddodd y naill gardyn na'r llall ben ei siwrnai efo'r fath gyfeiriada hurt sydd arnyn nhw.'

'*Traygarnidlloyd, North Wales*' meddai Dewi gan chwerthin wrth ddarllen. 'A *Penalt, Treegarnidloyd, N. Wales* ar y llall.'

'Mae'n siŵr bod Harri Wood yn gallu siarad Saesneg ond, os nad oedd o'n gallu sgwennu, yna fedra fo ddim sillafu chwaith, wrth gwrs. Hynny ydi, doedd ganddo fo ddim crap ar y llythrenna.'

'Ac mi fyddai dy ddamcanieth di ynglŷn â Harri Wood yn egluro hefyd y ddwy lawysgrifen wahanol.'

'Yn hollol!'

'Rhaid bod dy hen, hen nain yn dipyn o… o bishyn, i gael mwy nag un dyn ifanc i wirioni amdani fel 'na.'

Gwenodd Elin wrth glywed yr eiliad o faglu yn ei lais.

'Mae'n siŵr mai "tipyn o fflyrt" oedd ar dy feddwl di.' Prysurodd ymlaen, serch hynny, cyn rhoi cyfle iddo wadu. 'Ond fedra i ddim bod yn hollol sicir o'r union berthynas rhyngddi hi a finna. Hynny ydy, os ydw i yn ddisgynnydd uniongyrchol ohoni ai peidio.'

Wrth ddweud y geiriau, plygodd ymlaen at y mwyaf, a'r trymaf o ddigon, o'r ddau lyfr ar ganol y bwrdd, yr un efo'r llythrennau euraid *BIBL SANCTAIDD* ar ei dalcen. Yna, trodd i'r wynebddalen a darllen yr enwau oedd ar honno: *Huw ac Alis Puw, Penrallt Uchaf, Tre'r Garnedd Lwyd.*

'Llawysgrifen daclus iawn,' sylwodd Dewi. 'Pa berthynas oedden nhw i ti, felly?'

Yn hytrach na'i ateb, trodd Elin ddalen arall, i ddatgelu tudalen ac arni nifer o golofnau o dan y pennawd Saesneg THE FAMILY REGISTER OF ac yna yr un enwau – *Huw ac Alis Puw* – yn yr un lawysgrifen gain ag a welwyd yn barod.

'Beibil Pitar,' meddai hi. 'Beibil Cymraeg, wrth gwrs, ond yn rhyfadd iawn mae'r penawdau i gyd yn Susnag. Saith colofn i gyd.'

Gan symud bys o un golofn i'r llall darllenodd: - NAMES: WHEN BORN: WHERE BORN: WHERE & WHEN REGISTERED: WHERE & WHEN BAPTIZED: MARRIED: DIED.

Wrth iddi droi'r llyfr tuag ato, plygodd Dewi ymlaen i bori trwy'r wybodaeth oedd i'w chael yno.

Enw *Huw Ambrose Puw* oedd uchaf, efo'r dyddiad *Mai 7fed 1849* yn yr ail golofn, *Penrallt Uchaf* yn y drydedd, *Tre'r Garnedd Lwyd, Mai 10fed 1849* yn y bedwaredd, *Mai 24ain 1848, Capel Siloam* yn y bumed, *22ain Gorffennaf 1896* yn y chweched golofn ac yna, mewn llawysgrifen wahanol, *12fed Tachwedd 1922* yn y golofn olaf, yn gofnod o'i farwolaeth.

Enw *Alis Morgan* ddeuai nesaf. Hi wedi ei geni ar *Medi 4ydd 1861* yn *Llandrillo-yn-Rhos.* Yno hefyd, yn Llandrillo, yn ôl y cofnod, y bedyddiwyd hi ac yno hefyd y priodwyd hi â Huw Ambrose Puw ar *22ain Gorffennaf 1896.* Roedd y colofnau eraill yn wag.

'Roedd o ddeuddeng mlynedd yn hŷn na'i wraig,' sylwodd Dewi.

Enw *Elena Morgan Puw* ddeuai nesaf. Hi wedi ei geni ar *1af Mawrth1899* yn *Penrallt Uchaf, Tre'r Garnedd Lwyd*, a'i chofrestru a'i bedyddio yno bedwar diwrnod yn ddiweddarach. Ond roedd y ddwy golofn olaf eto'n wag. Dim sôn bod Elena Morgan Puw wedi priodi o gwbl.

'Wyddost ti be, Elin? Mae enw hon yn gyfarwydd imi, am ryw reswm.'

Clywodd hi'n chwerthin yn ysgafn.

'A dwi'n gwbod pam, Dewi. Cymysgu dau enw wyt ti, mae'n siŵr. Fel finna hefyd, pan welais i'r enw am y tro cynta. Cymysgu rhwng Elena Morgan Puw ac Elena Puw Morgan oedd yn nofelydd reit enwog yng Nghymru yn hannar cynta'r ganrif ddwytha. Yr unig gysylltiad rhwng y ddwy, i mi fod yn gwbod, oedd bod eu henwau nhw'n debyg a bod y ddwy wedi cydoesi.'

Gwenodd Dewi i gydnabod ei gamgymeriad cyn mynd ymlaen i ymresymu, 'Os oedd Elena yn ferch i Huw Ambrose ac Alis, yna roedd ei thad yn hanner cant oed pan anwyd hi, a'r fam yn dri deg ac wyth. Wyt ti'n meddwl falla mai wyres oedd Elena iddyn nhw, ac nid merch?'

'Mae hynny'n bosib, mae'n siŵr, ond dwi'n ama hynny. Os nad Huw ac Alis oedd ei rhieni hi, yna pwy? Does yma ddim enwa eraill sy'n cynnig eu hunain. Mae'n siŵr bod yr atab i'w gael rwla yn hwnna,' meddai Elin, gan gyfeirio at y llyfryn bach du.

'Mae'r llinell nesaf yn hollol wag. Hynny'n awgrymu bod bwlch yn yr achau, falle. Does dim sôn bod Elena wedi priodi o gwbwl. Felly o ble, meddet ti, y daeth hwn?' A phwyntiodd Dewi at yr enw nesaf i lawr, *Ambrose Morgan Pugh*.

'*Pugh* wedi'i sillafu yn Saesneg y tro yma! Ganed *8fed Ebrill 1918*. Fo hefyd yn *Penrallt Uchaf, Tre'r Garnedd Lwyd*.

Ond edrycha be sydd yn y golofn *Bedydd!* Y gair *NA* mewn llythrennau mawr ac wedi ei danlinellu. A does dim sôn bod hwn, chwaith, wedi priodi. Felly be ydi dy berthynas di efo fo? Ai hen daid ynte hen ewythr oedd o iti?

'Ac yna, mewn llawysgrifen wahanol a blerach, mae enwe *Harri Morgan Pugh*, wedi ei eni ar *7fed o Ebrill 1938* yn *Penrallt Uchaf, Tregarnedd*, a'i briod *Catherine M Pugh (neé Jones)*, hefyd yn Nhregarnedd ac yn yr un flwyddyn.'

'Nhw oedd fy nhaid a nain,' meddai Elin, gan osod blaen bys ar yr enwau, 'ond does gen i ddim cof o gwbwl am Taid, wrth gwrs. Fe fuodd o farw yn fuan ar ôl i mi gael fy ngeni ond mae llai na phymtheng mis ers i Nain fy ngadal i.'

'Chafodd dy daid mo'i fedyddio chwaith, yn ôl hwn.' A phwyntiodd Dewi at y *NA* pendant oedd wedi ei danlinellu yma hefyd yn y golofn berthnasol. 'A fo, ti'n deud, oedd yr un ddaru anfon y neges i ti trwy'r ddynes seicig 'na, rai misoedd yn ôl?'

'Wel, dyna oedd Margiad Rowlands y Gelli yn ei honni ar y pryd, beth bynnag, os gallwn ni roi coel arni.'

'Dydi enwe dy dad a dy fam, na tithe chwaith, ddim yma. Dy dad yn fab i Harri a Catherine Pugh, dwi'n cymryd?'

Crymodd Elin ei phen i geisio celu'r olwg boenus oedd wedi dod i'w hwyneb. 'Na, dydi enw fy nhad, nac enw Mam chwaith, mwy na finna, ddim yma. Huw Ambrose Puw oedd enw nhad, gyda llaw – Puw wedi'i sillafu yn Gymraeg, fel cyfenw gwreiddiol y teulu – ac Ann oedd enw Mam. Ann Griffiths cyn priodi. Hi'n wreiddiol o ardal Llangadfan yn y Canolbarth ac wedi ei henwi, meddai hi wrtha i rywdro, ar ôl yr emynyddes, Ann Griffiths, Dolwar Fach. Fanno heb fod ymhell o Langadfan, mae'n debyg.' Gostyngodd ei llais. 'Mi fu Mam farw'n ifanc. Pymthag oed o'n i ar y pryd.'

'Ro'n i wedi clywed. Mae'n wir ddrwg gen i, Elin. A be am dy dad?'

'Paid â gofyn. Fe ddiflannodd hwnnw'n fuan ar ôl clywad am salwch Mam. Yn ôl Nain, mynd wnaeth o er mwyn osgoi'r cyfrifoldab o edrych ar ei hôl hi. Ddaeth o ddim yn ôl hyd yn oed i'w chladdu hi. A ddaeth o ddim i gladdu Nain chwaith, llynadd. Ddim i angladd ei fam ei hun!'

Wrth synhwyro chwerwedd y geiriau, penderfynodd Dewi osgoi'r trywydd hwnnw gan ddewis syllu eto ar y dudalen yn y Beibl.

'Sut bynnag,' meddai Elin, gan bwyntio at yr enw uchaf ar ei chart achau, 'mae'n amlwg mai fo, Huw Ambrose Puw, fy hen...'

Gwelodd Dewi hi'n ailgychwyn ac yn defnyddio'i bysedd i gyfrif y cenedlaethau.

'... fy hen, hen, hen daid... mai fo ddaru lenwi manylion y blynyddoedd cynnar yn y Beibil ond dwi'n amau mai Taid, sef Harri Morgan Pugh, ddaru gofnodi'r gweddill, a hynny hyd orau ei allu, mae'n debyg. Mae'n siŵr mai anghofio rhoi enw fy nhad a finna yn y Beibil wnaeth o. Neu falla nad oeddwn i ddim hyd yn oed wedi cael fy ngeni cyn i'r petha yma gael eu cuddio yn nho'r tŷ.'

'A ti ydi'r unig un o'r teulu sydd ar ôl? Mae hynny'n rhyfedd, ti'm yn meddwl? Roedd pobol yn cael llawer mwy o blant yn y dyddie a fu.'

'Oedden, debyg. Ond mae hwn yn fwy o ddirgelwch byth.'

Estynnodd Elin am yr ail Feibl, nad oedd ond hanner maint y cyntaf ond yn drwm serch hynny. Ar ôl ei agor, darllenodd yn uchel 'Y BIBL CYSSEGR-LAN, wedi ei argraffu yn argraffdy'r brifysgol yn Rhydychen ar ran Y BIBL GYMDEITHAS FRYTANAIDD A THRAMOR.'

Cododd Dewi ei olygon yn awgrymog. 'Ac o'r to y daeth hwn hefyd?'

'Ia, ond does gen i ddim syniad pwy oedd rhain.'

Trodd Elin yn ôl i'r wynebddalen a dangos i Dewi y manylion yn fanno.

*To celebrate the wedding of William John Williams and Elin Pugh, at St Mary's Church, on the tenth day of April 1922.*

'Duw a ŵyr lle'r oedd St Mary's Church. Yn sicir nid yma yn Nhregarnedd, nac yn unrhyw le agos chwaith. Dwi wedi bod yn holi a does neb sydd i'w weld yn gwbod.'

'Ond pwy oedd yr Elin Pugh yma? Efo enw fel 'ne, rhaid ei bod hi yn dy deulu di yn rhwle.'

Pwyntiodd Elin at y rhestr oedd yn cofnodi genedigaethau plant y briodas:

| | |
|---|---|
| *John H. Williams* | *Born 13th day of January 1923* |
| *Elizabeth E. Williams* | *Born 9th November 1924* |
| *Elinor G. Williams* | *Born 18th July 1926* |
| *William P. Williams* | *Born 5th October 1927* |
| *Margaret E. Williams* | *Born 12th September 1935* |

'Hm!' meddai Dewi. 'Saith mlynedd a mwy rhwng y pedwerydd a'r pumed plentyn. Doedd y plentyn olaf ddim wedi'i fwriadu, o bosib. Be ti'n feddwl, Elin?'

Yn hytrach nag ateb, gosododd Elin ei bys ar y cofnod olaf ar y dudalen: *Elin Williams died Sept 12th 1935.* 'Rhaid ei bod hi wedi marw ar enedigaeth ei phlentyn olaf.'

'Yn ddim ond tri deg a chwech oed! Trist iawn. Ond pwy oedd hi, meddet ti? Rhaid ei bod hi'n perthyn. Wyt ti ddim yn meddwl? Pam arall fydde'r Beibil yma hefyd wedi cael ei basio i lawr yn y teulu?'

Cymerodd Elin rai eiliadau cyn cynnig ateb. 'Beth pe bawn i'n deud wrthat ti, Dewi, nad Elin Puw ydi fy enw iawn i? Nad dyna sydd i'w weld ar fy nhystysgrif geni.'

Rhythodd y saer yn ddiddeall am eiliad. 'Paid â fy nychryn i, Elin. Os nad Elin Puw wyt ti, yna pwy?'

'Ar ôl i Nain fynd, yna does ond Gordon Jones, fy mhennaeth a finna, a fy nhad wrth gwrs, lle bynnag mae hwnnw erbyn heddiw, yn gwbod mai fy enw bedydd i ydi Elena Puw… Elena Morgan Puw'.

'Elena Morgan Puw?'

'Ia.'

'Yr un enw'n union â dy…'

'Fy hen, hen nain.'

'Elena nid Elin!'

'Ia. Taid ddechreuodd fy ngalw fi'n Elin, mae'n debyg, o'r dydd y'm ganwyd i, ac Elin ydw i byth, trwy rym arferiad yn fwy na dim arall.'

'Ond dy fedyddio yn Elena?'

'Fy nghofrestru'n Elena. Ches i erioed fy medyddio.'

Gwenodd Dewi a rhoi ei law dros ei llaw hi, i'w gwasgu'n garuaidd. 'Wel, Wel! A faint mwy o gyfrinache sy'n cuddio yn eich cwpwrdd teuluol chi, os gwn i, Elena Morgan Puw?'

Yn hytrach na rhannu yn yr hiwmor, fodd bynnag, edrychodd Elin yn ôl i fyw ei lygaid a gosod ei llaw wedyn ar y Beibl lleiaf o'r ddau. 'Felly pwy, meddet ti,' gofynnodd yn awgrymog, 'oedd yr Elin Pugh ddaru briodi William John Williams ar Ebrill y degfed, mil naw dau dau, yn Eglwys St Mary's yn rhywle neu'i gilydd, ac a fu farw dair blynedd ar ddeg yn ddiweddarach wrth roi genedigaeth i'w phumed plentyn? Glasiad arall o win?' gofynnodd, rhag rhoi cyfle iddo bendroni gormod ynghylch y dryswch.

'Na, ddim diolch. Dwi'n dreifio.'

Cododd hithau. 'Ia, gwell i ti fynd, dwi'n meddwl, neu mi fydd tafoda Stryd Penrallt i lawr yn fancw,' ac arwyddodd efo'i phen i'r cyfeiriad hwnnw, 'yn brysur iawn eto'n dychmygu pob math o *scenarios*.'

Yn hytrach na gwenu, fel roedd hi'n ei wneud, edrychodd Dewi i fyw ei llygaid a gofyn mewn llais difrifol, 'Ydi hynny yn dy boeni di, Elin? Ydy'r ffaith fy mod i'n dod i fyny yma atat ti, yn achos embaras iti?'

Ei hunig ymateb oedd cymryd cam ymlaen i'w gusanu ar ei wefus, a'r gusan honno yn fwy taer na'r disgwyl. Caeodd yntau ei freichiau amdani, nes ei theimlo hi'n gwthio'i hun yn ysgafn o'i afael.

'Dewi Rhys! Os na fyddi di'n ofalus, mi fyddi di wedi gwasgu pob chwyth o wynt allan ohono i efo'r breichia cryfion 'ma.'

Sŵn edliw chwareus oedd i'w glywed yn ei llais wrth iddi gydio a gwasgu cyhyr ei fraich dde.

'Dwi wedi addo mynd i Ddyffryn Clwyd i weld fy nheulu, fory. Y chweched o Fedi. Mam a Nhad yn dathlu deugain mlynedd ers priodi.'

'Priodas Ruddem. Llongyfarchiadau iddyn nhw.'

'Ddoi di yno efo fi, Elin? Mi fyddwn i wrth fy modd yn cael dy gyflwyno di iddyn nhw.'

'Fy nghyflwyno fi? Be, fel rhyw ferlan mewn sioe, wyt ti'n feddwl?'

Er yn gwybod o'r gorau mai tynnu coes oedd hi, arhosodd yr olwg ddifrifol ar wyneb Dewi Rhys. 'Dwi'n ei feddwl o, Elin. Ddoi di i gwarfod fy rhieni?' Roedd ei daerineb i'w weld a'i glywed. 'Maen nhw'n addo tywydd braf am rai dyddie. Rhyw Haf Bach Mihangel, gobeithio.'

'Ro'n i'n meddwl mai fel Haf Bach Codi Tatws y byddwch chi'r ffarmwrs yn cyfeirio at beth felly,' meddai hi efo gwên, cyn difrifoli wedyn. 'Diolch am y cynnig, ond rhywbryd eto falla, Dewi. Ar ôl i mi ddod i wbod yn iawn pwy ydw i fy hun, i ddechra.' Ac arwyddodd at y Beiblau a'r pentwr papurau oedd yn gorwedd ar y bwrdd. 'Margiad Rowlands ydi fy ngobaith gora i, ar hyn o bryd.'

Yna, wrth sylwi ar ei siom, camodd eto i'w freichiau ac roedd yr ail gusan yn wlypach ac yn fwy angerddol.

'Dwi'n awyddus i dy helpu di, Elin, i ddatrys y dryswch. Fyddet ti'n fodlon i mi fynd â rhai o'r toriade papur newydd 'ma efo fi, i'w darllen nhw, gartre? Mi fydda i'n ofalus iawn ohonyn nhw, dwi'n addo.'

## 1.5

# Bore Sadwrn

DRANNOETH, WRTH GAMU allan i'r awyr agored a thynnu'r drws ynghau ar ei hôl, fe deimlai Elin yn ysgafnach ei throed nag a deimlodd ers blwyddyn neu ragor, ers colli Nain. Un rheswm am hynny oedd bod gwres yr haul ar ei hwyneb a'r awyr ddigwmwl uwchben yn cyhoeddi bod y rhagolygon am Haf Bach Mihangel ar fin cael eu gwireddu. 'Rheswm arall dros deimlo fel hyn,' meddai wrthi ei hun, 'fu'r penderfyniad, neithiwr, i ddatrys y dirgelwch ynglŷn â fy nheulu, unwaith ac am byth.'

Safodd yno'n hir i syllu i lawr ar Stryd Penrallt a'r ychydig dai ar wasgar oedd yn gwahanu honno wedyn oddi wrth drwch adeiladau'r dref ei hun, dri chwarter milltir i ffwrdd. Yna, cododd ei golygon i gyfeiriad Porthtwyni yn y pellter lle'r oedd y môr yn y bae yn fanno yn wincio'n ddiddiwedd yn yr heulwen.

*Mae Dewi ar ei ffordd adra i Ddyffryn Clwyd erbyn hyn, mae'n siŵr. Ydi ynta hefyd yn rheswm pam dy fod ti'n teimlo mor hapus bora 'ma, Elin Puw? Bydda di'n onast.*

Fedrai hi ddim gwadu ei bod hi wedi meddwl llawer amdano'n ddiweddar, byth ers y daith yn ôl o Wlad Belg. A mwy, yn sicr, ers y gusan neithiwr.

*Meddwl gormod, o bosib, er dy les, Elin? Falla wir. Ond mae'n siŵr fy mod i ymhell o'i feddwl o erbyn rŵan.*

Efo dolen ei bag neges dros ei braich, cyflymodd ei cham i lawr yr allt, a'i meddyliau yn rhai cymysg iawn – yr achau yn y Beibl Mawr a Dewi Rhys yn cynnig ei helpu, yr erthygl am y llofruddiaeth yn 1917 a'r dirgelwch ynglŷn â'r busnes hwnnw, y beddau yng Ngwlad Belg a Dewi yn ei helpu, Dewi yn mynd â'r toriadau papur newydd adref efo fo i'w darllen... Dewi yn...

Erbyn cyrraedd Stryd Penrallt, roedd hi eisoes yn diolch ei bod hi wedi dewis ei ffrog ysgafn felen heddiw, yn hytrach na'r jîns bore Sadwrn arferol. Poethi wnâi hi i'r dydd, yn reit siŵr. Difaru, serch hynny, ei phenderfyniad byrbwyll i wisgo'r esgidiau duon sodlau uchel. Unwaith yn unig y bu rheini am ei thraed cyn heddiw, ac yn angladd Nain, flwyddyn yn ôl, oedd hynny.

'Bora da, Elin!'

Gan fod ei meddwl hi ymhell, a hithau erbyn rŵan wedi dechrau hymian rhyw nodau yn ei phen, fe'i cynhyrfwyd hi gan y cyfarchiad annisgwyl. Safai dwy gymdoges yn nrysau eu tai yn sgwrsio, ond roedden nhw wedi tewi wrth ei gwylio hi'n dod.

'Bora da!' Ni allai gofio enwau yr un o'r ddwy. 'Mae'n mynd i fod yn ddiwrnod braf.'

'Ydi wir,' cytunodd y ddwy yn wengar a'i gwylio hi'n mynd allan o glyw. Neu felly roedden nhw'n tybio, beth bynnag.

'Dydw i rioed wedi'i gweld hi'n edrach mor ddel!'

'Na finna, chwaith. Del iawn. Mae hi wedi sbriwsio'n arw. Does fawr ryfadd bod y saer wedi bod yn hel ei din yno'n ddiweddar.'

Gwenodd Elin er ei gwaethaf, wrth i weddill sylwadau'r ddwy droi'n aneglur fel y tyfai'r pellter rhyngddi hi a nhw. Dechreuodd hymian yr un gân eto a cheisio anwybyddu'r esgidiau oedd eisoes yn gwasgu am fysedd ei thraed.

Ymhen canllath, gadawodd y ffordd galed ac anelu am

Lwybr y Gelli, yn y gobaith o weld Margiad Rowlands yn sefyll yn nrws ei bwthyn, eto heddiw. Y dewis o'i blaen rŵan, ar ôl cyrraedd ceg yr hen ffordd, oedd naill ai'r giât mochyn neu'r gamfa simsan yr olwg. O boptu iddyn nhw roedd drain a rhedyn tal yn gwneud eu gorau i gau'r fynedfa ac i hawlio'r bwlch yn ôl.

Yn ôl ei harfer, anelodd Elin am y giât ond yna, ar fympwy ac ar yr eiliad olaf, penderfynodd ddringo'r gamfa fregus. Fel roedd hi'n camu'n ofalus dros y ris uchaf ac yn gorfod codi mymryn ar odreon ei ffrog i wneud hynny, clywodd chwibaniad 'whi-di-whiw' dreiddgar o rywle neu'i gilydd tu ôl iddi. Ond, er troi i chwilio, doedd neb yn y golwg. Gwenodd eto. Roedd y profiad yn newydd iddi ac yn un i'w fwynhau.

*Bydd raid i mi wisgo'r ffrog yma a'r sodlau uchel yn amlach, rŵan bod Nain wedi mynd.*

Rhedai'r hen ffordd i lawr o'r gamfa i gysgod pleserus Coed y Gelli. Yno, oedodd Elin i edrych dros ganllaw'r bont fechan i'r pwll oddi tani a chael gwefr, eto heddiw, o weld brithyll yn gwibio'n ôl a blaen trwy gysgodion y cangau ynn oedd yn gwyro dros y dŵr clir.

Pe bai hi'n gorfod rhestru ei hoff lecynnau yn yr ardal, yna byddai'r fangre yma, lle'r oedd Nant Lwyd yn prysur dyfu'n afonig, yn sicr o ddod yn uchel ar ei rhestr. Wrth gerdded i'r ysgol slawer dydd, byddai bob amser yn oedi yn yr union fan yma, i fwynhau sŵn y dŵr, boed hwnnw'n dincial ysgafn ar dywydd braf fel heddiw neu'n fwrlwm gwyllt yn dilyn cenlli.

Yn ddiarwybod bron, roedd wedi ailddechrau hymian yr un nodau ag o'r blaen. Rhan o alaw led gyfarwydd, ond un na allai gofio mwy arni serch hynny. A dyna pryd y sylweddolodd arwyddocâd y nodau. Roedd y dilyniant i *Dagrau'r Garnedd Lwyd* eisoes wedi dechrau cronni yn ei phen ac yn ei dychymyg, a gwyddai na fyddai llonydd i'w gael gan yr alaw newydd hyd nes i'r nodyn olaf sefydlu ei hun ar ei chof a chael ei le terfynol wedyn ar ei phapur *manuscript*, pryd bynnag y byddai hynny.

Doedd dim sôn am Margiad Rowlands wrth giât yr ardd nac ar ben drws ei bwthyn chwaith, felly penderfynodd Elin alw ar ei ffordd yn ôl.

Oedodd droeon cyn cyrraedd pen y llwybr, i wrando ar grawc ambell frân bell a thrydar prysur gwahanol adar yn y deiliach o'i chwmpas. Safodd yn hir i syllu ar y coed cyll oedd yma'n cau yn dwnnel amdani ac yn cynnig cysgod braf rhag gwres cynnar yr haul. Roedd y lle yma bob amser yn ei hatgoffa am ei thad; am y diwrnod braf hwnnw, slawer dydd, pan fu'r ddau ohonyn nhw'n hel llond bag o gnau – fo yn estyn yn gawraidd at y brigau ac yn ei hannog hithau i godi'r rhai oedd yn gorwedd yma ac acw o gwmpas ei thraed. Brithgofio hefyd y ddau ohonyn nhw'n eistedd wedyn ar wair sych yr ardd gefn yn Hen Benrallt efo'r llechen wastad yn fanno fel bwrdd rhyngddyn nhw, a'i thad yn defnyddio carreg fel morthwyl yn ei ddwrn i dorri cragen ar ôl cragen ac yn chwerthin wedyn wrth ei gweld hi, Elin, yn bedair neu bum mlwydd oed, yn pigo pob cneuen felys o'i phlisg ac yn ei dal yn fuddugoliaethus rhwng bys a bawd cyn ei gwthio hi wedyn yn farus i'w cheg. Dyna'r darlun hapusaf oedd ganddi o'i thad. Yr hapusaf a'r tristaf, oherwydd roedd yr atgof hwnnw bob amser yn troi'n chwerw, wrth i Nain ddod allan i ddwrdio. Dwrdio oherwydd bod y plisg yn flerwch ar y lawnt a bod peryg i Elin fach gael poen bol o fwyta gormod o'r cnau, neu gael annwyd o fod yn eistedd ar wair nad oedd yn ddigon sych, meddai hi. A'i thad wedyn yn codi ac yn ei dymer yn dweud yn flin bod Nain yn 'blydi busnesu gormod yn y ffordd dwi'n magu fy mhlentyn fy hun' a Nain yn arthio'n ôl mai ei thŷ hi oedd Hen Benrallt ac y dylai yntau barchu hynny. A Mam yn sefyll yn nrws y cefn yn gwylio ac yn gwrando ac yn ysgwyd ei phen yn drist.

O feddwl yn ôl rŵan, roedd llawer gormod o ffraeo yn y cartre yn y dyddiau hynny.

Giât lydan rydlyd oedd yn y pen yma i'r llwybr, a'r drain yn bygwth meddiannu ei ffrâm haearn hi'n fuan iawn. Dim dewis o gamfa yn fan'ma.

Wrth gilagor y giât drom a gwrando arni'n protestio'n rhydlyd ar ei cholion, teimlodd Elin ddraenen dal yn bachu'n hyf yn ei gwallt, fel pe bai am ei chadw hi yno, yn garcharor. Ar ôl rhyddhau ei hun o afael y crafangau miniog, camodd allan i Stryd Bron Gelli. Munud arall a byddai'n ymuno â'r briffordd ac yn cyrraedd canol y dref o fewn ychydig funudau wedyn.

*

Fel roedd yn mynd i mewn trwy ddrws yr archfarchnad, taflodd gip pryderus o'i chwmpas, yn ofni gweld wynebau cyfarwydd. Ond roedd hi'n benderfynol, serch hynny, na châi profiad annymunol ddoe ddrysu ei phatrwm wythnosol. Er pan y gallai hi gofio, bu'n dod i lawr i'r dre bob bore Sadwrn i siopa am yr ychydig neges oedd arni hi a Nain, a'i Mam hefyd pan oedd honno'n fyw, eu hangen, a doedd cenfigen a dichell rhywun fel Glesni ddim yn mynd i gael y gorau arni.

O gornel llygad, daeth yn ymwybodol bod sawl un yn y siop yn troi pen i edrych arni wrth iddi ymestyn at rai o'r silffoedd. Dynion a merched fel ei gilydd.

*Wedi clywed am yr helynt ddoe, mae'n siŵr. Dyna pam maen nhw'n edrych.*

Ond fe wyddai yn reddfol bod llygaid y dynion yn oedi'n hirach nag oedd raid, ac roedd peth felly hefyd yn brofiad i'w fwynhau.

Gan fod y tywydd mor braf, doedd hi ddim am oedi mwy nag oedd raid yn y siop. Nac am fynd yn ôl adre'n gynt nag oedd raid, chwaith. Syllodd ar ei wats. Deng munud wedi deg.

*

Ugain munud yn ddiweddarach, roedd hi'n gadael y siop efo'i bag neges yn drwm o lawn.

*Lle nesa, felly, Elin Puw?*

Ar fympwy, dewisodd ffordd wahanol yn ôl, un a fyddai'n mynd â hi trwy'r Parc Chwarae. 'Parc Coman' yn iaith pobol y dre. Yr enw hwnnw, fel y gwyddai hi, yn llygriad o 'Barc y Comin'. Gwthiodd y giât yn agored ac oedi eiliad i fwynhau'r olygfa o'i blaen. Parc chwarae cyhoeddus oedd hwn bellach ac yn cael ei gynnal gan y cyngor tref ers cyn cof iddi hi; sgwâr eang yn cael ei amgylchynu gan wrych tal o goed prifet – 'pren bocs' yn iaith Nain – a'i rannu yn bedair rhan gytbwys gan lwybrau llydan, efo pob un o'r rheini'n arwain at bedair o giatiau trymion oedd yn rhoi mynediad i'r Parc o bedwar cyfeiriad gwahanol. Yn ganolbwynt i'r cyfan safai adeilad pren, fawr mwy na phum llath sgwâr efo feranda o'i gwmpas a nifer o fyrddau a meinciau yn ei chysgod. Gallai Elin weld bod nifer yn eistedd yno'n barod, yn sgwrsio, yn sipian coffi neu ddiod oer. Doedd hi ei hun erioed wedi mynychu Caffi Parc Coman.

O fod wedi gollwng gafael arni, clywodd y giât yn cau'n glep tu ôl iddi, o dan ei phwysau ei hun.

Ddecllath o'i blaen ar y rhodfa lydan, gyferbyn â'r maes bowlio ac efo'i chefn at ffens uchel oedd yn amgylchu dau gwrt tennis, safai mainc wag. Ochneidiodd Elin yn ddiolchgar a chamu ymlaen yn awyddus. Wrth eistedd, teimlodd wres y pren yn gynnes braf trwy ddeunydd tenau ei ffrog. Gwyrodd ei phen yn ôl i fwynhau'r haul yn gynnes ar ei hwyneb, yn falch ar yr un pryd o gael rhoi'r bag neges trwm o'r neilltu am funud neu ddau, a llacio mymryn hefyd ar yr esgidiau tyn oedd yn gwasgu ar fodiau ei thraed.

Ar y maes o'i blaen roedd cystadlaethau bowlio eisoes ar y gweill a thrwy lygaid dioglyd gwyliodd Elin y chwarae, gan geisio deall pwrpas y gêm. Tri grŵp o bedwar dyn a phob grŵp yn cynnal ei gystadleuaeth fach ei hun, yma ac acw ar y lawnt. Y gamp, yn amlwg, oedd gyrru'r bêl fach o un gornel y maes i'r llall ac yna ceisio powlio'r peli mawr duon mor agos ag oedd bosib at honno, gan beri ambell glec hyglyw pan fyddai'r rheini'n gwrthdaro. O ddiddordeb arbennig iddi hefyd oedd cyflwr a lliw y lawnt ei hun. Roedd honno fel carped trwchus meddal ac yn falm i'w llygaid hi. Gallai ddychmygu sŵn siffrwd bodlon y peli ar eu teithiau mynych, yn ôl a blaen.

Tu cefn iddi, roedd y cyrtiau tennis yn llawer mwy bywiog, mwy swnllyd, efo sŵn rheolaidd raced yn taro pêl, a'r bêl wedyn yn drybowndian ar wyneb concrid y cwrt neu'n clecian yn erbyn ffens yr ymylon nes peri i honno ysgwyd yn gynhyrfus. Clywodd lais o'i hôl yn gweiddi *Game!* yn fuddugoliaethus ac un arall, dros ei hysgwydd chwith, yn cyhoeddi *Forty love!*

Draw i'r dde o lawnt y bowlio, tyfai criafolen dal, ei ffrwyth yn gôt goch amdani ac, ar ei brigyn uchaf, fel pe bai'n benderfynol o dynnu sylw'r byd ati ei hun, safai mwyalchen falch yn telori'n ddi-baid.

Gallai Elin deimlo'i hamrannau'n trymhau yng ngwres yr haul.

'Elin Puw! Be wyt ti'n neud yn fan 'ma?'

Rhaid ei bod hi wedi hepian eiliad.

'Roedden ni'n meddwl mai ti oeddet ti pan ddoist ti i mewn drwy'r giât. Tyrd draw at Janice a finna i'r caffi am banad.'

'O, Lowri! Ti sy 'na. Cael rhyw bum munud o orffwys, dyna i gyd, cyn cychwyn adra'n ôl.'

'Wel, tyrd draw aton ni am sgwrs dros banad.'

Er bod y ddwy yn aelodau o Gôr y Garn, ychydig iawn o Gymraeg a fu rhyngddi hi a nhw ers iddi ymuno fel cyfeilydd i'r côr ac roedd hi'n fwy na pharod i gyfaddef mai ei swildod hi ei hun oedd y rheswm pennaf am hynny. Hyd yn oed rŵan, flwyddyn a mwy ar ôl colli Nain, fe gâi hi drafferth ymlacio yng nghwmni pobol. Nid nad oedd hi'n awyddus i wneud ffrindiau newydd.

'Diolch,' meddai hi gan wthio'i thraed yn ôl i'w hesgidiau a chydio wedyn yn ei bag wrth godi.

'Te, coffi neu ddiod oer?'

Janice oedd yn gofyn fel roedden nhw'n nesáu. Roedd honno eisoes ar ei ffordd i mewn i'r cwt caffi.

'Ym! Mi â' i i'w nôl o.' A chwiliodd Elin am ei phwrs i dalu.

'Wnei di mo'r fath beth, Elin Puw! Rŵan paid â bod mor indipendant, wir Dduw. Be gymeri di? Coffi?'

'Diolch yn fawr… ym, Janice.'

'Tyrd i eistedd i fan 'ma,' meddai Lowri, 'a phan ddaw Janice yn ôl mi gawn ni roi'r byd yn ei le.'

Aeth mam ifanc heibio, yn gwthio coets ddwbwl a'i cherddediad yn llawn balchder. 'Ŵŵŵ! Sandra,' gwaeddodd rhywun. 'Aros, i mi gael gweld y *twins*.' A gwelodd Elin rywun yr un mor ifanc yn rhuthro at y goets.

'Dwi'n wirioneddol licio dy ffrog di, Elin,' meddai Janice, gan osod y coffi o'i blaen. 'Mae melyn yn dy siwtio di. A rhyngot ti a fi,' ychwanegodd yn gyfrinachol, 'mae'r ddau foi diarth sy'n ista draw yn fan 'cw yn cytuno efo fi… er mai llygadu dy goesa di maen nhw, cofia!'

Wrth glywed y ddwy yn chwerthin yn arwyddocaol, chwarddodd Elin hefyd gan deimlo'i hun yn ymlacio.

Buan y trodd y sgwrs at gynlluniau'r côr, at y cyngerdd blynyddol ddiwedd y mis ac at fwriad Josie i gystadlu yn yr Eisteddfod Genedlaethol y flwyddyn ganlynol. A fu hi ddim yn hir chwaith cyn i'r ddwy lusgo Dewi Rhys i mewn i'r drafodaeth.

'Ro'n i'n sylwi yn y practis nos Iau bod Dewi Saer wedi bod at y barbwr i gael tacluso'i wallt a'i locsyn,' meddai Janice, a direidi yn ei gwên. 'Ddaru ti sylwi hefyd, Lowri?'

'Do. Sylwi'n syth,' cytunodd honno, yr un mor ddireidus. 'Roedd o'n edrach yn rêl pishyn. Be ti'n feddwl, Elin?'

A chwarddodd y ddwy wrth ei gweld hi'n gwrido'n swil. Chwarddodd Elin hefyd wedyn, i guddio'i hembaras yn fwy na dim.

\*

Doedd dim golwg am Margiad Rowlands pan gyrhaeddodd Elin ei thyddyn, dri chwarter awr yn ddiweddarach, ond pan aeth i guro ar ddrws y bwthyn, sylwodd fod hwnnw wedi ei adael yn gilagored.

'Tyrd i mewn, Elin,' galwodd y llais cryglyd.

*Sut ar y ddaear mae hi'n gwbod mai fi sy 'ma?*

'Fe welis i chdi'n mynd heibio gynna, ac ro'n i'n ama y byddet ti'n galw ar dy ffordd yn ôl.'

Erbyn iddi ddilyn y llais i mewn i'r tŷ, gwelodd fod Margiad yn eistedd wrth ffenest fechan ei pharlwr, fel ei bod hi'n gallu gweld pob symudiad dros res crawiau'r ardd tu allan. Roedd hi'n gwisgo yr un dillad â ddoe, a'r un ffedog hefyd, a honno yn llai na glân. Sylwodd Elin fod ei dwylo crebachlyd hi'n cau am rywbeth a ddaliai ar ei glin.

'Gymeri di lasiad o ddiod blodyn sgawan, i dorri dy sychad?' A phwyntiodd yr hen wraig at y gwydryn llawn o ddiod clir oedd yno'n aros ar y bwrdd. 'Mae 'na ddigonadd o goed sgawan yn tyfu yng nghefn y tŷ 'ma.'

Gwenodd Elin wrth geisio dychmygu'r Margiad wargrwm

yn ymestyn i hel y bloda neu'r ffrwyth oddi ar y coed. Rhaid bod rhywun yn galw heibio i wneud peth felly drosti.

'Dyma fyddai gweision ffarmwrs yn ei yfad yn ystod y cynhaea ers talwm, wyst ti. Y peth gora i dorri sychad. Rŵan, sut fedra i dy helpu di? Ista yn fan hyn,' meddai hi wedyn gan bwyntio at gadair wag gyferbyn â hi wrth y ffenest.

Drachtiodd Elin rywfaint o'r ddiod a chael ei siomi bod hwnnw'n fwy melys na'r disgwyl. Manteisiodd hefyd ar y cyfle i daflu cip manylach na ddoe ar y stafell ei hun, honno'n drymaidd o dywyll. Hen ddresel Gymreig, digon tebyg i'r un oedd ganddi hi yn Hen Benrallt, ond bod silffoedd a wyneb hon o'r golwg bron o dan lanast y blynyddoedd. Cloc mawr yn fan 'ma, hefyd, a'i dipian swnllyd yn hyglyw iddi rŵan. Soffa dreuliedig o dan hanner dwsin o leiaf o wahanol glustogau ac antimacasar oedrannus yn gorchuddio'i chefn.

'Yma y ces i fy ngeni,' eglurodd yr hen wraig, o weld Elin yn taflu golwg lled feirniadol o gwmpas y stafell, 'ac yma yr ydw i byth, wel 'di, ddeng mlynadd a phedwar igian yn ddiweddarach. Mae Lynne, sy'n galw yma deirgwaith y dydd i ofalu amdana i, i'm helpu fi i wisgo yn y bora, gneud tamad o ginio i mi ganol dydd ac i 'ngneud i'n barod am fy ngwely bob nos, yn deud y dylwn i feddwl am fynd i gartra hen bobol, am y cawn i fwy o ofal a chysur yn fanno.'

Sŵn cecian gwan oedd ei chwerthiniad hi, rŵan.

'Ond dyma lle y gwelis i ola dydd gynta erioed, wel 'di, ac o fan 'ma hefyd y bydda i'n mynd, pan ddaw hi'n amsar i mi adael yr hen fyd 'ma.'

'Chi ŵyr ora, Margiad Rowlands.' Beth arall alla hi'i ddweud? 'Rhyw feddwl oeddwn i ddaru Taid gysylltu efo chi wedyn?'

Hyd yn oed cyn gorffen y cwestiwn, roedd Elin yn difaru ei ofyn. Be ddwedai Janice a Lowri, a gweddill aelodau'r côr, tybed, pe baen nhw'n gwybod bod eu cyfeilyddes yn rhoi coel ar freuddwydion gwrach? Be ddwedai Dewi Rhys?

'Ro'n i wedi dy ddisgwyl di'n ôl cyn hyn, 'mechan i, gan 'mod i wedi anghofio rhoi hwn iti.' A dangosodd y llyfr a oedd yno'n barod ar ei glin. 'Dwi'n cymryd dy fod ti wedi ffeindio be oedd dy daid yn cyfeirio ato fo, yn i negas?'

'Do, fe ddois i o hyd i rai petha yn nho'r tŷ, yn union fel roeddech chi wedi'i ddarogan. Beibil y teulu a rhyw bapura eraill. Ond dydw i ddim wedi cael cyfla i'w darllan nhw i gyd eto.'

'Iawn, felly. A be arall wyt ti'n ddisgwyl gael gan dy daid?'

'Dyna'r peth, Margiad Rowlands. Rhyw feddwl tybad a oedd Taid wedi gadal negas arall imi?'

'Gwranda, Elin,' meddai hi, gan osod cledr ei llaw dros glawr y llyfr oedd rŵan yn gorwedd ar y bwrdd o'i blaen ac yna ei agor i ddangos y flaenddalen. 'Hwn oedd y taid ddaru anfon y negas iti; y negas i fynd i chwilio yn nho'r tŷ am ryw betha neu'i gilydd. A dyna ti wedi bod, rŵan, ac wedi dod o hyd iddyn nhw.'

Rhythodd Elin Puw yn gegagored ar enw perchennog y llyfr ac ar y dyddiad oddi tano. *Ambrose Morgan Pugh, Croesoswallt, Awst 1940.*

'Ond...'

'Dy nain roddodd fenthyg hwn imi, flynyddoedd yn ôl bellach, *Hanes Plwyf Tre'r Garnedd Lwyd,* ac fe anghofiais i bob dim amdano fo tan yn ddiweddar.'

Doedd yr hen wraig ddim wedi sylwi ar syndod Elin wrth iddi weld pwy oedd perchennog y llyfr.

'Hen lyfr diddorol, yn sôn am hanas y dre a'r ardal, ac am yr hen gymeriada oedd yn arfar byw yma yn yr oes a fu. Mae'n adrodd hefyd y chwedla gwerin sy'n gysylltiedig â'r lle. Aros di! Fe gafodd ei sgwennu gan...' Trodd Margiad ddalen arall a dod â'r gyfrol yn nes at y sbectol oedd ar flaen ei thrwyn, er mwyn cael craffu ar enw'r awdur. '... gan rywun o'r enw William Cadwaladr. Fe gafodd y llyfr ei argraffu yn *eighteen eighty four,* wel 'di. Sut bynnag, fe gofiais i amdano fo ar ôl i dy nain farw. Byseddu trwyddo fo unwaith eto oeddwn i pan ddaeth dy daid â'i negas imi... i ti, yn hytrach.'

'Ydach chi'n meddwl bod ganddo fo ryw negas arall i mi?'

Gostyngodd Margiad Rowlands ei llais yn arwyddocaol. 'Mae o wedi cael 'i gyfla, ddwedwn i. Ond, os oes gen ti rwbath arall oedd yn arfar perthyn iddo fo neu i rywun arall o dy deulu, yna pwy a ŵyr? Ti'n gweld, Elin, os oes rhywun neu'i gilydd yn y byd nesa yn awyddus i gysylltu efo'r byw, trwydda i, yna mae'n rhaid i mi gael cydio a byseddu rhwbath oedd yn arfar perthyn iddo fo neu hi. A hyd yn oed wedyn, dydi pob negas sy'n fy nghyrraedd i ddim o reidrwydd yn hollol glir, nac yn hawdd ei dallt chwaith, cofia.'

Roedd meddwl Elin Puw yn dal yn gythryblus, a'r enw Ambrose Morgan Pugh yn dal i ganu yn ei phen. 'Os do i â rhwbath arall oedd yn perthyn i Taid i chi, wnewch chi drio cysylltu efo fo, plis?'

'Gwna di hynny, 'mechan i, ac mi wna inna fy ngora. Tyrd â fo heibio bora fory. Dwyt ti ddim yn gapelwraig, wyt ti, mwy na finna?'

'Na. Dydan ni, fel teulu, erioed wedi bod yn gapelwrs, Margiad Rowlands.'

'Iawn felly. Tyrd i lawr yma at ddeg y bora. Mi fydda i'n dy ddisgwyl di.'

'Nid yn y nos?'

Chwarddodd yr hen wraig yn grawclyd. 'Be? Wyt ti'n meddwl na ddaw dy daid ddim ata i yn ystod y dydd, am mai rhyw ysbryd y nos ydi o?'

Teimlodd Elin ei hun yn gwrido ac yn gwywo yn sŵn ei chwerthin. 'Na... ym... wrth gwrs... ym!' Gwyddai ei bod hi'n cecian a theimlai'n flin efo hi ei hun. 'Mi wna i alw am ddeg bora fory, felly. Diolch i chi.' A brysiodd am y drws, efo'r llyfr wedi ei wthio i'w bag neges.

Ar ei ffordd i fyny'r allt yn ôl, trodd ei meddwl at y gwahanol synau oedd gan brofiadau'r dydd i'w cynnig iddi, a gallai ddychmygu nodau'r ffidil yn eu dynwared bob un.

*

Chafodd hi fawr o drafferth dod o hyd i bethau oedd yn arfer perthyn i'w thaid, Harri Morgan Pugh. Ei getyn, ei focs baco, ei hoff dei coch Plaid Lafur, i gyd wedi eu cadw'n barchus a hiraethus mewn tun yn y cwpwrdd bach ger gwely Nain yn y llofft gefn.

Anwylodd Elin y tun cyn ei agor. Roedd hwn hefyd yn dangos ei oed; yn fân dolciau drosto, ei liw arian wedi pylu a'r llythrennau OXO coch ar ei gaead wedi hen golli eu disgleirdeb. Roedd y tei wedi'i lapio'n ofalus ac yn wely cyfforddus i'r bibell a'r tun baco. Gwyddai fod ambell declyn, hefyd o eiddo Taid gynt, yn dal ar gael yn y cwt yn y cefn. Ond fe ddylai'r cetyn a'r tun baco fod yn ddigon i Margiad Rowlands, meddyliodd.

*

Pan ganodd y ffôn yn y gegin, roedd hi'n eistedd allan yn yr ardd gefn efo'i llygaid ynghau, yn mwynhau cusan gynnes haul yr hwyr ar ei hwyneb ac ar ei hysgwyddau a'i choesau noeth. Roedd dyddlyfr yr hen daid wedi llithro trwy'i dwylo ac yn gorwedd ar y gwair sych wrth ei thraed, heb i dudalen arall ohono gael ei darllen.

Neidiodd Elin ar ei thraed a gadael i odreon ei ffrog

syrthio'n ôl i'w lle. Brysiodd i'r tŷ rhag rhoi cyfle i'r ffôn ateb ar ei rhan.

'Helô?'

'Elin.'

Cyflymodd ei chalon er ei gwaethaf. 'Dewi? Ti sydd yna?'

'Sut wyt ti? Pob dim yn iawn, gobeithio?'

'Wrth gwrs. Mae'r tywydd yn braf iawn yma ac rydw i wedi cael diwrnod wrth fy modd.'

'O, da iawn felly.'

Gan iddi synhwyro rhywfaint o siom yn ei lais, ychwanegodd yn frysiog, 'Ond mi fydda petha wedi bod yn well fyth, wrth gwrs, pe baet ti yma efo fi. Sut mae'r dathlu'n mynd ymlaen?'

'Mae tua dwsin a hanner o'r teulu wedi cyrraedd, ac mae Mam a Nhad yn hapus iawn o'u gweld nhw i gyd, fel y medri di ddychmygu. Tipyn o wledd ar ein cyfer ni heno, mae'n debyg.'

'A glasiad neu ddau hefyd, mae'n siŵr! Ond dim mwy na dau, cofia,' rhybuddiodd Elin yn chwareus, 'neu mi fyddi di wedi cysgu yn dy gadair.'

Er iddo ddeall yr hyn roedd hi'n cyfeirio ato, eto i gyd doedd dim sŵn chwerthin yn ymateb Dewi. 'Goeli di bod gen i hiraeth amdanat ti'n barod, Elin? Dwi'n difaru na faswn i wedi rhoi mwy o berswâd arnat ti i ddod efo fi. Troi dy fraich di, hyd yn oed,' ychwanegodd, mewn ymgais i swnio'n gellweirus. 'Be wyt ti'n wisgo ar y funud?'

'Ffrog. Pam ti'n gofyn?'

'Pa liw?'

'Melyn. Pam ti'n gofyn?"

Daeth sŵn chwerthin o ben arall y lein wrth iddo'i chlywed hi'n ail ofyn y cwestiwn. 'I mi gael dy ddychmygu di'n iawn. Dyna pam!'

'A be amdanat ti? Siwt ddu barchus a thei, gobeithio.'

Clywodd ef yn chwerthin eto.

'Jîns a chrys-T gwyn.'

'A sut mae'r dathlu'n mynd ymlaen? Dy rieni wrth eu bodd o'ch cael chi i gyd o'u cwmpas nhw, siŵr o fod.'

'Ydi. Mae Mam fel rhyw iâr fodlon am ei bod hi wedi cael ei chywion i gyd o dan ei haden unwaith eto.'

'A phwy wêl fai arni? A phryd fyddi di'n dod adra?'

'Yn fuan ar ôl cinio fory.'

'O, da iawn. Wel, mwynha dy hun.'

Gan fod sŵn dod â'r sgwrs i ben yn ei llais, meddai'n frysiog. 'Ym, Elin, fydd hi'n iawn i mi ddod i fyny acw fory, ar ôl cyrraedd adre?'

'Ar bnawn Sul? Bobol bach, pam?'

'Wel...ym...'

Wrth glywed ei gecian poenus, chwarddodd Elin yn uchel. 'Wnei di roi'r gora i dy rwdlan, Dewi Rhys. Fe ddylet ti wbod, bellach, fod croeso i ti yma unrhyw bryd. Mi fydda i'n edrych ymlaen at dy weld a chael clywad hanas y dathlu. Rŵan, mwynha dy hun a thyrd adra'n saff fory.'

*

'Efo pwy oeddet ti'n siarad rŵan, os gwn i?'

Neidiodd Dewi wrth glywed y cwestiwn awgrymog yn ei glust. Heb yn wybod iddo roedd Crad, ei frawd hŷn, wedi bod yn gwrando ar rywfaint o'r sgwrs.

'Gobeithio nad wyt ti'n mynd i neud yr un camgymeriad eto, frawd bach.'

Er gwaetha'r sŵn cellwair, clywodd Dewi yr awgrym o gyngor hefyd yn llais ei frawd. Gan ysgwyd ei ben, a gyda gwên lydan, taflodd fraich am ysgwydd Crad a'i dynnu'n ôl at sŵn y dathlu.

# Bore Sul

'**M**AE DY NAIN yn edrach yn flin. Dyna mae o'n ddeud.'

Ond golwg bell a dwys oedd ar wyneb Margiad Rowlands ei hun, wrth iddi droi'r tun baco drosodd a throsodd yn ei dwylo crydcymalog.

'Ac mae o'n licio dy ffrog di, ond gwgu mae dy nain, medda fo, ac ysgwyd ei phen wrth weld y sodla uchal.'

Teimlodd Elin iasau yn cerdded drosti ond cadwodd yn dawel rhag torri ar y llinell gyswllt rhwng Margiad Rowlands a'i thaid. A derbyn bod unrhyw gyswllt, wrth gwrs. Digon hawdd fyddai i Margiad ddychmygu sgwrs o'r fath o'i phen a'i phastwn ei hun. Wedi'r cyfan, dim ond ddoe ddiwetha roedd yr hen wraig wedi'i gweld hi, Elin, yn y ffrog a'r sodlau uchel.

Roedd hi wedi cychwyn i lawr o Hen Benrallt mewn da bryd a chyrraedd Bwthyn Gelli fel roedd cloch yr eglwys yn canu yn y pellter. Bu'n eistedd wedyn am o leiaf ugain munud yn gwrando ar yr hen wraig yn hel atgofion am y dyddiau a fu, tra ar yr un pryd yn anwylo'r tun baco rhwng ei bysedd, fel pe bai hwnnw yn foddion gwres i'w dwylo. Yr hyn roedd Elin wedi'i ddisgwyl oedd i Margiad fynd i ryw fath o lewyg neu drwmgwsg unrhyw funud ac i lais arallfydol ei thaid ddechrau dod allan o'i genau.

Ond na. Un funud, roedd Margiad yn adrodd hanes rhyw gymdoges a arferai ddod i'w gweld hi, flynyddoedd lawer yn ôl, ac yna, yn gwbl ddirybudd, fe drodd anadlu'r hen wraig yn boenus o fyr a chyflym, fel pe bai hi'n ymladd am ei gwynt. Ac yna'r geiriau annisgwyl 'Mae dy nain yn edrach yn flin' yn torri ar draws y llif atgofion, a hynny heb unrhyw newid yng ngoslef ei llais... 'Dyna mae o'n ddeud.'

Rhaid mai Taid oedd y 'fo'.

Ond gan fod pum munud a mwy wedi mynd heibio ers hynny, heb unrhyw neges arall, dechreuodd Elin amau fod y cyswllt rhwng yr hen wraig a Taid wedi ei dorri ac na châi hi glywed unrhyw beth o bwys ganddi wedi'r cyfan. Os felly, gwastraff amser fu dod i lawr yma o gwbl. Ond dechreuodd bryderu rŵan wrth weld a chlywed Margiad yn ymladd mwy a mwy am ei gwynt, a sŵn ei hanadlu yn cyflymu a chynyddu nes llenwi'r parlwr bach.

*Gobeithio nad ydi hi'n mynd i gael ffatan. Duw a ŵyr, dwi wedi gorfod delio efo mwy na fy siâr o salwch dros y blynyddoedd. Gadael rŵan fasa galla imi, mae'n siŵr.*

'Ydach chi'n iawn, Margiad Rowlands? Dwi am fynd rŵan, dwi'n meddwl.' Estynnodd am ei phwrs. 'Faint sydd arna i ichi?'

Ond doedd yr hen wraig ddim yn clywed. 'Mae dy daid am i ti wbod ei fod o'n canmol yr alaw newydd yn fawr iawn.'

'Be?'

'A'i fod o'n hoffi'r enw arni.'

Syllodd Elin yn gegrwth. Roedd Margiad yn gwenu'n fodlon erbyn rŵan, yn ei byd bach ei hun, fel pe bai hi'n ateb neu'n dynwared gwên y sawl oedd yn siarad â hi.

'Mae o am i ti wbod, hefyd, ei fod o'n edrych ymlaen at yr alaw nesa, a'i fod o'n cytuno efo'r enw sydd gen ti ar honno'n ogystal.'

O sylwi bod anadlu Margiad yn rheolaidd unwaith eto a'i bod hi rŵan yn disgwyl ymateb o ryw fath, brwydrodd Elin i glirio'i meddwl.

'O! Diolch yn fawr. Ym, diddorol iawn. Faint sydd arna i ichi?' Ac ymbalfalodd eto yn ei phwrs.

'Fydda i byth yn derbyn arian gan neb, 'ngenath i, ac yn reit siŵr ddim gen ti. Ond os byddi di rywbryd yn gneud tartan afal, yna mi fyddai rhwbath felly yn plesio mwy na dim.'

'Wrth gwrs, Margiad Rowlands. Mi gofia i.'

Yna, fel roedd Elin yn dianc drwy'r drws, meddai Margiad, 'Paid â gadael i farn dy nain am y ffrog a'r sgidia ddylanwadu ar y ffordd rwyt ti'n gwisgo, 'ngenath i. Un ddiamynadd fel 'na oedd dy nain, fel y gwyddost ti yn well na neb mae'n siŵr. Roedd hi a finna yn ffrindia o ryw fath flynyddoedd yn ôl, er mod i bum mlynadd yn hŷn na hi, felly fe ges inna hefyd gyfla i ddod i'w nabod hi'n well na llawar un. Un o'i ffaeledda mwya hi, heddwch i'w llwch, oedd ei bod hi'n gallu bod yn orfeirniadol o bobol, hyd yn oed o'i merch-yng-nghyfraith ei hun.'

Rhythodd Elin. 'Pwy? Mam?'

Roedd hi wrthi'n cau giât yr ardd ar ei hôl ond oedodd rŵan nes i'r hen wraig ymuno â hi, i'w chlywed hi wedyn yn sibrwd yn gyfrinachol, fel pe bai hi ofn i rywun arall fod yno'n clustfeinio.

'Ia. A siarad yn blaen, hi, dy nain, oedd y drwg yn y caws, wyddost ti.'

'Be dach chi'n feddwl, Margiad Rowlands?'

Ond yn hytrach nag ateb, plygodd yr hen wraig yn boenus o araf i dorri sbrigyn o blanhigyn a dyfai yng nghysgod y grawen agosaf at y giât. 'Fyddi di'n diodda cur pen, weithia?' Cyn aros am ateb, gwthiodd y sbrigyn i law Elin. 'Chei di ddim byd gwell na'r wermod wen at beth felly,' meddai hi.

'Cofia di alw eto'n fuan, 'ngenath i.' A throdd yn ôl am y tŷ cyn rhoi cyfle i Elin holi mwy.

Dal i ysgwyd ei phen yn ddryslyd a wnâi Elin Puw wrth nesáu at Hen Bont y Gelli ond safodd yn stond rŵan pan welodd rywun yn sefyll yn fanno, yng nghysgod y coed, yn syllu dros y canllaw i'r dŵr. Gŵr mewn tipyn o oed; cap pig, trowsus tywyll, siwmper dywyll a ffon gerdded mewn un llaw.

Teimlodd ei hun yn cynhyrfu, ond heb ddeall yn iawn pam.

*Pwy ydi o, tybad? Dieithryn, yn ôl ei olwg. 'Chydig iawn o bobol sy'n defnyddio'r llwybyr y dyddia yma. 'Chydig iawn sy'n gwbod am ei fodolaeth, hyd yn oed. A dyna pam bod yr hen ffordd yn culhau o flwyddyn i flwyddyn.*

Wrth iddo synhwyro'i phresenoldeb, trodd y dyn i edrych arni, yna sythu'n gyflym, fel pe bai yntau hefyd yn synnu gweld neb arall yn defnyddio'r llwybr. Cododd fymryn ar flaen ei ffon, i'w chydnabod hi, tynnodd ei gap yn is dros ei dalcen, yna trodd a cherdded oddi wrthi mor gyflym ag y caniatâi ei gloffni difrifol iddo wneud.

Safodd hithau yn ei hunfan i'w wylio fo'n mynd, ei goes dde yn taflu allan fel gwyntyll bob yn ail gam. Arhosodd yno nes ei weld yn cyrraedd y giât ym mhen y llwybr ac, ar ôl gwau ei ffordd yn drafferthus trwy honno, yn prysuro wedyn i ymuno â Ffordd Penrallt.

'Diolch byth!' meddai Elin wrthi'i hun, ond heb ddeall yn iawn pam ei bod wedi cynhyrfu cymaint, na pham ei bod wedi aros yn ei hunfan nes iddo ddiflannu o'i golwg.

Erbyn iddi hithau gyrraedd Ffordd Penrallt, funudau'n ddiweddarach, doedd dim sôn am y dieithryn.

\*

Roedd yn ganol pnawn ar Dewi Rhys yn cyrraedd yn ôl o Ddyffryn Clwyd ond, yn hytrach na mynd adre'n syth, aeth ar ei union i Hen Benrallt a chael ei blesio gan y croeso cynhesach na'r disgwyl yn fanno. Pan glywsai hi'r Volvo yn cyrraedd, roedd Elin wedi rhuthro heibio talcen ei thŷ o'r ardd gefn ac yn syth i'w freichiau, a hynny cyn iddo gael dringo allan o'r car yn iawn.

'Mae gen i gymaint i'w ddeud wrthat ti,' oedd ei geiriau cyntaf ar ôl y gusan hir. 'Dwi wedi bod yn gweld Margiad Rowlands, ddoe a bora heddiw, a… a fyddi di byth yn credu be ddeudodd hi.'

Yna, gwelodd Dewi hi'n oedi.

'O! Mae'n ddrwg gen i am fod mor ddifeddwl. Sut aeth eich dathlu chi, fel teulu? Gawsoch chi amsar da?'

'Do, ond dwi am fynd i ffwrdd eto hefyd, yn fuan iawn.'

Gwelodd ei llygaid hi'n troi'n gwestiwn ac yna'n llenwi efo pryder neu siom.

'A wedyn a wedyn hefyd,' meddai'n bendant, 'os mai dyna'r croeso fydd yn disgwyl amdana i bob tro y bydda i'n dod yn ôl.'

'Rwdlyn!' meddai hi gan daflu ei hun unwaith eto i'w freichiau. 'Ond fe gei di fwy am beidio gadael o gwbwl.'

'O? Mwy o be felly?'

Gwelodd hi'n gwrido.

'Mwy nag un gusan, wrth gwrs. Be ti'n feddwl?'

Yn hytrach na'i hateb, caniataodd iddi ei dynnu gerfydd ei law heibio talcen y tŷ, i gysgod y goeden ddeiliog yn yr ardd gefn.

'Yn ôl Nain, Taid ddaru blannu hon flynyddoedd yn ôl,' meddai hi. 'Pren magnolia. Mae hi'n werth ei gweld yn y gwanwyn, yn llawn bloda pinc a gwyn. Roedd Taid yn deud y byddai hi'n siŵr o ffynnu yn y pridd asidig, hyd yn oed mor uchel i fyny â hyn. Ac roedd o'n iawn hefyd.'

'Diddorol iawn, Miss Puw. Diolch am y wers fotaneg. Ond wyt ti am ddeud dy newyddion wrtha i rŵan? Be sydd mor bwysig am yr hyn oedd gan yr hen wrach i'w ddeud wrthat ti?'

Eisteddodd Elin ar y lawnt sych a'i annog yntau i wneud yr un peth.

'Paid â'i galw hi'n wrach, Dewi. Dwi wedi cael lle i gredu ei bod hi'n gwbwl ddidwyll, cofia.' Ac aeth ymlaen i ailadrodd ei phrofiadau efo Margiad Rowlands yn Nhyddyn Gelli.

Ar ôl gwrando'n astud, a datgan cryn syndod hefyd pan glywodd am ei thaid yn sôn am yr alaw, syrthiodd tawelwch rhyngddyn nhw a gorweddodd y ddau ochr yn ochr ar y lawnt, i fwynhau'r llonyddwch a gwres yr haul ar eu hwynebau.

'Wyt ti'n ei glywad o?' gofynnodd hi'n gysglyd ymhen sbel ac efo'i llygaid yn dal ynghau.

'Clywed pwy, felly?' Doedd dim sŵn o gwbl yn taro ar ei glust ef.

'Yr ehedydd, Dewi. Chlywi di mohono fo'n trydar ymhell uwch ein penna ni? Mae o wrthi ers meitin.'

'Clywaf, rŵan. Mae gen ti glyw da, mae'n rhaid.'

'Dim gwell na dy glyw di, ond fy mod i'n gwrando, a thitha ddim. Pa sŵn arall glywi di?'

'Sŵn y nant.'

'Rwbath arall?'

Gwrandawodd yn astud. 'Na.'

'Chlywi di mo sioncyn y gwair, rwla tu ôl i ni? A be am yr hymian yn y wifran sy'n dod â'r trydan i'r tŷ? A rŵan mae 'na oen i fyny ar y Garnedd yn brefu am ei fam. Oen chwe mis oed.'

Chwarddodd Dewi yn uchel a chodi ar ei benelin i edrych arni. 'Trio bod yn glyfar dach chi rŵan, Miss Puw. Ffansïo'ch hun yn dipyn o Sherlock Holmes, mae'n siŵr, ac am brofi'ch hun yn well ditectif na fi. Rydw inna hefyd yn clywed y brefu, rŵan, ond... oen chwe mis?'

'Na, ddim bod yn glyfar ydi hyn 'na Inspector Rhys.' Daliai i orwedd ar ei chefn efo'i llygaid ynghau. 'Defnyddio synnwyr cyffredin, dyna i gyd. Ti ydi'r mab ffarm, wedi'r cyfan. Wyt ti'n meddwl deud mai dafad ac nid oen sy'n brefu?'

'Nage. Dwi'n derbyn mai oen ydi hwnne, ond mi alla hwnnw fod yn dri neu bedwar mis oed, neu wyth neu naw mis hyd yn oed. Sut medri di fod mor bendant mai oen chwe mis ydi o?

Agorodd Elin ei llygaid i edrych yn ddireidus arno. 'Am mai llethrau'r Garnedd ydi cynefin defaid ffarm Pendyffryn ac am 'mod i'n gwbod hefyd mai ym mis Mawrth mae'r rheini'n wyna.' A gyda gwên oedd yn awgrymu buddugoliaeth, dechreuodd gyfri'r misoedd ar ei bysedd.

'Clyfar iawn, Miss Puw. Clyfar iawn!' A thaflodd ei hun arni, gan esgus ei chosi.

Ond buan y mygwyd eu chwerthin gan y gusan gyntaf, a buan wedyn y dechreuodd ei law grwydro dros ei chorff wrth i'r caru ffyrnigo ac iddi hithau deimlo'i galedwch yn ei herbyn.

'Na, Dewi. Nid yn fama, plis,' ochneidiodd yn wyntog gan godi ar ei thraed. 'Tyrd i'r tŷ.'

*

Teimladau cymysg iawn oedd rhai Elin Puw wrth noswylio'r noson honno. Aethai dwy awr heibio ers i Dewi adael, ac roedd ei phen hi'n llawn meddyliau erbyn hyn. Oedd hi wedi ildio'n rhy barod iddo? Oedd hi, wir, yn ei garu? Ac, yn bwysicach fyth, oedd o'n ei charu hi? Fe glywsai hi ddigon am ddynion yn camarwain merched ifanc diniwed a dibrofiad.

*Ond dwyt ti ddim yn ifanc, Elin. Nac yn ddiniwad chwaith. Ond mi oeddet ti'n ddibrofiad, waeth heb â gwadu.*

Aeth i gysgu o'r diwedd, nid yn poeni am yr hyn oedd

wedi digwydd, nac yn meddwl am Dewi Rhys chwaith erbyn hynny, ond yn hytrach efo rhan agoriadol yr alaw newydd yn datblygu yn ei phen, a rhai o synau ddoe a heddiw – sisial y peli bowlio dros y lawnt a'u clecian ysbeidiol yn erbyn ei gilydd, ffens y cwrt tennis yn cynhyrfu wrth i'r peli meddal ei tharo, sŵn chwarae a chwerthin yr ifanc, murmur Nant Lwyd yng nghysgod coed y Gelli, asbri sioncyn y gwair – i gyd yn dechrau hawlio'u lle ynddi.

# Mwy o ddarganfyddiadau

BEN BORE LLUN daeth yr alwad arferol iddi fynd i stafell
Gordon Jones i dderbyn cyfarwyddiadau'r bore a hefyd
i ateb y cwestiwn 'Sut wyt ti wedi bod dros y Sul, Elin?'
Roedd hithau wedi ei sicrhau i bopeth fod yn iawn a bod
profiad annymunol pnawn Gwener eisoes yn angof.

Fel arall, cwbl arferol fu patrwm gwaith y diwrnod a phan
ddaeth pump o'r gloch cychwynnodd am adref ar droed, yn
falch o fod wedi dewis esgidiau call am ei thraed heddiw.

Roedd hi'n croesi'r Stryd Fawr o'r swyddfa pan glywodd
seiren aflafar rywle o'i hôl a honno'n gwallgofi mewn brys
amlwg. Fel eraill o'i chwmpas, safodd Elin i wylio'r injan dân
yn dod rownd y gornel gan hawlio canol y stryd a gorfodi ceir
i sgrialu o'i ffordd, ambell un i ben y pafin hyd yn oed. Yn
yr eiliad o wibio heibio, cafodd gip o law wen yn chwifio'n
gyffrous o'r sedd flaen, yn ymyl y dreifar, a gwyddai'n syth
na fyddai hi'n cael cwmni Dewi Rhys y noson honno. 'Llawn
cystal, mae'n siŵr,' meddai hi wrthi'i hun. 'O weld ein gilydd
yn rhy amal, yna mae peryg i ni flino ar gwmni'n gilydd.
Wedi'r cyfan, mae o, fel finna, angan lle i anadlu.'

Ar ôl cyrraedd adre, tywalltodd lasiad o win a rhoi'r radio
ymlaen i gael Newyddion Chwech, cyn mynd ati wedyn i
baratoi pryd ysgafn iddi'i hun. 'Dy nain oedd y drwg yn y
caws.' Wrth iddi brysuro o gwmpas y gegin, mynnai geiriau

Margiad Rowlands ddod yn ôl iddi. Ond be oedd 'y drwg'? A be oedd 'y caws'? Y tro nesaf y byddai'n galw ym Mwthyn Gelli, rhaid fyddai cael eglurhad gan yr hen wraig.

'Bydd fory eto'n sych ond yn fwy cymylog nag yn ddiweddar. Yna, yn oriau mân bore Mercher bydd gwasgedd isel yn dod i mewn o'r de-orllewin a gellir disgwyl cawodydd trymion ymhob rhan o Gymru.'

'A dyna'r Ha' Bach wedi dod i ben, felly,' meddai wrthi'i hun. 'Fory fydd fy nghyfla ola fi i gerddad i'r gwaith, am sbel o leia.'

Roedd hi wedi gobeithio cael rhoi gweddill ei min nos i weithio ar yr alaw newydd ond, uwchben ei swper, fe deimlodd yr awydd hwnnw'n cilio. Gwyddai, o brofiad, mai camgymeriad fyddai gorfodi ei hun i gyfansoddi. Os nad oedd yr ysbrydoliaeth yn dod, a'r nodau yn llifo'n naturiol ohonynt eu hunain i'w phen, yna herciog a di-fflach fyddai'r gwaith gorffenedig a doedd hi ddim yn barod i ystyried peth felly.

Dim dewis, felly, ond aros am yr Awen.

Ar ôl cael tamaid i'w fwyta, yn hytrach na mynd i'r parlwr at y piano a'r ffidil, cliriodd fwrdd y gegin a dod â'r ddau Feibl trwm i'w gosod arno, yn y gobaith o allu datrys y dirgelwch oedd ynglŷn â nhw.

Dechreuodd efo'r lleiaf o'r ddau a'r rhestr enwau oedd yn hwnnw. Pwy oedd yr Elin Pugh a briododd William John Williams yn eglwys St Mary's rywle neu'i gilydd ar y degfed o Ebrill 1922 ac a fu farw yn 1935 ar enedigaeth ei phumed plentyn? Oedd hi'n chwaer i'r Elena Morgan Pugh oedd i'w gweld yn y Beibl Mawr? Yn chwaer i'w hen, hen nain hi ei hun? Neu ai'r un person oedd Elena Puw ac Elin Pugh? Os felly, pam y newid enw?

*Ond rwyt titha wedi newid dy enw hefyd, cofia. Elena, nid Elin, ddylet titha fod. Elena oedd dy enw di ar gofrestr yr ysgol,*

*slawar dydd, ac Elena Morgan Puw ydi'r enw hefyd ar dy gyfrif*
*banc di heddiw. Ia, ond Elin mae pawb yn fy ngalw i. Ond pe*
*baet ti'n priodi, mi fyddai'n rhaid i ti ddefnyddio dy enw iawn*
*wrth gofrestru. Dwi'n dallt hynny, ond pe bawn i isio cofnodi*
*fy enw wedyn, ym Meibl y teulu er enghraifft, yna mae'n siŵr*
*mai Elin fyddwn i'n sgwennu yn hwnnw, nid Elena.*

Felly, ai rhywbeth tebyg oedd wedi digwydd yn hanes
yr hen, hen nain? Ei bod hi wedi cael ei bedyddio'n Elena
Morgan Puw ond mai Elin a gafodd ei roi yn y Beibl ar ôl
iddi briodi? Roedd hwnnw'n rhan o'r ateb efallai, ond pam
Seisnigo'r cyfenw i *Pugh*?

Wrth ymestyn i ddod â'r Beibl Mawr yn nes ati, collodd
afael ar ei drymder a'i weld yn syrthio o'i dwylo yn erbyn
ymyl y bwrdd ac i lawr o fanno wedyn, nes bod llawr y gegin
yn crynu o dan yr ergyd. Cynhyrfodd hithau wrth weld y llyfr
hynafol yn gorwedd yn agored efo'i glawr yn uchaf a rhai
o'r tudalennau'n flerwch plygedig o dan y pwysau. Brysiodd
i'w godi, yn pryderu i'r gyfrol ddioddef difrod oherwydd ei
blerwch ond, ar ôl ei osod yn ddiogel eto ar wyneb y bwrdd a
mynd ati i dacluso'r tudalennau, diolchodd nad oedd unrhyw
ddifrod parhaol wedi ei wneud.

Dyna pryd y cafodd gip ar y darn papur ar y llawr, a
hwnnw, yn amlwg, wedi syrthio allan o'r Beibl. Plygodd i'w
godi a gweld mai toriad o bapur newydd oedd o. *Plant Ysgol*
*Sul Siloam yn y Gymanfa Ganu Undebol* oedd y pennawd, ac
oddi tano roedd dau lun, y mwyaf ohonyn nhw yn dangos
grŵp o blant o wahanol oedrannau.

Aeth Elin ati i gyfrif hyd at bedwar deg a chwech o blant
yn eu dillad Sul, pob un yn gwenu'n llydan i'r camera, pob
un â'i wyneb yn wyn a glân. Doedd bosib bod y rhai lleiaf yn
y rhesi blaen fawr mwy na phump neu chwech oed tra bod y
rhai hŷn, yn y rhesi cefn, oddeutu deuddeg neu dair ar ddeg.
Trodd rŵan at yr hyn oedd i'w weld yn y llun llai, o dan yr

is-bennawd *Cyfeilyddes ieuengaf erioed y Gymanfa Ganu yn Nhregarnedd*:

*Fel y gŵyr darllenwyr y papur hwn yn dda, Mr Gwynfor Maidment fu'n gwasanaethu wrth yr organ yn y gymanfa ganu undebol ers blynyddoedd meithion a mawr oedd y golled i'r ardal hon pan fu ef farw yn gynamserol, prin ddeufis yn ôl. Cymaint mwy, felly, ac ar y fath fyr rybudd, oedd camp ei ddisgybl, y ferch ifanc Elena Puw, Penrallt Uchaf, i gyfeilio nid yn unig i'r canu cynulleidfaol ond hefyd i'r côr undebol oedd, eto eleni, yn perfformio'r 'Hallelujah Chorus', allan o'r 'Messiah', o waith y cerddor Handel. Tair ar ddeg oed yw Elena Puw ac, yn ôl pob sôn, prin y gallai ei thraed gyrraedd pedalau'r organ fawr yng Nghapel Calfaria lle cynhaliwyd y Gymanfa Undebol eleni ond fe lwyddodd hi'n rhyfeddol yn ei thasg. Ym marn pob un ohonom, mae dyfodol disglair iawn yn aros y ferch ifanc, dalentog hon.*

Syllodd Elin yn gegrwth. Nes dod o hyd i'r Beibl Mawr yn nho'r tŷ yn ddiweddar, wyddai hi ddim hyd yn oed am fodolaeth ei hen, hen nain ond dyma hi rŵan nid yn unig yn cael syllu ar lun ohoni ond hefyd yn dod i wybod ei bod hi'n gerddor addawol iawn yn ei dydd. Edrychodd eto, a gyda diddordeb newydd, ar y llun ohoni.

Llun ydoedd wedi ei dynnu mewn stiwdio ac efo'r Elena ifanc wedi ei gosod i eistedd gerllaw planhigyn mawr deiliog a gyda llenni llwydion yn gefndir i'r cyfan. Syllodd Elin ar bob manylyn – yr wyneb main efo'r llygaid disglair bywiog, yr hanner gwên ddiniwed, y gwallt yn syrthio'n donnau gwinau trwchus dros yr ysgwyddau, a'r ffrog laes ddu yn botymu i fyny at y gwddf gyda'i gwasg yn cau'n dynn am y canol ac efo brodwaith yn amlygu ymchwydd y bronnau ifanc. Tair ar ddeg oed, yn ôl adroddiad y papur newydd, a'i phrydferthwch, fel ei thalent, ond yn megis dechrau blodeuo.

*Os mai ti oedd fy hen, hen nain, yna be ddaeth ohonot ti, Elena? A gafodd dy dalent di gyfla i flodeuo o gwbwl? Ac ai ti, os gwn i, ydi'r Elin Pugh sydd â'i henw yn y Beibl arall 'ma? Yr un a briododd William John Williams yn 1922 ac a fu farw yn 1935, ar enedigaeth dy bumed plentyn? Ac os ia, yna be fu hanas dy blant di wedi hynny?*

Cymaint o gwestiynau, a dim ffordd o gael at yr atebion.

Byseddodd trwy ddalennau'r Beibl yn fwy gofalus rŵan, yn y gobaith o ddod ar draws rhagor o wybodaeth a chynhyrfodd am eiliad wrth ddarganfod darn o bapur hirgul wedi ei rwygo'n flêr oddi ar dudalen fwy. Buan y ciliodd ei diddordeb, fodd bynnag, pan sylweddolodd mai stribedyn i'w ddefnyddio fel *bookmark* oedd y darn papur. Craffodd arno, serch hynny, i ddarllen y geiriau aneglur oedd wedi eu sgrifennu arno. Rhan o restr enwau ar un ochr –

*cwm llanne*

*caer melw*

*pennant*

*tŷ gwy*

*y Fed*

a rhan o gofnod heb atalnod am y tywydd ar yr ochr arall – *tywudd gwlyp ers dyddiau. llawer o ydau allan ar tatws heb ei codi* – ond roedd y ffaith bod y stribedyn wedi cael ei rwygo mor flêr a difater yn awgrymu bod y geiriau wedi hen golli eu pwysigrwydd i'r sawl a'u hysgrifennodd, pa bryd bynnag oedd hynny.

O deimlo'i hun yn diflasu wrth drio gwneud synnwyr o bethau, aeth trwodd i'r parlwr at y piano a threulio orig ddifyr yn fanno yn chwarae darnau clasurol cyfarwydd. Yna, ar ôl sicrhau bod pob drws a ffenest wedi eu cloi, noswyliodd Elin yn gynnar, i ddarllen yn ei gwely.

# 1.8

# Y Dieithryn

AETH DEUDDYDD ARALL heibio heb iddi dderbyn gair
oddi wrth Dewi Rhys. Roedd y tywydd wedi troi'n
wyntog a chawodlyd a manteisiodd Elin ar y cyfle min nos
i weithio ar yr alaw newydd. Yna, ddydd Iau, ar ei ffordd
adref yn y car, cynhyrfwyd hi braidd pan welodd ddyn yn
y pellter yn cerdded i lawr y rhiw tuag ati, o gyfeiriad Hen
Benrallt, a hynny ar bwys ei ffon a'i goes dde yn taflu allan
fel gwyntyll.

'Mae hi'n ffordd gyhoeddus,' meddai hi wrthi'i hun, i
geisio tawelu'r anniddigrwydd o'i mewn, 'felly mae gan bawb
yr hawl i'w defnyddio hi.' Ond eithriad, serch hynny, oedd
gweld rhywun yn cerdded cyn belled, yn enwedig ar dywydd
mor anwadal.

Wrth i'r bwlch rhyngddynt leihau, gwelodd hi'r dieithryn
yn symud at ymyl y ffordd i wneud lle iddi fynd heibio, gan
dynnu pig ei gap yn is dros ei dalcen, a phwysodd hithau
ei throed yn drymach ar y sbardun. Wrth fynd heibio iddo,
cododd Elin law i gydnabod ei diolch ond heb droi pen i
edrych arno chwaith. Yna, o daflu cip yn y drych, gwelodd
ef yn camu'n ôl i ganol y ffordd unwaith eto ac yn aros yn ei
unfan i'w gwylio hi'n pellhau.

Ar ôl parcio'r Peugeot ger talcen y tŷ, ac yn hytrach na
mynd i mewn ar ei hunion, aeth yn ôl i ganol y ffordd i gadw

llygad ar y dieithryn ac ochneidio'i rhyddhad wedyn o'i weld yn mynd heibio Stryd Penrallt, i gyfeiriad y dref. Fe wyddai, bellach, beth oedd achos ei hanniddigrwydd ynglŷn â fo. 'Nacw,' meddai wrthi'i hun, 'oedd y dyn welis i ar Lwybyr y Gelli yn ddiweddar; y dyn ddaru frysio mynd o 'mlaen i, fel tae o'n euog o rwbath a bod ganddo fo rwbath i'w guddio.'

Pan agorodd hi'r drws a gweld yr amlen wrth ei thraed, ar lawr y cyntedd bach, aeth y dieithryn yn angof. Nid catalog, na llythyr cais am gyfraniad i ryw elusen neu'i gilydd, ond llythyr go iawn, efo'i henw a'i chyfeiriad mewn prif lythrennau brysiog a blêr – ELIN PUGH, OLD PENRALLT, TREGARNEDD. Llythyr wedi'i bostio'n lleol. Stamp ail ddosbarth. Dim cyfeiriad na dyddiad ar y llythyr ei hun, na chyfarchiad chwaith, dim ond geiriau moel ac yn yr un lawysgrifen blentynnaidd *Sorry am roi clustan iti yn siop Tesco. Neith o ddim digwydd eto* ac wedi ei arwyddo'n flerach fyth efo'r sgribl *G. Jenkins (Mrs Dewi Rhys estalwm).*

Gwasgodd Elin y papur a'r amlen yn un belen galed a'i thaflu i'r bin yng nghwpwrdd y sinc. Yna aeth trwodd i'r parlwr i osod tân oer yn y stôf yn fan'no. Doedd Glesni ddim yn werth colli eiliad o gwsg yn ei chylch, fe wyddai hi hynny, ond roedd yr annifyrrwch ynglŷn â hi'n parhau, serch hynny, fel mud boen yn ei chylla.

*

'Sut mae Dewi, Elin?'

Janice oedd wedi dod draw at y piano i holi, cyn i'r practis gychwyn.

'Iawn, hyd yn gwn i. Pam?'

'Ar ôl ei ddamwain, bnawn ddoe?'

'Damwain? Pa ddamwain?' Byddai'n well ganddi fod wedi cuddio mwy ar ei phryder.

'O! Wyddet ti ddim?'

Gwelodd Elin hi'n brathu ei gwefus.

'Dwi wedi rhoi nhroed ynddi, mae'n beryg. Mae'n ddrwg gen i, Elin, ond ro'n i'n meddwl yn siŵr mai ti fyddai'r cynta i gael gwbod.'

Erbyn hyn, roedd Josie, yr arweinyddes, hefyd wedi ymuno â nhw, i gael y newyddion diweddaraf ynglŷn â Dewi, a pharodd hynny i Elin anniddigo mwy fyth.

'Deudwch wrtha i. Be sydd wedi digwydd?'

'Cael damwain yn ei waith bnawn ddoe, yn ôl pob sôn,' meddai Josie, 'a chael ambiwlans i fynd â fo i Sbyty Gwynedd. Dyna'r cwbl a wn i. Dim byd mawr, gobeithio. Siawns y bydd o'n ôl efo ni erbyn y cyngerdd blynyddol neu mi fydd adran y bas, a finna, yn siŵr o weld ei golli.'

'Fe gafodd o ddod adra, gobeithio?'

'Hyd y gwn i, do.'

Roedd yn hwyr bryd gan Elin Puw weld y practis yn dod i ben, er mwyn iddi gael rhuthro draw i weld Dewi ac i'w ddwrdio am beidio gadael iddi hi, o bawb, wybod am ei ddamwain. Ond fe aeth yr ymarfer ymlaen yn hirach nag arfer heno wrth i Josie fynnu paratoi'n drylwyr ar gyfer y cyngerdd, ymhen pythefnos.

'A rhag ofn nad ydy pawb ohonoch chi wedi clywad,' meddai hi, 'ein hunawdydd gwadd eleni fydd Adam Hopkin, y tenor ifanc addawol o Dde Cymru sydd ar ei flwyddyn olaf yn y Coleg Cerdd Brenhinol ym Manceinion. Mi fydd o'n canu pedair cân i gyd, dwy yn yr hannar cynta a dwy yn yr ail hannar, yn ogystal ag *encore*, wrth gwrs, os bydd y gynulleidfa yn galw am beth felly.'

'Efo Elin yn cyfeilio iddo fo?' holodd rhywun, a gwelwyd Elin Puw yn chwifio'i dwylo uwch ei phen, cystal ag awgrymu y byddai tasg o'r fath y tu hwnt i'w gallu hi.

'Na,' meddai Josie. 'Mi fyddai Elin yn fwy nag abl i neud

hynny, dwi'n gwybod, ond mi fydd Adam yn dod â'i gyfeilydd efo fo, hwnnw hefyd yn astudio yn yr un coleg. Sut bynnag, mae'n bwysig iawn ein bod ni, fel côr, ar ein gora ar y noson, o gofio y bydd y gynulleidfa wedi talu deg punt y pen am eu tocyn.'

Canlyniad yr ymarfer hirach nag arfer, a'r drafodaeth wedyn ar y diwedd, oedd ei bod hi'n ddeng munud i ddeg ar Elin yn cael dringo i'w char; yn rhy hwyr, felly, iddi alw heibio Dewi. Fe roddai ganiad iddo ar ôl cyrraedd adre.

*

Cas beth ganddi oedd y daith yn ôl i Hen Benrallt ar ôl iddi dywyllu, yn enwedig ar noson fel heno pan oedd smwcan o niwl a glaw mân yn gwneud eu gorau i ddieithrio byd a oedd mor gyfarwydd iddi'n arferol, trwy foddi goleuadau'r stryd a chreu drychiolaethau o bob cerddwr oedd yn ymddangos yn ddirybudd o'r gwyll.

Ar ôl mynd heibio rhes dai Penrallt, roedd hi'n gwbl ddibynnol wedyn ar belydryn y car i'w harwain adre ond roedd y pelydryn hwnnw hefyd yn cael ei fygu gan y niwl gwlyb. Ei hofn mwyaf oedd i'r dieithryn efo'r cap a'r ffon ymddangos unrhyw eiliad, i lenwi llwydni'r allt o'i blaen. Be wnâi hi wedyn, mewn hunllef o'r fath?

Gollyngodd ochenaid o ryddhad pan welodd, o'r diwedd, oleuadau ei chartref yn ymddangos trwy'r niwl.

Roedd y ffôn yn canu fel roedd hi'n camu trwy ddrws y gegin.

'Elin? Diolch i Dduw dy fod ti'n iawn. Dwi wedi trio dy ffonio di o leie bum gwaith yn ystod yr ugen munud dwetha. Wyt ti'n iawn? Wyt ti wedi cyrredd adre'n saff, gobeithio, ar y fath dywydd? Mae'n gas gen i feddwl amdanat ti'n gorfod mynd adre i dŷ tywyll.'

Roedd ei bryder yn amlwg.

'Ydw, dwi'n iawn, Dewi,' a chwarddodd yn fyr, 'neu fyddwn i ddim yn gallu atab y ffôn rŵan, fyddwn i? A fydda i byth yn dod adra i dŷ tywyll, beth bynnag. Yr adag yma o'r flwyddyn, mi fydda i bob amsar yn gadael goleuada yn y gegin a'r parlwr tra bydda i allan, i roi'r argraff fy mod i adra, ac i 'nghroesawu fi'n ôl, wrth gwrs. A rŵan, fy nhro i ydi edliw. Sut na ches i wbod tan heno am dy ddamwain di? A sut bod pawb yn y côr yn gwbod o 'mlaen i? A be ddigwyddodd, beth bynnag? A sut wyt ti'n teimlo erbyn hyn?'

Chwarddodd Dewi cyn ateb. 'Cwestiyne, cwestiyne! Mae Tregarnedd yn lle straegar, fel y gwyddost ti cystal â finne, Elin. Sut bynnag, ti fase un o'r rhai cynta i gael gwybod am y ddamwen, pe baet ti'n ateb dy ffôn. Wrthi'n tacluso'r iard oeddwn i cyn cychwyn adre, ddiwedd pnawn ddoe, pan gefes i'r ddamwain. Fy mlerwch i a neb arall, a bod yn onest. Sathru ar ddarn o bren, troi fy ffêr a syrthio yn erbyn llwyth o goed oedd newydd gael eu dadlwytho ar yr iard. Fe wyddwn i'n syth fod asgwrn wedi'i dorri ac fe ffoniodd un o'r hogie am ambiwlans i fynd â fi i Ysbyty Gwynedd ym Mangor. Aros rhai orie yn fanno i gael *x-ray* ac yne cael gosod pethe yn ôl yn eu lle a strapio'r ysgwydd yn dynn wedyn. Fe aeth yn orie mân y bore arna i'n cael dod adre.'

'Ac rwyt ti mewn tipyn o boen mae'n siŵr?' Roedd ei phryder i'w glywed yn ei goslef.

'Peth felly i'w ddisgwyl, am wn i. Ond fedra i ddim cwyno. Yr unig beth sy'n fy mhoeni ydi na chaf fynd yn ôl i weithio am o leie fis. Sut bynnag,' meddai mewn llais troi stori, 'roeddet ti'n hwyrach nag arfer yn cyrredd adre o'r practis heno. Pa un o hogie'r côr ddaru dy ddanfon di adre, os gwn i?'

Er bod sŵn tynnu coes yn ei oslef, synhwyrodd Elin yr elfen o amheuaeth boenus hefyd yn ei lais.

'Roedd pob un ohonyn nhw'n awyddus i ddod â fi, wrth gwrs, ond...'

Torrodd ei brawddeg ar ei hanner, a difrifoli, wrth iddi sylweddoli pam ei fod yn hel amheuon a bod anffyddlondeb Glesni yn dal yn glais ar ei feddwl.

'Wnei di beidio â rwdlan, Dewi Rhys, ac egluro pam na ches i alwad ffôn gen ti ers tridia.'

'Nid fy mai i oedd hynne, Elin. Fe driais i dy ffonio di yn dy swyddfa, yn hwyr bnawn ddoe, cyn i'r *paramedics* fynd â fi i'r ambiwlans ond roeddet ti newydd adel, yn ôl Gordon Jones. Chefais i fawr o gyfle wedyn tan tua hanner awr wedi wyth, cyn iddyn nhw fynd â fi am *X-ray*, ond doeddet ti ddim adre, oeddet ti?'

Roedd yr arlliw o amheuaeth gyhuddol yn ôl yn ei lais.

'I ti gael gwbod, Dewi Rhys,' meddai hi'n ffug geryddol, 'ro'n i adra yr un amsar ag arfar, sef cyn hannar awr wedi pump, ac erbyn hannar awr wedi wyth ro'n i wedi cael fy swpar ac wedi bod yn trio datrys dirgelwch y ddau Feibil, cyn treulio rhyw awran wedyn ar y... A!' meddai hi wrth gofio. 'Dyna pam na chlywis i'r ffôn yn canu. Ro'n i'n dyrnu'r piano ar y pryd.'

Anwybyddodd Dewi ormodiaeth y gair 'dyrnu'. Roedd hi wedi tawelu ei amheuon a'i ofnau.

'Gwranda, Elin! Rydw inne wedi bod yn gwneud tipyn o ymchwil hefyd heno, i lenwi'r amser tra oeddet ti yn y practis côr, ac wedi bod ar wefan y Llyfrgell Genedlaethol yn chwilio. Wyt ti'n cofio'r darnau papur newydd y doist ti o hyd iddyn nhw yn atig y tŷ?'

Clywodd hi sŵn siffrwd papur o ben arall y lein cyn iddo fynd ymlaen.

'Un Cymraeg ac un Saesneg? Yr un Cymraeg efo'r pennawd LLOFRUDDIAETH YSGELER a'r dyddiad Dydd Gwener 26ain Gorffennaf 1917 ar ben y dudalen. Papur wythnosol oedd *Yr Ehedydd* ac yn dod o'r wasg bob dydd Gwener, mae'n debyg. Dyma'r adroddiad byr oedd yn hwnnw:

*Nos Fercher o'r wythnos hon, ar y pedwerydd dydd ar hugain o'r mis, daethpwyd o hyd i gorff merch ifanc ddwyflwydd ar bymtheng oed, yn un o furddunnod Tai'r Gelli, yn Nhre'r Garnedd Lwyd. Roedd wedi cael ei threisio yn greulawn, cyn ei llofruddio wedyn yn y modd mwyaf anifeilaidd. Deellir mai Alice Hughes oedd ei henw a'i bod yn ferch i reithor Eglwys Mihangel yn y dref. Nis gwelwyd hi ers yn hwyr bnawn Llun ac yn y cyfamser bu'r heddlu, ynghyd â gwirfoddolwyr lu, yn chwilio'n daer amdani. Aeth tridiau heibio ers darganfod ei chorff ac mae'r heddgeidwaid wedi bod yn brysur ers hynny yn holi amryw o ddynion ifainc y dref. Clywyd hefyd iddynt gael eu gweld yn holi teuluoedd y Romani ar barc y Comin. Mae trigolion y dref eisoes yn galw ar eu cynghorwyr i sicrhau bod safle Tai Gelli yn cael ei glirio a'i wastatáu fel na all trychineb o'r fath fyth ddigwydd yno eto ond mae'r heddgeidwaid yn wrthwynebus i'r cam hwnnw ar hyn o bryd, o leiaf nes y byddant wedi llwyddo i gwblhau eu gwaith a rhoi'r llofrudd mewn cyffion.*

Mi fyddi'n cofio hefyd bod yr adroddiad Saesneg efo'r pennawd *MURDERER'S IDENTITY REVEALED* wedi cael ei rwygo'n fwriadol a'r cyfan sydd i'w weld o dan hwnnw ydy'r geiriau:

*A letter from the Front alleges that a North Wales war hero, whilst home on leave, forced his attentions on Rector's daughter before murdering her. The police claim they have an interest in several suspects but...*

Roeddet ti'n methu deall pam bod rhywun neu'i gilydd o dy deulu... Huw Ambrose Puw, yr hen, hen, hen daid, falla, neu Elena Morgan Puw dy hen, hen nain... wedi cadw'r darnau yma o gwbwl. Ydi o'n bosib, wyt ti'n meddwl, mai un o'r ddau Harri oedd y *war hero* sy'n cael ei grybwyll yn y papur Saesneg? Does dim dyddiad ar hwnnw, gwaetha'r modd, ond mae'n amlwg ei fod o'n ddiweddarach na'r toriad Cymraeg. Dwi am ddal i chwilio ar wefan y Llyfrgell rhag ofn y bydda i'n dod ar draws rhwbeth sy'n ymwneud â dy deulu di.'

'Dydw i ddim yn dallt, Dewi. Am ba ddau Harri wyt ti'n sôn?'

'Henry Morris a Harri Wood. Os oedd gan Wil Shakespeare yr hawl i alw *Henry the Fifth* yn Harry, *Cry God for Harry, England, and Saint George!* a phetha gwladgarol felly, yna pam na cha inne droi Henry Morris yn Harri Morris?'

'Waw! Dyfynnu Shakespeare yr adag yma o'r nos! Dwi'n impresd, Mr Rhys!'

'I rywun segur fel fi, mae pob peth i'w gael ar lein y dyddia yma, hyd yn oed yr hen Shakespeare ei hun.'

'O, deud ti! A rŵan bod Ditectif Inspector Dewi Rhys ar y trywydd, yna buan y ceith y cês ei ddatrys. Ond ddim heno, oherwydd mae'n hwyrhau ac mae'r claf angan gorffwys.'

'Os ydach chi'n deud, *Matron* Puw. Ond ga i ofyn un peth cyn i chi fynd? Fyddwch chi'n ymweld â ward y claf, fory, i neud yn siŵr ei fod o'n cael pob chwarae teg?'

'Na. Mae'r Adran Mân Anafiadau yn cau am bump o'r gloch, mae gen i ofn.'

'Mân anafiadau? Bobol bach, mae fy nghyflwr i'n llawer iawn gwaeth na hynny, *Matron*.'

'Digon teg. Bydd un o nyrsys y gymuned yn galw heibio, felly.'

'Dwi'n edrych ymlaen.'

'A finna hefyd, Dewi. Nos da, 'nghariad i. Gobeithio y cei di noson o gwsg di-boen.'

'O! Elin! Cyn i ti fynd! Fyddet ti'n fodlon dod â dyddlyfr bach du dy daid... dy hen, hen, hen daid... i mi gael edrych trwyddo fo? Mi fydd yn un ffordd o lenwi'r amser segur sydd o 'mlaen i? Pwy ŵyr na fydd ambell ateb i'w gael yn hwnnw.'

'Iawn, D I Rhys, syr! Mi ddaw Cwnstabl Elin Puw â fo acw, bora fory, cyn mynd i'w gwaith. Ac mi ddaw *Matron* Elin Puw draw wedyn ddiwadd y pnawn i neud tamaid o swpar ichi. Unrhyw beth arall ar eich rhestr gofynion?'

Rhoddodd hi'r ffôn yn ôl yn ei grud yn sŵn ei chwerthiniad iach.

# Y Dieithryn eto

'NA, DDO' I ddim i mewn, Dewi, neu mi fydda i'n hwyr yn cyrraedd y swyddfa. Sut noson gest ti?'

Roedd hi'n syllu'n bryderus ar ei fraich chwith oedd mewn rhwymyn tyn at yr ysgwydd.

'Ches i fawr o gwsg, ond dyna fo. Fedra i feio neb na dim ond fy mlerwch i fy hun.'

'Mi ddaw hi'n esmwythach ymhen diwrnod neu ddau, gei di weld. Cymryd petha'n ysgafn rŵan. Traed i fyny ac ati.'

'Wrth gwrs. Beth bynnag mae Nyrs Puw yn ddeud!'

'Rwdlyn,' meddai hi gyda gwên. 'Sut bynnag, dyma fo'r llyfr roeddat ti'n awyddus i gael golwg arno fo... llyfr nodiada'r hen daid.' Ac estynnodd amlen iddo. 'Fe alwa i eto ar fy ffordd adra, ddiwadd pnawn.'

Pe bai hi'n onest â hi ei hun byddai Elin wedi cyfaddef mai ei gwir reswm dros wrthod ei wahoddiad i fynd i mewn i'r tŷ oedd rhag i rai o gymdogion Dewi, o'i gweld hi'n gadael wedyn, gychwyn stori ei bod hi wedi treulio'r nos yno. Doedd hi ddim am weld Glesni'n dod i'w chyfarfod ar y stryd efo'i llygaid yn tanio.

\*

Yn rhyfedd iawn, cwestiwn cyntaf Gordon Jones iddi, pan gyrhaeddodd hi'r swyddfa, oedd, 'Deud i mi, Elin, ddaru'r hogan wirion 'na anfon ymddiheuriad am ymosod arnat ti yn Tesco, wythnos yn ôl?'

'Do, ddoe ddwytha, fel mae'n digwydd, Mr Jones.' Gwyddai rŵan pam bod Glesni wedi anfon ymddiheuriad o gwbl. Rhaid mai ymateb i fygythiad cyfreithiol oedd hi wedi'i wneud.

'Ac oedd yr ymddiheuriad yn dderbyniol gen ti?'

'Oedd, Mr Jones.' 'Celwydd, wrth gwrs,' meddai wrthi'i hun, ond gorau po gynta y gellid rhoi'r cyfan tu cefn iddi.

*

Rywbryd yn ystod y bore, a hynny ar ôl teipio nifer o lythyrau ar gyfer eu harwyddo a'u postio, a chwilio wedyn am rai dogfennau o'r archif i Gordon Jones, fe gododd Elin at ffenest ei swyddfa, i gael ystwytho ychydig ar ei choesau a'i chefn ac i weld hefyd sut dywydd oedd hi tu allan.

Byd llwyd oedd yn fanno a'r cymylau yn bygwth dod i lawr i fygu'r dre. Ochneidiodd er ei gwaethaf. Yn arferol, ar dywydd cliriach, gallai ddisgwyl gweld y Garnedd Lwyd yn codi uwchben yr adeiladau gyferbyn ond doedd dim golwg ohoni'r bore 'ma. Tywyllu'n gynnar heno, felly. Roedd meddwl am y daith adre i Hen Benrallt yn pwyso arni'n barod.

Roedd y Stryd Fawr islaw ffenest y swyddfa yn llawn prysurdeb bore Gwener. Gwyliodd ddwy lorri lwythog yn rhuo heibio, a bws wedyn i'w canlyn, pob un yn gadael ei fwg o wenwyn ar ei ôl. Ymhellach draw, roedd dyn musgrell yr olwg yn croesi'r ffordd heb ystyried y perygl, gan orfodi car lliw arian i frecio'n gyflym rhag ei daro.

'Does ryfadd yn y byd bod cymaint o ddamweinia yn digwydd y dyddia yma,' meddai wrthi'i hun.

Roedd ar fin troi'n ôl at ei desg ond yna, heb wybod yn iawn pam, daliodd i syllu allan, fel pe bai rhyw orfodaeth arni i wneud hynny. Daeth ei phrofiad ar y draffordd yn Ffrainc, eiliadau cyn y ddamwain yn fan 'no, yn ôl iddi eto, ond doedd dim dychryn yn ei meddwl hi y tro yma, dim byd mwy na chwilfrydedd. Y cwbl a deimlai oedd rheidrwydd i oedi wrth y ffenest ychydig eiliadau'n hwy. Ac yna, fe'i gwelodd o! Yn croesi'r stryd, ganllath neu fwy i ffwrdd. Yr un gôt ddu, yr un cap stabl tywyll efo'r pig wedi'i dynnu'n isel dros y talcen, yr un ffon, yr un cloffni.

Gwyliodd Elin ef yn dod yn nes ac yn oedi eiliad wrth ffenest y siop lyfrau gyferbyn. Yna, cyn iddo ddiflannu trwy ddrws y siop, gwelodd ef yn codi ei olygon yn sydyn ac yn syllu'n syth i'r ffenest tuag ati, fel pe bai wedi synhwyro ei bod hi yno'n gwylio. A oedd cysgod gwên ar ei wyneb, o dan gysgod y cap? Ni allai hi fod yn siŵr, ond teimlodd ei chorff yn troi'n groen gŵydd drosto. Llwybr y Gelli, Ffordd Penrallt a rŵan hyn. Tybed ai stelciwr oedd o? Yn gwybod am ei ddefnydd hi o Ffordd Crawia, yn gwybod lle'r oedd hi'n byw, ac yn gwybod, rŵan, lle'r oedd hi'n gweithio hefyd!

Yn hytrach na'i gydnabod mewn unrhyw ffordd, trodd ar ei sawdl i estyn y ffôn symudol o'i bag, gyda'r bwriad o dynnu llun ohono efo'r camera yn hwnnw. Erbyn iddi gamu'n ôl at y ffenest, fodd bynnag, roedd y dieithryn wedi mynd, a'r cyfle wedi'i golli.

\*

Aeth yn syth o'i gwaith, ddiwedd y pnawn, i'r Tesco Express a dewis dau bryd parod yn fanno. Ond, er ei bod hi'n bwriadu cadw at ei gair a galw heibio Dewi i drefnu swper ar ei gyfer, eto i gyd doedd ganddi hi ddim bwriad oedi mwy nag oedd raid gan fod y min nos yn cau i mewn yn gynnar, diolch i'r awyr blwm oedd hefyd yn darogan cawodydd trymion.

'Fedra i ddim oedi, Dewi, mae'n ddrwg gen i. Dwi'n

awyddus i gyrraedd adra cyn y glaw. Dwi wedi rhoi dy swpar di yn y popty ac mi fydd larwm hwnnw'n canu pan fydd y bwyd yn barod. Ond bydd yn ofalus rhag llosgi wrth ei dynnu fo allan a mynd â fo at y bwrdd.'

'Siŵr iawn, Mam!' meddai yntau'n wamal gan daflu ei fraich chwith amdani, i'w gwasgu hi'n ofalus ato.

Roedd ar flaen ei thafod hi grybwyll wrtho'r gwir reswm am ei hanniddigrwydd i gyrraedd adre ond dewisodd beidio, rhag rhoi lle iddo yntau hefyd ddechrau hel meddyliau a phoeni'n ddiangen.

'Mi fydda inne'n dipyn bodlonach o wybod dy fod di wedi cyrraedd adre'n saff. Ro'n i wedi gobeithio cael trafod un neu ddau o'r toriade papur newydd efo ti heno, rheini a ddaeth o do'r tŷ, ond fe ddaw cyfle i beth felly eto. A gyda llaw, dwi hefyd wedi dechre mynd trwy ddyddlyfr dy hen daid, Huw Ambrose Puw. Dy hen, hen, hen daid yn hytrach. Ond, rhwng bod y sgrifen yn flêr ac yn frysiog mewn ambell le, ac yn aneglur iawn mewn ambell le arall oherwydd bod ôl y bensel wedi gwanio dros y blynyddoedd, yna fe gymerith ddyddie lawer, os nad wythnose hyd yn oed, i mi fynd trwy'r cyfan, mae gen i ofn. Fel y soniest ti dy hun yn Nhafarn yr Afr y tro hwnnw, does fawr o werth hanesyddol mewn llawer o'r hyn a gafodd ei gofnodi ganddo. Ond *mae* ambell gyfeiriad digon diddorol yma ac acw yn yr hyn dwi wedi llwyddo i'w ddarllen hyd yma. Sut bynnag, pan fydda i'n dod ar draws pethe dwi'n eu styried yn ddiddorol neu'n bwysig, yna mi fydda i'n ail sgrifennu rheini a rhoi trefn arnyn nhw yn fy llyfr nodiade i fy hun. Dwi'n edrych ymlaen at y cyfle i'w trafod nhw efo ti, Elin. Mae ambell beth diddorol wedi tynnu fy sylw i'n barod… Ond digon o siarad! Siawns bod y claf un fraich yn haeddu cusan am ei lafur?'

*

Roedd blas ei gusan yn dal ar ei gwefus ac aflonyddwch ei ddwylo yn dal i grwydro'i chorff wrth iddi gamu trwy ddrws Hen Benrallt. Doedd hunllef y 'stelciwr' ddim wedi cael ei gwireddu, diolch byth, ond gollyngodd ochenaid o ryddhad, serch hynny, wrth yrru dau follt y drws yn ddiogel i'w lle a llenwi'r gegin ac yna'r parlwr efo mwy o olau trydan. Rhoddodd fatsien hefyd i'r tân oer yn y stôf a buan roedd y coed sych yn honno yn clecian eu cysur a'u croeso.

Rhoddodd ei swper parod yn y popty ac aeth i eistedd wrth y piano efo dalen *manuscript* a phensel wrth law. Fyddai'r ffidil, chwaith, ddim yn segur yn hir.

# Taith heb ei disgwyl

'GWNA DY HUN yn barod erbyn hannar awr wedi deg. Mi fydda i'n galw amdanat ti yn y car.'

Edrychodd Dewi ar ei wats. Chwarter i naw. 'Yn barod i be, felly?'

'Meddwl yn fy ngwely neithiwr oeddwn i...'

Torrodd ar ei thraws yn gellweirus. 'O? Ac am be fyddi di'n meddwl yn dy wely, os gwn i?'

'Os wyt ti isio gwbod,' meddai Elin yn ffug ddifrifol, 'poeni amdanat ti oeddwn i, yn cael dy gadw'n gaeth yn y tŷ ar fora Sadwrn sych, ac ro'n i'n rhyw dybio y byddet ti'n falch o gael mynd am dro mewn car go iawn, yn hytrach nag mewn rhyw Volvo bach pitw efo dreifar un fraich methedig wrth y llyw.'

'Be? Mentro fy mywyd mewn car Peugeot efo merch yn dreifio! Fe wyddost ti be maen nhw'n ddeud am *women drivers*.'

'Taw â dy rwdlan. Rŵan, be ti'n ddeud?'

'Mi fyddwn i wrth fy modd, Elin. Diolch iti am feddwl amdana i.'

'Hannar awr wedi deg ar ei ben, felly.'

\*

'I ble'r ei di â fi?'

'Amynedd, Mr Rhys. Amynedd!' Roedd hi'n ymlafnio i gau'r gwregys diogelwch amdano.

Buan y gwelodd Dewi fod y Peugeot yn anelu tua'r gogledd, i gyfeiriad Llandudno neu un o drefi eraill yr arfordir, a bodlonodd yn ei sedd.

'Dwi wedi dod â fy llyfr bach efo fi, Elin,' meddai ymhen sbel, gan ymdrechu efo'i un law rydd i dynnu hwnnw o'i boced. 'Wyt ti'n cofio'r dudalen allan o bapur *Yr Ehedydd*, y dudalen lawn, sy'n cofnodi marwoleth Henry Morris a Harri Wood a'r tri arall o Dregarnedd? Wel, oherwydd bod y papur mor fregus a bod gen i ofn ei weld e'n rhwygo yn fy nwylo i wrth i mi ei astudio, yna dwi wedi bod wrthi'n copïo rhai pethe ohono fe, y pethe ro'n i'n feddwl a fydde o ddiddordeb i ti. Wyt ti'n cofio i fi ddarllen iddo gael ei ladd ar Gefn Pilkem?'

'Do, dwi'n cofio dy fod ti wedi darllan hwn i mi, Dewi.'

'Dwi isio d'atgoffa di eto am be sy'n cael ei ddeud yma.' Ac aeth ati i ddyfynnu: *Yn rhifyn nesaf y papur hwn, gobeithiwn gael cynnwys cerdd goffa i'r gwron, o waith y bardd lleol Llwydfardd.* 'Ond, er i mi chwilio trwy sawl rhifyn arall o'r *Ehedydd*, fe fethes i â dod o hyd i unrhyw gerdd goffa gan Llwydfardd, na chan yr un bardd arall chwaith o ran hynny.

Ac yne, hanes y llall: *Trist yw gorfod cofnodi marwolaeth Harri Wood, mab i Howel a Victoria Wood o linach balch y Romani ... ac yn y blaen.'*

Gan ei bod hi'n gorfod canolbwyntio ar ei dreifio, arhosodd Elin iddo fynd ymlaen.

'Ond wnest ti sylwi ar y llythyre oedd yn cyd-fynd â'r hanesion yne... ar yr un dudalen?'

'Naddo. Pa lythyra? Wnes i ddim darllan y dudalan i gyd.'

'Mae'n ymddangos y bydde rhai teuluoedd, a gollodd fab

neu ŵr yn y rhyfel, yn derbyn gair o gydymdeimlad oddi wrth ryw swyddog neu'i gilydd a bod y wasg, yn yr oes honno, yn awyddus i gyhoeddi pethe fel'ne. Ddaru ti sylwi ar y llythyre a dderbyniodd teuluoedd y ddau Harri?'

'Naa-ddo,' meddai hi eto, mewn peth syndod, ond heb dynnu ei llygaid oddi ar y ffordd o'i blaen.

'Wel, maen nhwthe hefyd i'w gweld ar yr un dudalen.'

'Ac yn deud be?'

Yn hytrach nag ateb, dechreuodd Dewi ddarllen eto:

*Annwyl Mr a Mrs Morris,*

*Gofid calon i mi yw gorfod anfon atoch i gydymdeimlo â chwi ar golli eich mab Pte Henry Thomas Morris a anafwyd yn ddifrifol ar faes y gad ar yr trydydd o'r mis hwn, sef Awst, ac a fu farw o'i glwyfau ychydig oriau yn ddiweddarach. Roedd yn llanc rhagorol a diymhongar ac yn ddi-os ni wnaeth na dweud dim i anafu teimladau neb o'i gydnabod yn y dyddiau tywyll hyn. Yr oedd yn ŵr ifanc hynod o deimladwy ac ni allwn i fy hun lai na sylwi ar y newid mawr ynddo pan ddychwelodd atom o'i 'leave' olaf, fel pe bai ef eisoes yn ymwybodol o'r dynged drist oedd yn ei aros.*

*Dymunaf bob cysur i chwi yn eich colled gan wybod y bydd ein Duw a'i fab Iesu Grist yn gymorth i chi wynebu eich trallod.*

*Yr ydwyf, yr eiddoch yn gywir,*

*D. Wilson Jones. (Chaplain)*

Ac mae 'ma lythyr arall hefyd at yr un teulu, oddi wrth y nyrs a fu'n trio achub bywyd Henry. Mae hwn wedi ei ddyddio y trydydd o Awst 1917, sef yr un diwrnod ag y cafodd Henry ei ladd.

*Dear Mr & Mrs Morris,*
*Please accept my sympathy with you in the loss of your dear*
*son. He was admitted to my dressing station on 3rd August*
*suffering from a penetrating wound to his lower abdomen*
*which sadly proved fatal within a few hours. He was very ill*
*and exhausted upon admission and although attempting to*
*leave a final message, the only words that one of my Welsh-*
*speaking nurses was able to discern, they being so weakly*
*uttered, were, 'Say sorry to Dad and Mam and...', at which*
*point he sadly passed away. It may help you a little to know*
*that all possible was done to ease and comfort him in his*
*final hours and he was well cared for. He did not suffer*
*much, for morphia had to be administered and he died quite*
*quietly and peacefully. I am sorry not to be able to offer you*
*more comfort in your time of great loss.*
   *Yours most faithfully,*


Mae hwn wedi cael ei arwyddo gen ryw *T. L. Mathews.
Sister*, ond mae'r llythrenne ar ôl ei henw yn aneglur iawn.
Dwi'n ame mai *CCS* ydi'r dair lythyren ola.'
   'Am drist! Wyt ti ddim yn meddwl? Ymddiheuro am be,
meddat ti?'
   'Does wybod. Ond meddylie gyment o lythyre fel 'ne
a gafodd eu hanfon. A dene ti hwn, wedyn, i deulu Harri
Wood:


*Dear Mr & Mrs H. Wood,*
*It is with the deepest sorrow that I have to inform you that*
*your son Harri Wood was killed in action this morning, on*
*the very first day of August. He and three of his comrades were*
*stretchering an injured officer back from the front towards*
*the dressing station for medical attention when an enemy*
*shell pitched near them, killing them all instantly. It will, I*

*think, be some consolation for you to know that your son
suffered no pain, death being instantaneous. Your son was
very popular amongst his comrades and well respected by
his officers, not only for his wonderful and open personality
but also, for one so young, for his incomparable bravery
under intense fire from the enemy.*

*We are all proud to have known such a brave young man
and I ask you to accept my sincere sympathy with you both
in your loss.*

*I am yours faithfully,*
*C. Fenwick,*
*2nd Lieut.*
*OC 'C' Company R.W.F.*


*... Second lefftenant!* Doedd rhywun fel'ne fawr uwch na
*private.* Fawr pwysicach na Harri Wood ei hun.'

'Be mae hynny'n olygu?'

'Wel, os ydw i'n iawn i feddwl mai ystyr y llythrenne *OC*
ydi *Officer in Charge*, yne rhaid bod pob swyddog uwch na
*second lefftenant* yn *C Company* y *Royal Welsh* y diwrnod
hwnnw wedi cael ei ladd neu ei anafu.'

O gael dim ymateb y tro yma, trodd Dewi i edrych arni.

'Be sy'n mynd trwy dy feddwl di, Elin?'

'Trio dallt, dyna i gyd, pam bod yr hen daid... yr hen,
hen, hen daid... wedi cadw'r papura yma o gwbwl. Pam y
diddordab yn y ddau Harri, fel rwyt ti'n mynnu cyfeirio atyn
nhw?'

'Ydi. Mae hynne'n dipyn o ddirgelwch iti mae'n siŵr.
Ond pwy ŵyr na fydde i'n dod o hyd i'r ateb yn y llyfr bach
du, pan ga i gyfle i fynd i'r afel â hwnnw dros y dyddie
nesa.'

Aeth munudau heibio wedyn heb i air pellach gael ei
ddweud gan yr un o'r ddau.

'*Penny for your thoughts!*' meddai Dewi o'r diwedd. 'Be sydd ar eich meddwl chi rŵan, Miss Puw?'

O gael dim ateb, trodd ati eto a sylwi ar grychni croen ei thalcen ac ar yr olwg bell yn ei llygaid.

'Oes rhwbeth arall yn dy boeni di, Elin?' gofynnodd, yn fwy difrifol y tro yma.

Ar ochr chwith y ffordd o'u blaen, roedd arwydd yn cyhoeddi eu bod nhw ar gyrraedd tref Llanrwst.

'Wel oes, a deud y gwir, wrthat ti,' meddai hi ar ôl rhai eiliadau o ystyried. 'Do'n i ddim wedi bwriadu sôn wrthat ti am y peth ond... Wel, fi sy'n bod yn wirion, mae'n siŵr, ond dwi'n amau bod rhywun yn fy stelcian i.'

'Be? Pwy?'

'Alla i ddim bod yn siŵr, Dewi, ond dwi'n ama bod rhywun yn y dre, dyn hollol ddiarth i mi, yn cadw llygad arna i.'

'Cadw llyged arnat ti? Ymhle, felly? Yn dy gartre?' Nid oedd yn gwneud dim i gelu'r pryder yn ei lais.

'Wel, ddim yn hollol, ond dwi wedi'i weld o ar Ffordd Penrallt a hefyd ar Ffordd Crawia, a ddoe ddwytha fe'i gwelis i fo'n edrych i fyny at ffenast fy swyddfa i, fel tae o'n gwbod yn union lle dwi'n gweithio. A phan mae o 'ngweld i'n edrych arno fo mae o'n tynnu'i gap yn is dros ei dalcan fel tae o isio cuddio'i wynab.'

'A does gen ti ddim syniad lle mae o'n byw?'

'Nag oes.'

'Mi fydde'n well i ti gael gair efo'r heddlu felly, rhag ofn. Mi ddo i efo ti i'w gweld nhw, ddydd Llun.'

Gwelodd hi'n cynhyrfu wrth glywed yr awgrym.

'Bobol bach, na! Fi sy'n paranoid mae'n siŵr a dydw i ddim isio gneud ffŵl ohonof fy hun na chreu embaras i rywun sydd, falla, yn gwbwl ddiniwad.'

Daeth y sgwrs i ben pan drodd Elin drwyn y car i mewn

i faes parcio Gwesty'r Eryr yn y dre. 'Panad canol bora,' eglurodd, cyn rhoi cyfle iddo ofyn.

Maes parcio bychan oedd yno, efo lle i ryw hanner dwsin o geir ar y mwyaf. Roedd dau le gwag ar gael a manteisiodd Elin ar un ohonyn nhw. Yna, ar ôl aros iddo gamu allan o'r car, pwyntiodd at nifer o fyrddau pren, digon tebyg i fyrddau picnic, rhyw ddecllath i ffwrdd, wrth y *railings* uwchlaw'r afon. Roedd y rheini i gyd, ac eithrio un, yn wag ac felly ar gael iddyn nhw.

'Mae hi'n ddigon cynnas i ni ista allan. Rŵan be gymeri di? Te 'ta coffi?'

'Coffi plis, ond mi wna i dalu.'

'Wnei di mo'r fath beth, Dewi Rhys. Fy nhrêt i! Rŵan dos i ista.'

Ar ôl cwta funud, roedd hi'n ailymuno efo fo. 'Mi ddaw hi â fo yma inni,' eglurodd, gan gyfeirio at y ferch oedd wedi cymryd ei harcheb.

Cyn dod i eistedd gyferbyn â fo, oedodd Elin eiliad i syllu i lawr ar y dŵr yn llifo'n ddiog oddi tani. 'Afon Conwy'n llifo'n felyn...' meddai hi.

'Mynd â dail y coed i'w chanlyn,' meddai yntau, i ddangos ei fod yn gyfarwydd â'r dyfyniad.

'Ar ôl cael car, mi fues i'n dod â Nain i fan 'ma droeon, am banad. Ar fora Sadwrn fel hwn gan amla, os oedd y tywydd yn ddigon cynnas i ni allu ista allan, fel rŵan.'

Fel pe bai'r atgof hwnnw yn deffro rhywbeth yn ei meddwl, ymbalfalodd yn ei bag a thynnu camera bychan ohono. Yna, ar ôl pwyso botwm sawl gwaith drosodd ar hwnnw, dangosodd iddo lun ar sgrin y camera.

'Dyna hi Nain!' meddai hi. 'Yn ista wrth yr union fwrdd yma, synnwn i ddim.' Pwysodd y botwm eto. 'A dyna'r ddwy ohonon ni, rŵan, yn mwynhau ein panad. Mae pedair blynadd ers hynny.'

'Hm! Pan oeddet ti'n hogan ifanc, felly,' meddai yntau efo gwên a gan dynnu ei choes. 'Sut un oedd dy nain?' Ataliodd rhag ychwanegu mai hen wraig flin yr olwg oedd i'w gweld yn y lluniau.

'Ddim bob amsar yn un hawdd byw efo hi, mae'n rhaid i mi gyfadda, ond roedd hi wedi cael bywyd calad, ac ro'n i'n rhwym o neud pob dim drosti hi wrth iddi fynd yn hŷn.'

Cyrhaeddodd y coffi ac ar fympwy sydyn, estynnodd Elin y camera i'r weinyddes ifanc, 'Fyddet ti cystal â thynnu llun ohonon ni'n dau, efo'r afon a'r bwthyn acw yn gefndir?'

Ar ôl i'r ferch fynd, a gan bwyntio at lan bellaf yr afon, eglurodd iddo mai Tu Hwnt i'r Bont oedd enw'r bwthyn. 'Mae o'n werth ei weld ar yr adag yma o'r flwyddyn, efo'r eiddew yn goch drosto fo i gyd. Wyt ti ddim yn meddwl?'

'Gwahodd probleme, ddwedwn i,' meddai Dewi mewn goslef ymarferol. 'Mae eiddew fel 'ne yn gwthio'i ffordd rhwng llechi'r to ac yn siŵr o achosi tamprwydd.'

Chwarddodd Elin. 'O! Oes raid i ti fod mor ddiramant, Dewi Saer?' Yna, cyn rhoi cyfle iddo ymateb eto, dangosodd iddo'r ddau lun a dynnwyd ohonynt rai eiliadau ynghynt. 'Rwyt ti'n edrach yn rêl *film star*, efo'r gwallt hir a'r locsyn taclus 'na am dy ên,' meddai hi.

'Paid â rwdlan, Elin Puw!' meddai yntau, er bod y sylw yn amlwg wedi'i blesio ac wedi tynnu gwên i'w wyneb.

'Wel, mwy o ganwr pop nag o *film star*, falla.'

Gwelodd Dewi y direidi yn crynhoi yn ei llygaid a gwyddai fod mwy i ddod.

'Canwr pop hen iawn. Elvis Presley neu un o'r *Rolling Stones* falla?'

Tynnodd eu chwerthin uchel sylw pawb oedd o fewn clyw.

Wrth i'r Peugeot bach droi i'r dde a gadael y briffordd ar sgwâr Llanrwst, fe feddyliodd Dewi bod Elin yn bwriadu troi yn ôl am adre ond pan welodd eu bod nhw rŵan yn anelu am yr allt allan o'r dre a bod yr arwyddion yn dangos Llanfair Talhaearn ac Abergele, fe sylweddolodd fod ganddi gynlluniau gwahanol ar ei gyfer.

'I ble ar y ddaear wyt ti'n mynd â fi?'

'Amynedd, Mr Rhys. Amynedd!' Ond mynd ymlaen i gynnig eglurhad o fath wnaeth hi, serch hynny. 'Dim ond newydd basio fy mhrawf gyrru oeddwn i, bron ddeuddang mlynadd yn ôl bellach, a Nain wedi prynu car ail-law imi, i arbed i mi orfod cerddad i 'ngwaith ar dywydd gwlyb, meddai hi. Ond yna, ymhen yr wythnos, fe ddwedodd ei bod hi am gael mynd i weld ei brawd – ei brawd mawr – oedd yn wael iawn yn Sbyty Glan Clwyd ar y pryd. '

Sylwodd Dewi ar ei gwên fach chwerw.

'Chefais i ddim dewis, a deud y gwir. Gorchymyn nid gofyn fyddai Nain bob amsar. Sut bynnag, dwi'n cofio ei bod hi'n benderfynol o gael panad ar y ffordd, te iddi hi, coffi i minna.'

'Ac yn y gwesty yne yn Llanrwst oedd hynny?'

'Ia. Ond roedd ganddi gynllunia eraill hefyd, y diwrnod hwnnw. Roedd hi am gael aros yn rhywla am ginio.'

'Ac am fan 'ny ryden ni'n anelu rŵan?'

Chwarddodd Elin. 'Sut gwyddet ti? Ydw i mor pridictabl â hynny?'

'Dwi'n eich darllen chi fel llyfr, Miss Puw.'

'Roedd hwnne'n bryd ardderchog, Elin. Diolch o galon, eto fyth.'

Roedd hi wedi mynnu cael talu am ginio iddo hefyd. 'Am na ches i gyfrannu at y swpar yn yr Afr Wyllt ym Mhorthtwyni, y noson honno.' Dyna oedd ei rheswm.

Fel roeddynt yn gadael tafarn y Llew Du yn Llanfair Talhaearn, craffodd Dewi ar gloc y car.

'Chwarter wedi un,' meddai. 'Ac i ble'r ei di â fi rŵan te, os gwn i? Nid i Sbyty Glan Clwyd i weld dy hen ewythr, gobeithio?'

Pan welodd eto ei hanner gwên a theimlo'i llaw yn syrthio ddwywaith a thair ar ei ben glin, megis mam yn annog ei phlentyn i ddangos amynedd, yna fe wyddai Dewi mai bodloni mewn anwybodaeth fyddai raid iddo, am sbel eto o leia, a buan y trodd y sgwrs unwaith yn rhagor at y dirgelwch oedd ynglŷn â theulu Hen Benrallt.

'Ddoi di efo fi i weld Margiad Rowlands, ryw ddiwrnod? Dwi'n siŵr mai ganddi hi y ca i rai o'r atebion.'

Er bod ei llygaid hi wedi eu hoelio ar y ffordd o'i blaen, roedd hi'n ymwybodol bod Dewi wedi troi i edrych arni.

'Be? Gofyn iddi siarad eto efo'r ysbrydion?'

'Nage. Nid dyna oedd gen i mewn golwg. Rhaid i ti gofio bod Margiad yn naw deg oed o leia, erbyn hyn, sy'n golygu ei bod hi wedi cael ei geni ryw ddeng mlynadd ar ôl i'r Rhyfal Mawr ddod i ben. A gan ei bod hi wedi byw yn y Gelli ar hyd ei hoes, yna mae'n siŵr bod ganddi hi gof plentyn am y straeon a fyddai'n cael eu hadrodd gan ei rhieni a phobol yr ardal. Wyt ti ddim yn meddwl?'

'Digon teg, ac wrth gwrs y do' i efo ti i'w gweld hi, os oes gen ti ofn wynebu'r *voodoo* dy hun.'

Dwrn lled gystwyol yn hytrach na llaw ysgafn a deimlodd Dewi ar ei ben glin y tro yma.

'Doedd Nain byth yn fodlon sôn llawar am y blynyddoedd

a fu, a doedd gen i neb arall i droi atyn nhw. Dydw i ddim yn cofio fy nhaid a does gen i ddim llawar o atgofion am fy nhad chwaith, gan i hwnnw redag i ffwrdd a'n gadael ni pan o'n i ond ryw bump neu chwech oed.'

Synhwyrodd Dewi y chwerwedd yn ei llais a chadwodd yn dawel.

'Erbyn heddiw, cof bach iawn sydd gen i amdano ynta hefyd, nid bod hynny'n poeni dim arna i, bellach. Sut bynnag, dyna'r adag y dechreuodd Mam fynd yn sâl, a gwaethygu wnaeth hi wedyn. Erbyn i mi gyrraedd fy neuddeg oed, doedd dim llawar y gellid ei neud iddi heblaw ei chadw hi mor gyfforddus ag oedd bosib. Doedd Nain ddim yn fodlon gneud llawar, mae gen i ofn, gan mai dim ond merch-yng-nghyfraith oedd Mam iddi, meddai hi, a dwi'n cofio mor daer oedd hi i gael Mam i mewn i'r ysbyty, iddi gael 'sylw llawn amsar', yn ei geiria hi. Ond ro'n i'n benderfynol na châi hynny ddim digwydd ac fe ddechreuis i golli mwy a mwy o'r ysgol er mwyn cael aros gartra i ofalu amdani. Ches i ddim caniatâd swyddogol i neud hynny, wrth gwrs, gan y prifathro na'r awdurdod addysg, ond wrth i Mam waelu mwy a mwy, roedden nhw fel taen nhw'n barotach i gau llygad i'r ffaith fy mod i'n absennol mor amal. Fel y medri di ddychmygu, Dewi, roedd y gwaith o edrych ar ôl Mam yn mynd yn drymach wrth i'w salwch hi waethygu ond ro'n i'n dod i ben â phetha yn rhyfeddol, a deud y gwir, ac yn manteisio ar bob cyfla hefyd i ddal i fyny â'r gwaith ysgol trwy ddarllan llawar iawn, yn Gymraeg a Susnag, a phractisio cymaint ag y medrwn i ar y piano a'r ffidil. Dwi'n gwbod bod Mam yn cymryd llawar o gysur o fod yn gwrando arna i'n gneud y petha hynny.'

'Be? Fe ddysgaist chware'r piano a'r ffidil heb gael gwersi?'

'Naddo, ddim yn hollol. Fe ddechreuis i gael gwersi piano pan o'n i'n saith oed. Doedd cyflwr Mam ddim yn rhy ddrwg bryd hynny, ac ro'n i'n medru picio i lawr i dŷ Mrs Brooks, neu Madame Brooks fel roedd honno'n hoffi cael ei galw. Fe ges wers bob wythnos am, wel, am ryw dair blynadd falla. Dysgu chwara'r piano a'r ffidil oedd y cwbwl roeddwn i isio'i neud; doedd gen i ddim diddordab o gwbwl mewn pasio arholiada a phetha felly. Ro'n i'n byw ar y piano bryd hynny ac yn cael pob anogaeth gan Mam, oherwydd roedd hi'n gallu chwara'n dda iawn ei hun, wrth gwrs. "Mi fyddai dy dad wrth ei fodd yn gwrando arnat ti, pe bai o yma," meddai hi wrtha i rywdro. A dwi'n cofio fy mod i wedi'i hatab hi'n chwerw iawn ar y pryd, "Wel dydi o ddim yma, ydi o Mam?"'

Gwelodd Dewi y tyndra yn ei hwyneb wrth iddi adrodd yr hanes. Roedd ei llygaid hi wedi eu hoelio ar y ffordd o'i blaen.

'A phwy ddysgodd di i chware'r ffidil?'

Aeth eiliadau heibio, fel pe bai'r cwestiwn yn un dyrys ac anodd i'w ateb.

'Neb, a deud y gwir,' meddai hi o'r diwedd. 'Erbyn i mi gael fy nwylo ar y ffidil, ro'n i'n medru darllan miwsig yn hawdd iawn. Dwi'n cofio cydio ynddi am y tro cynta a chael dim traffarth i'w thiwnio hi. Paid â gofyn i mi sut y gwnes i hynny ond fe ddaeth y peth yn gwbwl naturiol imi rywsut. Roedd y tannau arni'n weddol newydd. Mae'n debyg bod Taid wedi gobeithio y byddai Nhad yn dangos digon o ddiddordab i gydio yn y ffidil drosto'i hun. Ond wnaeth o mo hynny. Gitâr oedd ei betha fo, mae'n debyg.'

'Ac i ble'r awn ni rŵan, Miss Puw?' Roedd o newydd sylwi eu bod nhw'n dod i lawr i dre Abergele.

'I lan y môr yn y Rhyl, os lici di.'

Sylw gwamal oedd hwnnw hefyd oherwydd cadw ar yr hen ffordd am Lanelwy a wnaeth y Peugeot coch a gwyddai Dewi, bellach, nad oedd o damaid gwell o'i holi hi.

'O! Gyda llaw,' meddai hi, yn cofio'n sydyn. 'Dwi wedi dod ar draws llun papur newydd, *Yr Ehedydd* synnwn i ddim, o Elena Morgan Puw, fy hen, hen nain, yn hogan fach dair ar ddeg oed.'

'Do wir? Ac yn lle y cest ti hwnnw?'

'Rhwng tudalennau'r Beibil Mawr. Llun ohoni ar ei phen ei hun ac un arall ohoni efo plant Ysgol Sul Siloam ar gychwyn i'r gymanfa ganu undebol yng nghapal Calfaria yn Nhregarnedd. Yn ôl yr adroddiad yn y papur, roedd hi'n cael ei gweld fel organydd addawol iawn.'

'Hm! Pethe fel 'ne yn rhedeg yn y teulu, yn amlwg.'

O fewn ugain munud roedden nhw wedi gadael cadeirlan Llanelwy o'u hôl ac yn dod i mewn i bentre gwasgarog Y Green, Dinbych.

'Yn un o'r rhain, dwi'n siŵr braidd, roedd Yncl Tom, brawd Nain, yn byw.'

Wrth iddyn nhw nesáu at res fechan o dai ar ochr dde'r ffordd, gwelodd Dewi hi'n chwilio efo'i bys am yr union dŷ.

'Ar ôl i Yncl Tom ein gadael ni, gadael y byd yma dwi'n feddwl, doedd byw na marw na châi Nain ddod yma i hawlio rhai o'r petha oedd yn perthyn i'r teulu yn ei hôl hi, rhag iddyn nhw fynd rhwng y cŵn a'r brain. Duw a ŵyr pwy oedd y cŵn a'r brain, os nad wyrion Yncl Tom. Sut bynnag, fe godd Nain dipyn o gywilydd arna i y diwrnod hwnnw. Roedd hi isio hawlio'r peth yma a'r peth arall o'r tŷ, petha nad oedd o fawr o werth, a deud y gwir. Ac fel y medri di ddychmygu, Dewi, fe lwyddodd hi i greu rhwyg yn y teulu yn fuan iawn, lle nad oedd unrhyw rwyg yn bod cyn hynny. Erbyn heddiw does gen i ddim cyswllt o gwbwl efo dim un o 'mherthnasau i o ochor Nain i'r teulu. Fe rois i fanylion ei hangladd hi yn y *Daily Post* ond ddaeth neb ohonyn nhw i'w chladdu hi, ac mi alla i ddallt pam.'

'Ond un o Dregarnedd oedd dy nain, ia ddim?'

'Ia, ond bod gweddill y teulu wedi chwalu, am wn i.'

'A theulu dy dad?'

'Fi ydi'r unig un ar ôl o deulu Hen Benrallt ac eithrio fy nhad ei hun, wrth gwrs, os ydi hwnnw'n dal yn fyw.'

Ar ôl arafu'r car i syllu ar hen gartra Yncl Tom, rhoddodd Elin ei throed ar y sbardun unwaith eto a buan y daeth tref Dinbych i'r golwg.

'Cadw i'r lôn ar y dde os mai am fynd adre dros Fynydd Hiraethog wyt ti.'

Roedden nhw wedi gorfod aros wrth y golau coch yng ngwaelod y dre, a'r Peugeot yn sefyll yn y lôn anghywir ym marn Dewi.

'Car pwy yw hwn, Mr Rhys? A phwy sy'n gyrru?'

'Chi, Miss Puw,' atebodd yntau yr un mor ffurfiol yn ôl. Fe wyddai, bellach, pa ffordd y bwriadai hi fynd yn ôl am adre... a pham.

Ddeng munud yn ddiweddarach, wrth iddyn nhw adael pentre Llanrhaeadr o'u hôl, dechreuodd Dewi bwyntio'n chwithig efo'i fraich dde at y mynyddoedd oedd mor gyfarwydd iddo. 'Moel Arthur, Moel Fame, Y Foel Dywyll, Moel Fenlli...' gan fynd ymlaen hefyd i enwi rhai o'r ffermydd. 'A dacw 'nghartre i!'

*

Roedd Caradog, brawd Dewi, allan ar y buarth pan gyrhaeddon nhw, a phedwar o gŵn defaid bychain trilliw yn gwthio yma ac acw rhwng ei draed gan fygwth ei faglu unrhyw funud. Un funud, roedd yr ast, eu mam, yn cadw llygad gwarchodol ar ei chriw bywiog, yna'r eiliad nesaf, wrth weld car dieithr yn cyrraedd, dechreuodd gyfarth yn heriol. Crychu ei aeliau a wnâi Crad wrth eu gweld nhw'n dod.

'Does ganddo fo ddim syniad pwy yden ni,' meddai Dewi, a'i lais yn llawn chwerthin distaw. 'Mae'r car yn ddierth iddo fo a dwi'n siŵr ei fod o'n ame mai Saeson wedi colli'n ffordd yden ni.'

Ar hynny, agorodd ei ffenest a gweiddi mewn acen grachaidd, 'Excuse me, old man! Are we on the right track for tha' place with the silly name Roo-thing?'

Bu hynny'n ddigon i gynhyrfu Crad a pheri iddo gamu'n bwrpasol ac yn fygythiol tuag atynt, nes iddo adnabod yr wyneb tu ôl i'r llais.

'O! Ti sydd yne'r cythrel! Da ni ddim yn dy weld di am fisoedd a dyne ti rŵan yn dechre dod bob wythnos, a gneud niwsans ohonot dy hun. Be sy'n bod arnat ti, beth bynnag?' meddai gan amneidio at y fraich a'r ysgwydd mewn rhwymyn. 'Wedi bod yn ymladd yn dy gwrw eto, mae'n siŵr A! A phwy yw hon, te?'

Camodd i ochr y dreifar o'r car, i ysgwyd llaw Elin.

'A be mae merch ifanc ddel fel chi yn ei wneud yng nghwmni'r rafil o frawd sydd gen i? Dewch i mewn am baned, ac fe adewn ni y brawd bach ar ôl yn y car.'

Yn dilyn yr hwyl diniwed, ac ar ôl mwynhau anwesu un o'r cŵn bach, cafodd Elin ei thywys i'r tŷ a'i chyflwyno yn fanno i rieni Dewi, a oedd yr un mor falch â Crad o gael estyn croeso iddi. Ond ysgwyd pen mewn anobaith a wnaeth Gwynfor Rhys pan sylwodd ar gyflwr braich ei fab. Doedd dim llawer mwy o gydymdeimlad ar wyneb y fam, chwaith. 'Beth nesa?' oedd y cwestiwn yn llygaid y ddau, cystal ag awgrymu bod Dewi mewn rhyw helynt byth a hefyd.

Er nad oedd eto'n drigain oed, roedd gan Gwynfor Rhys lond pen o wallt claerwyn trawiadol. Gwraig fechan o gorffolaeth oedd Gwyneth Rhys, y fam, ac roedd ei gwallt hithau hefyd wedi britho'n gynnar.

Cipiodd y tad ei sbectol oddi ar flaen ei drwyn a rhoi honno a'i gopi o'r *Farmers Weekly* o'r neilltu, cyn camu ymlaen i ysgwyd llaw Elin.

'A chi, rwy'n cymryd, ydi achos y wên barhaol sydd ar wyneb Dewi y dyddie hyn? A'r rheswm hefyd, mae'n siŵr, pam ei fod ar gyment o frys i ruthro'n ôl i Dregarnedd bnawn Sul dwethe? A phwy a wêl fai arno, on'de, Gwyneth?' meddai'n werthfawrogol gan droi at ei wraig a oedd hefyd yn gwenu'n llydan.

'Ie wir!' meddai honno, a chroesodd Elin lawr y stafell i ysgwyd ei llaw hithau.

'Ga i air efo chi a Crad, Nhad?' meddai Dewi, fel pe ar fympwy, ac aeth y tri allan i'r buarth i siarad.

'Tra maen nhw'n trafod allan yn fan 'ne, beth am i ni ein dwy hulio'r bwrdd at baned a thamed i'w fwyta, Elin?'

Bu'r awgrym yn ddigon i Elin deimlo'n gartrefol yn syth.

\*

'Wel? A be oeddet ti'n feddwl o 'nheulu fi te?'

Roedden nhw newydd adael Pwll-glas o'u hôl ac yn anelu am Gwyddelwern ac yna'r Bala.

'Clên iawn. Wyddost ti ddim mor lwcus wyt ti, Dewi, i fod â chymaint o deulu o dy gwmpas di fel 'na, i allu troi atyn nhw. Does gen i ddim cof o gwbwl am rwbath fel 'na yn fy mywyd i. I'r gwrthwynab a deud y gwir. Ers i fy nhad fynd, dwi wedi gorfod gofalu am Mam ac wedyn Nain. Nid na fyddwn i'n gneud yr un peth eto, wrth gwrs, pe bai raid, yn enwedig i Mam. Chafodd hi, yr hen dlawd, ddim llawar o fywyd mae gen i ofn… diolch i mi.'

Trodd Dewi ei ben yn sydyn i edrych arni. 'Be wyt ti'n feddwl, diolch i ti?'

'Wel, rhoi genedigaeth i mi roddodd gychwyn i salwch

Mam, mae'n debyg, er na ddaru'r MS ddim dechra amlygu'i hun am rai blynyddoedd wedyn.'

Rhythodd Dewi arni gan fethu celu'r anghredinedd o'i lais. 'Pwy ar y ddaear ddwedodd beth felly wrthet ti?'

'Nain.'

# Bwthyn y Gelli

D EFFRODD EFO'I PHEN yn ei gesail dde a'i thrwyn yn cosi yn ei farf. Fe ddylai hi gynhyrfu a theimlo'n euog o fod wedi treulio'r noson ym mreichiau dyn oedd yn gymharol ddiarth iddi, a hwnnw'n gwbl noeth. Fe ddylai hi deimlo cywilydd hefyd oherwydd ei noethni hi ei hun. Ond doedd dim euogrwydd, dim ond ymdeimlad o fodlonrwydd a chynhesrwydd a chariad.

*Does ond ychydig wythnosa ers i ti ddod i'w nabod o, a dyma'r eildro i ti fynd â fo i dy wely. A hynny dros nos y tro yma! Be ddwedai Nain?*

Gwenodd wrth sylweddoli nad oedd hi'n malio yr un iot beth fyddai barn Nain, hyd yn oed pe bai honno'n dal ar dir y byw.

*Beth pe bawn i'n mynd ag un o drugaredda Nain i Margiad Rowlands ei fyseddu? Be fyddai'r negas ddeuai'n ôl o'r byd nesa, os gwn i?*

'A! Rwyt ti wedi deffro.'

Rhaid ei fod wedi teimlo'i chorff hi'n chwerthin yn ddistaw.

'Dwi'n gorwedd yn fan 'me ers meitin yn gwrando arnat ti'n chwyrnu dros y tŷ.'

'Chwyrnu? Pwy fi?' Teimlodd Elin rywfaint o gywilydd y tro yma. Cododd ar un benelin a syllu i fyw ei lygad. 'Ddeudodd neb, erioed o'r blaen, fy mod i'n chwyrnu.'

'Yr un dyn wyt ti'n feddwl, mae'n siŵr?'

Anwybyddodd hi ei gellwair. 'Ddeudodd Nain, erioed, 'mod i'n chwyrnu. Mi fyddai hi, o bawb, yn siŵr o fod wedi edliw peth felly imi.'

Chwarddodd Dewi. 'Tynnu dy goes di, Elin fach! Dene i gyd. Rwyt ti wedi cysgu'n braf drwy'r nos, fel babi yn ei grud.'

'A titha wedi bod yn effro drwy'r nos, decini?' Suddodd yn ôl i'w gesail, i fwynhau cynhesrwydd ei gnawd.

Penderfyniad munud olaf a chwbl annisgwyl fu iddo dreulio'r nos yn Hen Benrallt, a hynny yn dilyn y sylw diniwed a wnaed ganddo fel roedden nhw'n nesu am Dregarnedd, ar eu ffordd yn ôl neithiwr. 'Y broblem fwye dwi'n gael efo'r ysgwydd ydi wrth dynnu a rhoi fy nghrys. Rhaid i'r fraich ddod allan o'r sling i mi allu gneud hynny ond rhaid bod yn ofalus rhag gyrru'r asgwrn o'i le cyn i hwnnw gael cyfle i asio'n iawn.' Roedd hi wedi ystyried ei eiriau am eiliadau hir wedyn cyn awgrymu'n swil, 'Fyddai'n well gen ti gysgu yn Hen Benrallt heno, fel y medra i dy helpu di i ddadwi... ym!... i dynnu dy grys?' ac ychwanegu'n frysiog wedyn mewn llais llawn embaras, 'Mae llofft Nain yn wag.' 'Mi fydde dy lofft di yn fwy cyfforddus i mi,' oedd ei ymateb parod yntau. 'I ni, yn hytrach!' A'r awgrym beiddgar hwnnw oedd ar feddwl y ddau, ddwy awr yn ddiweddarach, pan ddaeth yn amser iddyn nhw ddringo i'r llofft.

Byr a thrafferthus fu eu caru, fodd bynnag, diolch i ysgwydd boenus Dewi.

\*

'Ga i ofyn rhwbath i ti, Dewi?'
   'Dim byd anodd, gobeithio?'

Erbyn hyn, eisteddai'r ddau wrth fwrdd y gegin, uwchben eu hail baned o de.

'Ar ôl i ni gael cinio, a chyn i mi fynd â chdi adra, fyddet ti'n meindio dod efo fi i weld Margiad Rowlands?'

Wrth weld ei aeliau'n codi mewn cwestiwn, brysiodd Elin i egluro. 'Na, dim byd fel 'na! Isio'i holi hi ydw i am y llofruddiaeth gan mlynadd yn ôl.'

'Merch y ficer?'

'Ia. Mae'n siŵr bod Margiad yn cofio pobol yn sôn am y peth pan oedd hi'n iau. Falla bod llofruddiaetha yn llawar rhy gyffredin y dyddia yma, hyd yn oed yng nghefn gwlad Cymru, ond gan mlynadd yn ôl roedd mwrdwr yn cael ei weld yn rhwbath difrifol iawn, ac roedd y gosb yn dangos hynny.'

'Be? Eu crogi wyt ti'n feddwl?'

'Ia. Roedd digwyddiad dychrynllyd fel 'na yn siŵr o adael argraff fawr ar unrhyw ardal ond, yn rhyfadd iawn, chlywis i rioed mo Nain yn sôn gair am y llofruddiaeth yn Tai'r Gelli. Dyna pam 'mod i isio holi Margiad Rowlands ynglŷn â be mae hi'n wbod am y busnas ac os oedd yna unrhyw gysylltiad efo fy nheulu i. Fyddet ti'n meindio dod yno efo fi?'

*

'Roedden nhw'n addo hwn,' meddai Dewi, gan lygadu'r cymylau duon. 'Gwynt cryf a chawodydd trymion yn dod i mewn o'r môr.'

Arhosodd iddi gloi'r Peugeot bach ar Stryd Bron Gelli a dilynodd ef hi wedyn at y giât wichlyd, drom â'r mieri yn warchae amdani.

'Bydd yn ofalus rhag y drain. Mi allet ti golli llygad yn hawdd yma.'

'Iawn, Mam!' meddai yntau'n wamal ond gan wyro'n ufudd serch hynny. Yna, ar ôl ei dilyn hi drwy'r giât a chael ei draed ar y llwybr, edrychodd o'i gwmpas, 'Yma y gwelodd Hansel a Gretel yr hen wrach, mae'n siŵr?'

'Rwdlyn! Rŵan tyrd. Rwyt ti'n cerddad rŵan ar yr hen Ffordd Gelli, neu Ffordd Crawia fel mae amball un yn dal i'w galw hi.'

Prin bod lle ar y llwybr iddyn nhw gerdded ochr yn ochr heb orfod gwthio'u traed trwy wair a rhedyn tal, lle'r oedd ambell fiaren gudd hefyd yn barod i'w baglu.

'*Ffordd* ddeudist ti? *Ffordd* wyt ti'n galw peth fel 'ma?'

Anwybyddodd Elin ei goegni. 'Hen ffyrdd yn troi'n llwybrau a hen lwybrau yn diflannu i'r gwyllt,' meddai hi. 'Fy nhad ddeudodd y geiria yna wrtha i, rywdro, pan o'n i'n hogan fach, ac maen nhw wedi aros fel diharab ar fy nghof i byth.'

Oedodd rŵan ar hanner cam i syllu ar y cangau cyll oedd yn ymdrechu i gyffwrdd ei gilydd ac i greu bwa uwch eu pennau.

'Yma y bydda fo'n dod â fi i hel cnau, stalwm. Does bosib 'mod i fawr mwy na rhyw bedair neu bump oed ar y pryd.'

Sylwodd Dewi ar y nodyn o hiraeth yn ci llais.

'Ac yma hefyd,' meddai hi, gan ddefnyddio'i breichiau i bwyntio i ddau gyfeiriad gwahanol, 'rwla ar y dde a'r chwith o ble dan ni'n sefyll rŵan, oedd Tai Gelli yn arfar bod. Ond mae adfeilion rheini hefyd wedi hen ddiflannu i'r gwyllt ers blynyddoedd, wrth gwrs.'

Wrth i hyrddiad sydyn o wynt gynhyrfu brigau'r cyll uwch eu pennau, daeth cawod o ddail melynfrown i lawr o'u cwmpas a dechreuodd criw o frain grawcian yn stwrllyd ym mrigau uchaf y coed ynn o'u blaen. Tybiodd Dewi glywed Elin yn ceisio dynwared y synau hynny yn ei gwddf.

Oedodd i edrych o'i gwmpas. 'Mae'r lle 'ma fel rhyw ynys

wyllt yng nghanol y dre,' meddai, a'i lais yn llawn syndod. 'Wnes i erioed sylwi o'r blaen wrth fynd heibio yn y car.'

Ymhen hanner canllath daethant at giât Bwthyn Gelli, cartre Margiad Rowlands.

'Dyma pam bod hon yn cael ei galw'n Lôn Crawia,' eglurodd Elin, gan daro'i llaw ar y llechen agosaf at y giât. '*Crawen* ydi'r enw ar un, a *crawiau* ydi'r lluosog.'

'Diolch am y wers, Miss.'

Anwybyddodd Elin y sylw. 'Ac fe'i gweli di nhw hefyd yn fan'cw, yn ganllawia i'r Hen Bont, hen bont y Gelli. Ond maen nhw wedi cael eu llyncu gan y tyfiant gwyllt ym mhob man arall.' Yna, wrth i sŵn lorri drom daro ar eu clyw, 'Dacw hi'r Bont Newydd,' meddai hi.

A thrwy'r llwyni a'r deiliach trwchus cafodd Dewi gip ar y traffig oedd yn gwibio'n ôl a blaen ar y briffordd, prin ddeugain llath i ffwrdd.

'Mi fydd Margiad wedi'n gweld ni'n cyrraedd, gelli fentro,' meddai hi, gan wthio'r giât yn agored a cherdded trwyddi.

Wrth ei dilyn hi ar hyd llwybr byr yr ardd, syllodd Dewi o'i gwmpas gan ryfeddu bod unrhyw un call, heb sôn am hen wraig naw deg oed neu fwy, yn gallu byw mewn lle mor unig. 'Does ryfedd bod pobol Tregarnedd yn ei galw hi'n wrach,' meddai o dan ei wynt.

Gynted ag i Elin guro ar y drws, clywsant sŵn symud prysur tu mewn.

'Rho eiliad i mi, Elin!' gwaeddodd Margiad yn ei llais cryglyd.

Ond fe aeth yr eiliad yn ugain eiliad a mwy cyn i'r drws gael ei agor.

'Dowch i mewn i fama.' A phrysurodd Margiad i'w harwain wedyn i'r parlwr bach ar y dde.

Synhwyrodd Elin rywfaint o gyndynrwydd tu ôl i'r croeso a theimlodd ryw anniddigrwydd rhyfedd.

'Dwi'n disgwyl rhywun yma unrhyw funud,' eglurodd yr hen wraig, cystal ag awgrymu nad oedd ganddi lawer o amser iddyn nhw heddiw.

'Wnawn ni mo'ch cadw chi, Margiad Rowlands. Dewi ydi hwn, gyda llaw.'

'O! Mae'n dda gen i'ch cwarfod chi, machgan i.'

Sŵn swta a diamynedd eto, meddai Elin wrthi'i hun, a dim gwahoddiad chwaith i eistedd.

'Rŵan, sut fedra i dy helpu di, Elin?'

'Isio'ch holi chi oeddwn i am y llofruddiaeth, yma yn y Gelli, gan mlynadd yn ôl, pan gafodd merch y ficar ei lladd. Be wyddoch chi am yr hanas?'

'Roedd hynny ddeng mlynadd cyn i mi gael fy ngeni, 'mechan i, ond dwi'n cofio...'

Daeth sŵn bychan o rywle yng nghefn y tŷ gan beri i Elin a Dewi droi pen a chodi eu golygon.

'Y gath,' meddai Margiad, yn cynnig eglurhad parod. 'Mae hi'n mynnu neidio ar sil ffenast y gegin a tharo yn erbyn rhwbath neu'i gilydd byth a hefyd. Fy mai i am beidio gadal y drws cefn yn agorad iddi gael mynd allan. Sut bynnag, pan o'n i'n blentyn roedd hanas y mwrdwr yn dal yn fyw iawn ym meddylia pawb, yn enwedig yn y tŷ yma, fel y gelli di fentro.'

'Ac yn un o Dai'r Gelli y cafwyd hyd i'w chorff hi?'

'Yn un o'r adfeilion, ia. A hynny ond ryw hannar canllath o fama. Roedd pob un o'r tai wedi hen fynd â'i ben iddo erbyn hynny, wrth gwrs, diolch i'r teiffoid.'

'Y teiffoid?'

'Ia, roedd hwnnw'n salwch difrifol iawn yn y dyddia hynny, sef diwadd y ganrif cyn y ddwytha, a doedd neb yn siŵr iawn be oedd wedi'i achosi fo ar y pryd, nac yn siŵr chwaith sut i'w drin o. Mi fu nifar fawr o'r bobol oedd yn byw yn Tai'r Gelli farw; llawar ohonyn nhw'n blant, mae'n debyg.'

'Ac oherwydd y teiffoid yr aeth y tai i gyd yn wag?'

'Ia. Doedd neb isio byw yno wedyn, wrth gwrs. A phwy a welai fai arnyn nhw? A doedd neb isio dod yn ôl yno chwaith, mae'n debyg, hyd yn oed ar ôl iddyn nhw ddarganfod be oedd achos y teiffoid.'

'O? A be oedd yr achos, Margiad Rowlands?'

'Roedd y tai yn dibynnu ar ddŵr o'r ffynnon – Ffynnon Gelli – ond roedd dŵr carthffosiaeth a phob math o fudreddi wedi rhedag i mewn i honno rywsut neu'i gilydd. Dyna a glywais i, beth bynnag. Ydi hynna'n atab dy gwestiwn di?'

Sylwodd Elin eto ar y sŵn brys yn ei llais. 'Ac yn un o'r adfeilion hynny y cawson nhw hyd i gorff yr hogan druan?'

'Ia. Yn y tŷ pella o fama, y tŷ agosa at lle mae Stryd Bron Gelli heddiw.'

'Lle dwi wedi parcio'r car,' eglurodd Elin wrth Dewi, cyn troi eto at yr hen wraig: 'A ddaru nhw ddal y llofrudd?'

'Cwestiwn da! Dwi'n cofio bod pobol y lle ma'n dal i sôn am y peth ugain mlynadd a mwy yn ddiweddarach. Soldiar adra ar lif o'r rhyfal oedd yn cael y bai, mae'n debyg. Mab i sipsiwn oedd yn byw ar y Comin bryd hynny, lle mae'r Parc Chwara heddiw. Ond ddaeth o ddim adra'n ôl. Fe gafodd o ei ladd yn Ffrainc yn fuan wedyn.'

'Yng Ngwlad Belg!' meddai Dewi o dan ei wynt ond chlywodd Margiad mo'r cywiriad.

'Ond y stori oedd ei fod o wedi cyfadda cyn marw mai fo oedd wedi'i lladd hi. Llawn cystal na ddoth o ddim yn ôl yn fyw o'r rhyfal, felly, neu mi fasa fo wedi cael ei grogi yn y fan a'r lle. Yn ôl fy nhad, mi ddaru colli'r ferch mewn ffordd mor giaidd ddeud yn bur arw ar rieni'r hogan fach ac mae'n debyg bod ei thad hi, y ficar, wedi colli'i bwyll yn fuan iawn wedyn, a'i fod o'n crwydro strydoedd y dre 'ma, ganol nos, yn gneud y sŵn crio rhyfedda ac yn codi dychryn ar bobol.'

'Ydach chi ddim yn digwydd gwbod be oedd ei enw fo? Enw'r sipsi?'

'Un o'r Woods. Dyna a glywis i'n cael ei ddeud. Fe gafodd mab Siop Fawr hefyd ei ladd tua'r un pryd, mae'n debyg, ac roedd a wnelo fynta hefyd rwbath â'r busnas, ond paid â gofyn i mi be. Mae gen i go' plentyn am dad hwnnw – Moi Siop Fawr fel y bydda fo'n cael ei nabod – ond roedd o mewn tipyn o oed erbyn hynny ac wedi hen riteirio. Roedd yno blant erill hefyd, iau na'r un a laddwyd yn y rhyfal. Dau os y cofia i'n iawn. Mab a merch. A nhw, y brawd a'r chwaer, fu'n cadw'r siop am flynyddoedd wedyn. Dwi'n cofio bod gan y brawd wraig a theulu ond hen ferch oedd y chwaer, fel finna wel'di.' Gwenodd Margiad yn sychlyd cyn mynd ymlaen. 'Sut bynnag, mi glywis Nhad yn deud bod carafán y sipsiwn wedi diflannu liw nos, a bod hynny'n brawf pendant mai eu mab nhw oedd y llofrudd. A dyna'r cwbwl a wn i, 'ngenath i. Pam y diddordab, beth bynnag?'

'Rhywun ddaru grybwyll y llofruddiaeth, dyna i gyd, a gan fod yr hanas yn ddiarth i mi, a gan ein bod ni'n digwydd pasio, mi feddyliais i am eich holi chi, Margiad Rowlands.'

Celwydd bach hwylus a diniwed, meddai Elin wrthi'i hun.

Yna, gan na allai feddwl am gwestiwn arall i'w ofyn, trodd i adael, a gwnaeth Dewi yn yr un modd.

'Roedd hi'n awyddus iawn i'n gweld ni gadal dwi'n meddwl,' meddai Elin wrth gau'r giât ar ei hôl. 'Nid yn unig ei bod hi'n byrlymu siarad mwy nag arfar ond roedd hi'n brysio i atab pob cwestiwn er mwyn cael gwarad arnon ni. Gest ti'r argraff honno Dewi?'

'Do. Ac mi wn i pam.'

Edrychodd Elin arno, a'i hwyneb yn gwestiwn i gyd. 'Paid â deud dy fod titha wedi synhwyro hefyd?'

'Be? Bod ganddi rywun arall yn y tŷ, yn cuddio yn y gegin gefn? Fe glywest tithe'r sŵn, fel finne.'

'Nid y gath, ti'n meddwl?'

'Faint o gathod sydd ganddi hi?'

'Un, hyd y gwn i. Pam ti'n gofyn?'

'Wel dyne ti, felly. Sylwest ti ddim bod y gath yn eistedd ar garreg y drws fel roedden ni'n cyrredd?'

'Naddo. Pam?'

'Wel, pan welodd pws ni'n dod drwy'r giât, fe ddiflannodd hi i'r coed yng nghefn y tŷ. Felly, go brin mai'r gath honno oedd yn y gegin. Synnen i ddim nad oedd gan Margied Rowlands rywun arall yn y tŷ, yn aros i ni adel.'

'*Fancy man*, falla,' awgrymodd Elin, a llanwyd twnnel y coed o'u blaen efo sŵn eu chwerthin.

Pan oedden nhw ar fin gadael Ffordd Crawia i fynd nôl at y car, pwyntiodd Elin i'r drysi ar y dde i'r llwybr. 'I mewn yn fan 'na yn rhwla mae'r adfeilion roedd Margiad yn cyfeirio atyn nhw. Yr adfeilion lle cafodd y ferch ei lladd. Ond mae'r cwestiwn yn aros, Dewi. Os oedd y ddau Harri yn gariadon i fy hen, hen nain, yna ydi o'n bosib, wyt ti'n meddwl, mai un ohonyn nhw, sef Harri Wood, oedd y llofrudd?'

'Mae'r hen wraig yn credu hynny, beth bynnag.'

'Ac i feddwl ein bod ni'n dau, rhyw ddeufis yn ôl, yn sefyll uwchben ei fedd o.'

Chawson nhw ddim amser i oedi rhagor wrth i hyrddiad o wynt cryf ddod â chawod drom arall i'w ganlyn.

# 1.12

# Dyddlyfr Huw Ambrose Puw

DROS Y DYDDIAU nesaf, sgyrsiau ffôn yn unig fu rhwng Dewi ac Elin a hynny'n bennaf am i'r tywydd stormus wrthod gollwng gafael. Yn ystod un o'r sgyrsiau hynny, datgelodd Dewi ei fod yn mynd trwy ddyddlyfr yr hen Huw Ambrose Puw efo crib fân a bod ambell beth difyr eisoes wedi dod i'r wyneb.

'Falle y cawn ni drafod ar ôl y practis nos Iau?'

'A be am dy ysgwydd di? Ydi honno'n gwella?'

'Ydi. Llai o boen ynddi erbyn hyn ond dwi'n dal i orfod cario'r fraich mewn *sling*, am ryw hyd eto.'

'Mi fydd Josie yn hynod o falch o dy gael di'n ôl, beth bynnag, a hynny mewn da bryd at y cyngerdd blynyddol, nos Sadwrn.'

'Be? Dim ond Josie fydd yn falch? Be am y gyfeilyddes?'

'Ia, honno hefyd, falla. Wyt ti am i mi alw amdanat ti yn y car?'

'Na, fydd dim angen hynny Elin, gan eu bod nhw'n addo i'r tywydd wella. Ond fe gei di ddod â fi adre wedyn, cofia, rhag i mi orfod dod yn ôl fy hun bach i dŷ oer a thywyll. Neu fe allwn i ddod adre efo ti, rhag i tithe orfod gneud yr un peth.'

Doedd dim gwadu'r awgrym yn ei lais a gwenodd Elin er ei gwaethaf.

'Gawn ni weld,' meddai hi. 'Gawn ni weld!'

A thybiodd Dewi glywed mwy o addewid yn yr ailadrodd.

*

Cyn cychwyn allan, a rhag gorfod dod adref i dŷ oer, roedd hi wedi enhuddo'r tân yn y stôf, fel y gwelsai ei nain yn ei wneud fwy nag unwaith dros y blynyddoedd – llwch glo mân, a dail te gwlyb dros hwnnw wedyn, i fygu'r fflamau. A rŵan, trwy agor y ffliw a chreu cyfle i fwy o aer gael tynnu trwy'r düwch, gwelodd Elin y tân yn bywiogi o'r newydd. Gosododd ddau flocyn o goed sych ar ben y cyfan ac aros yn ei chwrcwd nes clywed y rheini'n clecian yn fywiog wrth i'r fflamau eu llyfu.

Trodd i weld Dewi, ar ôl gwneud ei hun yn gyfforddus yn y gadair freichiau, yn tynnu amlen drwchus allan o ffolder ei gopïau côr ac yn gwagio honno wedyn ar ei lin.

'A! Dy lyfr nodiadau di a dyddlyfr yr hen Huw Ambrose Puw,' meddai hi efo gwên. 'Mae'r ditectif wedi bod yn gneud ei waith yn drwyadl, dwi'n cymryd?'

'Fe synnet ti mor ddifyr ydi ambell beth yn y dyddlyfr.'

'Wel cyn i ti ddechra mynd trwy dy betha, be am i ni gael gwydryn bach o win coch? Y cynta i mi ers tridia,' ychwanegodd yn frysiog, wrth weld arwydd o bryder yn dod i'w lygaid, 'rhag i ti feddwl 'mod i'n gaeth i'r stwff.'

Doedd dim hiwmor i'w glywed yn ei chwerthiniad byr.

'Dwi'n cyfadda fy mod i wedi llyncu gormod ohono fo ers i Nain fynd, ond dwi'n llawar mwy cymedrol yn ddiweddar, ers i'r ditectif ddechra cadw llygad arna i.'

'Poeni amdanat ti, dyne i gyd.'

'Dwi'n gwbod hynny, 'nghariad i.' A phlygodd ato i'w gusanu. 'Ond mi wneith gwydriad bach fyd o les i ni'n dau rŵan ar ôl y practis calad gawson ni heno, ti efo dy lais a finna ar y berdoneg.'

'Berdoneg?' Roedd ei ddryswch yn amlwg. 'Be 'di peth felly?'

'Perdoneg!' meddai hi gan bwysleisio llythyren gynta'r gair. 'Paid a deud nad ydi pobol Dyffryn Clwyd yn gyfarwydd â'r hen air Cymraeg am biano?'

Ond, cyn iddo gael cyfle i ymateb i'w chellwair, roedd hi wedi ei adael am y gegin gan weiddi yr un mor smala dros ysgwydd wrth fynd, 'Ac mae'n siŵr na wyddost ti chwaith be oedd cerbydres.'

'Yr hen air Cymraeg da am drên, wrth gwrs!' gwaeddodd Dewi ar ei hôl ac efo tinc fuddugoliaethus yn ei lais. 'A sut ydw i'n gwybod?' gwaeddodd eto. 'Wel am fod dy hen, hen, hen daid di yn defnyddio'r gair yn ei ddyddiadur.'

Pan ddychwelodd Elin ymhen munud neu ddau, gwelodd fod Dewi yn awyddus i drafod cynnwys y dyddlyfr ac eisteddodd hithau yn y gadair arall wrth ei ymyl o flaen y tân, i wrando ar yr hyn roedd ganddo i'w ddweud.

'Dydi ei lawysgrifen ddim bob amser yn glir nac yn hawdd i'w darllen ac mae craffu arni yn rhy hir yn gallu codi cur pen ar rywun. Mae'r dyddlyfr yn dechre ar Fawrth y pedwerydd ar ddeg, 1915, ac yn mynd ymlaen i fis Mawrth 1919. Peder blynedd gyfan, efo dim ond un llinell ar gyfer pob diwrnod gan amlaf. Y cofnod cyntaf yn y llyfr ydi hwn,' ac mae Dewi'n pwyntio at y llinell berthnasol: '*Mawrth 14. Colli tair o longau i ni ac un o Ffrainc.* Yna, ar y llinell nesaf, sef y diwrnod wedyn, mae'n cyfeirio at *Sincio y Dresden perthynol ir Germans*. Ddau fis yn ddiweddarach, ar Fai y pymthegfed, mae'n cyfeirio at *Sincio y Lusitania gan long tanforawl Germanaidd.* Roedd yr hen Huw Ambrose yn darllen ei bapur newydd yn rheoledd ddyweden i, Elin. Lle arall fydde fo wedi cael y wybodeth? Oni bai bod fersiwn gynnar o Google ar gael yn Penrallt Ucha yn y dyddie hynny, wrth gwrs.'

Ei dro ef i dynnu coes oedd hi rŵan, ond prysurodd ymlaen cyn rhoi cyfle iddi ymateb: 'Dyma'i gofnod ar ddiwrnod olaf 1915 – *Diwedd y mis a diwedd y flwyddyn. Bydd llawer coffa amdani am oesoedd i ddod.* A dyma un cofnod ganddo ym mis Mehefin 1916 – *Pob peth wedi mynd yn sobor o ddrud efo angenrheidia dyn ac anifail.*'

Roedd Elin wedi taro'r ddau wydriad o win ar fwrdd bychan rhyngddyn nhw ac estynnodd Dewi yn chwithig efo'i law dde ddianaf tuag at ei wydryn a chymryd llwnc ohono, cyn troi eto at y ddau lyfryn agored ar ei lin.

'Sut bynnag, mae llawer mwy o gyfeiriade fel 'ne at y rhyfel, ond sôn am y tywydd mae dy hen daid gan amlaf. Mae'n cyfeirio at ryw storm fawr un flwyddyn pan gafodd y cynhaeaf ei ddifetha gan law trwm; dro arall mae'r tatws heb eu codi oherwydd tywydd gwlyb diddiwedd. Mewn lle arall mae'n cyfeirio at *fwrw smwc o eira heddiw* a'r flwyddyn ganlynol mae'n sôn am *heth a lluwchfeydd eira a'r ddaear yn rhewi'n gorn.* Falle mai dim ond cadw ambell anifel oedd o, Elin, ond ar adege, pan mae o'n sôn am *dywydd siomedig efo'r gwair* neu'n cyfeirio at *y fuwch yn ail ofyn tarw,* neu *rhoddi'r iâr frith i ori,* yna fe allet ti feddwl mai ffarmwr llawn amser oedd o, yn hytrach na saer maen efo'r cyngor sir.'

'Be? Saer maen? Wyddwn i mo hynny tan rŵan.'

'Mae'n cyfeirio at y tywydd bob diwrnod bron ac ato'i hun yn gwlychu at ei groen ambell ddiwrnod neu'n fferru at fêr ei esgyrn ac ynte wrthi'n trwsio bwlch mewn clawdd neu – A gwranda ar hyn, Elin! – yn *ailgodi crawia ar Lôn Gelli ar ôl i drol Lewis Carriar droi ar ei hochor a dymchwel cryn hannar dwsin ohonyn nhw.* Mewn lle arall mae'n cyfeirio at *Alis yn cael esgidiau cryfion newy am 13/4 a finna yn cael gwadnu fy hen esgidiau gwaith.* Dro arall mae'n sôn am rywun o'r enw *Humphrey Edwards yn cochwyn i'r America* neu'n cyfeirio at farwolaeth rhywun o'r enw *Huw Lloyd Twrna.* Dwi'n siŵr y bydde ambell hanesydd wrth ei fodd yn cael pori trwy hwn, Elin. Ond dyma dwi isie'i ddangos i ti rŵan...'

Gwyliodd hi ef yn byseddu trwy'r tudalennau nes dod o hyd i'r rhai oedd o ddiddordeb iddo.

'... Medi 1915 ydi'r dudalen yma a dyma sydd gyferbyn â'r deuddegfed o'r mis.'

Gwyrodd Elin yn nes ato i allu darllen y geiriau *'Elena yn caul ei blwudd yn un ar bymtheg heddiw ac yn tyfu yn ferch ieuanc hardd.'*

Trodd Dewi flwyddyn ymlaen yn y dyddlyfr i ddangos cyfeiriad tebyg: *'Bore heulog. Elena yn ddwy ar bymtheg oed heddyw.'*

'Yna hwn ar gyfer Medi y deuddegfed 1917: *Elena yn ddagreuol iawn ar ei blwudd. Hiraethu am y llofrudd mau gennuf ofn.'*

'Y llofrudd? At bwy roedd o'n cyfeirio, felly? Un o'r ddau Harri, mae'n siŵr? Rheini wedi eu lladd... Faint? Bum wythnos ynghynt?'

Yn hytrach nag ateb, trodd Dewi dudalen arall a phwyntio at y geiriau gyferbyn â *'Hydref 18'.* Newyddion yn llenwi cymaint â chwe llinell y tro yma. *'Mae E wedi dwyn gwarthrudd arni ei hun ac ar ei theulu. Maer gnawes fach wedi cyfadde heddiw ei bod yn feichiog ond yn gwrthod enwir tad. Duw a'n gwaredo os mair llofrudd yw tad ei phlentyn. Fe ddaw pawb yn Siloam ac yn y dref i wubod yn fuan iawn. Beth wedyn?'*

Eisteddodd Elin yn syfrdan am rai eiliadau. 'Y graduras fach!' meddai hi o'r diwedd. 'Chafodd hi fawr o gydymdeimlad, gartra, gafodd hi? Roedd barn pobol capal yn bwysicach, mae'n debyg.'

'Mae'n ymddangos felly. Os y cofi di, Elin, roedd Huw Ambrose Puw yn hanner cant oed pan anwyd Elena, ei unig blentyn, ac roedd o felly yn chwe deg ac wyth pan gafodd o glywed ei fod o'n mynd i fod yn daid.'

Cymerodd Dewi lymaid o'i win a gwnaeth Elin yr un peth.

'Wel, mae ambell gofnod dros y misoedd nesaf yn egluro rhwyfent ar y dryswch yn dy deulu di. Hwn, er enghraifft ar y pumed o Ragfyr yn yr un flwyddyn: *Elena yn dangos yn amlwg erbyn hyn. Pobol capel wedi dechreu sylwi ac yn sibrwd tu cefn i ni. Alis a finna yn cadw draw o'r oedfaon oherwudd cywiludd.* Ac yna hwn ym mis Ionawr: *Y Gweinidog newydd a Morris y pen blaenor (fo o bawb!) wedi galw yma neithiwr, i ddywedyd bod Elena wedi cael ei thorri allan o'r Seiat. Y fath warthrudd arnom fel teulu.'*

Gyda gwên fechan arwyddocaol, trodd Dewi dudalen arall.

'Ond fe styfnigodd dy hen daid dros y dyddie nesaf, chware teg iddo, oherwydd o fewn pythefnos roedd yn sgrifennu hyn: *Naw wfft iddynt hwy au capal, ac i Moi Siop yn fwy na neb. Pwy gânt i chwarar organ yn Siloam ar y Sul o hyn allan? A phwy yn y gymanfa ganu? Yr hen Lisi Owen efalla? Mae honno yn rhy gricymalog ei dwylo a'i choesa i chwara unrhiw dôn yn gywir.'*

Chwarddodd Elin. 'Ia, da iawn fo!'

'Ond gwranda ar hyn!' meddai Dewi. 'Pwy meddet ti oedd Moi Siop neu Morris y pen blaenor?'

'Nid…?' Roedd y wên yn dal ar ei hwyneb hi.

'Ia, ti'n iawn! Neb llai nag Owen Thomas Morris, tad Henry Thomas Morris, neu Harri'r Ail.'

'Felly does bosib mai Henry oedd tad y plentyn. Roedd Margiad Rowlands yn iawn, felly. Harri Wood oedd o!'

'Does dim sicrwydd o hynny hyd yma, Elin. Sut bynnag, yn ôl y dyddlyfr fe gafodd y plentyn ei eni ar Ebrill yr wythfed 1918 a'i gofrestru dridie'n ddiweddarach efo'r enw Ambrose Morgan Pugh. Ond hwn ydi'r cofnod diddorol gan yr hen ddyn: *Ebrill 12. Y cyw gweinidog wedi galw bnawn heddyw i gynnig dod yma i fedyddio Ambrose bach ond fe rois i ei hyd ai led iddo fo yn fuan iawn.* A dyna, falle, Elin, ydi'r rheswm pam na chafodd Ambrose Morgan, na dy daid, na dy dad, na thithe chwaith efalle, eich bedyddio. Roeddech chi fel teulu wedi cefnu ar grefydd ac ar gapel. A'r hyn sy'n ddiddorol, wrth gwrs, ydi mai Harri oedd yr enw a roddodd Ambrose Morgan Pugh ar ei fab, sef dy daid di, pan anwyd hwnnw, ugain mlynedd yn ddiweddarach. Prawf reit bendant, ddweden i, ei fod yn gwybod mai Harri Wood y sipsi oedd ei dad ef ei hun.'

'Ond pam ddaru'r hen Nain Elena newid y *Puw* i *Pugh*? Pam hynny meddat ti?'

'Does wybod. Ond rhaid i ti gofio mai rhyw neidio yma ac acw trwy'r dyddlyfr rydw i wedi'i wneud hyd yma, gan drio dilyn un trywydd penodol. Mae llawer mwy i ddod eto, dwi'n siŵr, ond i mi gael amser i ddarllen pethe mewn trefn.' Caeodd Dewi y dyddlyfr a'i ddal o'i flaen. 'Mae yma gant saith deg a dwy o dudalenne i gyd ac mae llawysgrifen yr hen Huw Ambrose Puw, yr hen, hen, hen daid, yn anodd iawn i'w darllen ar y gore.'

'A dydi'r holl gamsillafu a diffyg atalnodi ddim yn gneud petha'n ddim haws iti, mae'n siŵr.'

'Mwy nag yw'r ffaith bod ambell dudalen wedi baeddu, neu gael ei phlygu i bob siâp, yn hwyluso pethe chwaith.

Dw i'n ame bod yr hen Huw Ambrose wedi sgrifennu ambell beth tra'r oedd o wrthi'n bwydo'r moch neu'n hel wye'r ieir.'

Chwarddodd Elin ac yna gwagio'i gwydryn. 'Gan y bydd gan Ditectif Rhys ddigon o amsar rhydd dros y dyddia nesa, yna dwi'n ffyddiog y bydd pob dim yn cael ei ddatrys yn fuan iawn. A phwy sydd i ddeud na fyddi di'n sgwennu hanas dy ddarganfyddiada mewn llyfr? *A Hundred Year Old Murder Solved*. Dyna i ti deitl da! Neu be am *Detective Inspector Rhys*... Ti'n sylwi dy fod ti wedi cael dyrchafiad gen i'n barod! *Detective Inspector Rhys Solves Tai Gelli Mystery.*'

'Rho'r gore i dy rwdlan, Elin Puw. Rŵan, cyn i ni noswylio, beth am i ti roi datganiad o *Dagre'r Garnedd Lwyd* ar y ffidil?'

'Noswylio? Mi fyddai'n rheitiach i'r ditectif gychwyn adra yr eiliad 'ma os ydi o am gyrradd ei wely cyn hannar nos.'

Gan fod ei chellwair hi mor amlwg, cododd Dewi i estyn y ffidil oddi ar y piano. 'Rŵan gwna fel rydw i'n dweud neu...'

'Neu be, os gwn i, Syr? Dwi'n crynu mewn ofn.'

Ugain munud yn ddiweddarach roedd y ddau yn dringo'r grisiau law yn llaw.

# Y Cyngerdd Blynyddol

Roedd Elin wrthi'n taflu un olwg arall i'r drych cyn cychwyn am y car pan ganodd y ffôn.

*Pwy ar y ddaear sydd yna rŵan? A finna ar gymaint o frys i fynd i'r cyngerdd.*

Edrychodd ar ei wats. Prin awr oedd ganddi wrth gefn.

'Helô! Pwy sy 'na?' Er ei gwaethaf, methodd gadw'r dinc ddiamynedd o'i llais.

'Elin? O, diolch 'mod i wedi cael gafael arnat ti mewn pryd.'

'Josie? Ti sy 'na? Be sy'n bod?' Oedd rhywbeth anffodus arall wedi digwydd i Dewi? Dyna'r ofn a ddaeth gyntaf i'w meddwl.

'Catastroffi mae gen i ofn, Elin. Dwi newydd dderbyn neges, yr eiliad 'ma, oddi wrth Adam Hopkin, ein hunawdydd ni. Damwain go ddrwg ar yr A55 ar y Rhuallt, tu draw i Lanelwy, ac mae o a'i gyfeilydd wedi cael eu dal yn ôl yn y traffig trwm, heb obaith o gael symud ymlaen nac yn ôl am oria eto, mae'n beryg. "Mae'n shambles yma!" Dyna ddeudodd o.'

'Be fydd yn digwydd felly, Josie? Fyddi di'n canslo'r cyngerdd? Neu yn ei daflu ymlaen i ryw nos Sadwrn arall?'

'Fedra i ddim gneud hynny, Elin. Mae rhai o'r gynulleidfa wedi cyrraedd yn barod.'

'Be wnei di felly? Mae'n hwyr yn y dydd i gael neb yn ei le fo.'

'Dyna pam dwi mor falch o fod wedi dy ddal di cyn i ti gychwyn o'r tŷ. Isio gofyn a fasat ti'n barod i lenwi bwlch trwy roi riseital byr ar y piano.'

'Ew annwyl na!' Roedd y dychryn yn dew yn ei llais. 'Dydw i rioed wedi gneud y fath beth o'r blaen, Josie. Dydw i ddim digon da, coelia fi.'

'Nonsans, Elin! Wrth gwrs dy fod ti'n ddigon da. Be ti'n ddeud?'

'Na, wir. Mi fasa'n well gen i beidio, cofia.'

'Wel, fydd dim dewis ond canslo felly, ac ad-dalu pris pob ticad sydd wedi'i werthu.'

Teimlai Josie'n euog o fod yn gosod y fath bwysau annheg ar ei chyfeilyddes. 'Ond pa ddewis arall sydd?' meddai wrthi'i hun.

'Wel, olreit ta,' oedd yr ymateb cyndyn. 'Mi wna i chwilio am gopi neu ddau i ddod efo fi.'

'Diolch iti Elin. Mi fydd y côr yn gwerthfawrogi'r gymwynas, coelia fi. Fyddet ti'n barod i roi rhyw ddeng munud yn ystod hanner cynta'r cyngerdd a rhywbeth tebyg yn yr ail hanner? O! A chofia mai yn y ffrogiau llaes y byddwn ni heno,' ychwanegodd. 'Mae lliw honno'n gweddu i'r dim iti, os ca i ddeud, ac yn gweddu hefyd efo lliwiau'r côr.'

Aeth y ffôn yn fud cyn i Elin gael cyfle i ymateb y tro yma.

\*

Lledodd ochenaid o siom drwy'r neuadd pan eglurodd Josie, ar gychwyn y noson, pam bod Adam Hopkin, y tenor ifanc, wedi gorfod torri ei gyhoeddiad. Pan aeth ymlaen wedyn i gyhoeddi bod Elin Puw, cyfeilyddes y côr, wedi cytuno i lenwi'r bwlch trwy gyflwyno rhai o'i hoff ddarnau ar y piano, yna roedd y tawelwch i ddilyn yn siarad cyfrolau ac yn tanlinellu diflastod y gynulleidfa. Doedd neb yn fwy ymwybodol o'r siom nag Elin ei hun, na neb yn teimlo mwy drosti na Dewi Rhys.

Buan yr ymlaciodd pawb, fodd bynnag, wrth i'r côr gyflwyno y tair cân gyntaf ar y rhaglen, ac roedd y gymeradwyaeth yn hael i bob datganiad, yn enwedig i'r trydydd darn, sef trefniant Josie ei hun o'r drydedd salm ar hugain.

'Gan fod Elin yn rhy swil i gyflwyno ei darn cyntaf...'

Oedodd Josie yn ddigon hir i weld nifer yn y gynulleidfa yn gwenu eu cydymdeimlad.

'... yna mae'r gwaith pleserus hwnnw yn syrthio arna i. Mae hi am ddechra efo'i threfniant hi ei hun o'r gân adnabyddus "Some Enchanted Evening" allan o'r sioe *South Pacific*, a dilyn honno efo trefniant arall ganddi o'r *theme music* i'r ffilm *The Legend of the Glass Mountain*.'

Er nad oedd disgwyliadau'r gynulleidfa yn uchel, buan serch hynny y cafodd pawb eu cyfareddu gan ddehongliad meistrolgar Elin Puw o'r gerddoriaeth adnabyddus. A phan aeth hi ymlaen wedyn i gyflwyno'i threfniant cynhyrfus ei hun o'r ail ddarn, roedd pawb yn syfrdan.

'Lle ddaru hi ddysgu chwara cystal â hynna?' oedd y cwestiwn ar sawl gwefus.

'Doedd hi ddim hyd yn oed yn iwsio copi,' meddai rhywun arall, a buan yr aeth y sylw hwnnw hefyd o glust i glust ac o un pen y rhes i'r llall.

Roedd aelodau'r côr yn cymeradwyo, ond Dewi Rhys a deimlai'r balchder mwyaf, wrth glywed y fath ymateb greddfol oddi wrth y gynulleidfa ac wrth weld ei rieni a Crad ei frawd yno hefyd, yn cymeradwyo cymaint â neb. Roedd wedi anfon tri thocyn iddyn nhw mewn da bryd ond heb dderbyn gair i gadarnhau y bydden nhw'n dod ai peidio. Ond yma yr oedden nhw, yn mwynhau perfformiad y côr, yn ogystal â datganiadau Elin ar y piano.

Daeth rhan gyntaf y cyngerdd i ben efo'r côr yn cyflwyno

pedair cân, gan ddiweddu y tro hwn efo trefniant cerddorol Eric Jones i gerdd Waldo Williams i'r 'Tangnefeddwyr'.

*

'Dwi mor ddiolchgar iti, Elin!'

Roedd y côr wedi gadael y llwyfan yn ystod yr egwyl ac yn mwynhau dewis o ddiod oer yn stafell gefn y neuadd.

'Nid yn unig am lenwi bwlch ar y fath fyr rybudd ond am wneud hynny mor wych. Wn i ddim wyt ti'n sylweddoli cymaint o dalent sydd gen ti.'

Teimlodd Elin ei hun yn gwrido er ei gwaethaf. Doedd Nain erioed wedi ei hannog hi i hogi ei thalent, na chwaith, dros y blynyddoedd, wedi cynnig gair o ganmoliaeth wrth ei chlywed hi'n ymarfer. Dyna pam bod ymateb y gynulleidfa a Josie a gweddill y côr yn brofiad mor ddieithr a phleserus iddi.

'Isio gofyn dy farn, Josie.'

'Ar be, felly?'

'Ddim yn siŵr be ddylwn i neud yn yr ail hannar.'

'Mwy o'r un math o beth, wrth gwrs. Pam? Be sydd ar dy feddwl di?'

'Wel, mae cynulleidfa yn mwynhau gwrando ar betha sy'n gyfarwydd iddyn nhw, a'r rheini'n bethau telynegol, yn hytrach na gorfod gwrando ar ddarna sydd falla'n hollol ddiarth a mwy clasurol.'

Nodiodd yr arweinyddes ei phen i ddangos ei bod hi'n dilyn rhesymeg Elin ac arhosodd wedyn am eglurhad llawnach ganddi.

'Dwi wedi dod â'r ffidil efo fi, Josie, a dwi'n teimlo bod gen i well amrywiaeth o ddarnau i'w chwara ar honno yn yr ail hannar, nag ar y piano. Hynny ydi, darna o gerddoriaeth mae'r gynulleidfa yn debygol o'u mwynhau.'

'Elin bach! Gwna di fel lici di, ond y cwbwl ddweda i ydi bod y gynulleidfa wedi mwynhau pob nodyn gen ti yn yr hanner cynta. Ond os wyt ti'n meddwl y gwnân nhw fwynhau'r ffidil cystal â'r piano, yna gwna di hynny ar bob cyfri.'

'Ond dydw i ddim isio i neb feddwl 'mod i'n dangos fy hun.'

Gwenodd Josie ac estyn am ei darn papur a'i beiro. 'Dim o'r fath beth. Rŵan, pa ddarnau wyt ti am i mi eu cyflwyno yn yr ail hanner?'

\*

Cynhyrfodd Dewi, yn sŵn cymeradwyaeth y gynulleidfa, wrth wylio Josie ac Elin yn dod yn ôl i'r llwyfan ar gyfer yr ail ran, y ddwy yn eu ffrogiau llaes o liw grug ifanc a defnydd rheini'n glynu'n ddeniadol i amlinellu siâp cyrff y ddwy. Fel gweddill merched y côr, ond bod rheini mewn ffrogiau glas, gwisgent froits ar siâp pluen arian hir uwchben y fron chwith. Ym meddwl Dewi, roedd Josie yn wraig ifanc olygus ond Elin, heb os, oedd y fwyaf trawiadol o'r ddwy, gan ei bod hi mor dal a siapus a'i gwallt yn syrthio'n donnau duon dros ei hysgwyddau.

Ar ôl moesymgrymu'n gynnil i gydnabod y derbyniad, camodd Josie i flaen y llwyfan ac Elin i gymryd ei lle ar stôl y piano.

'Wow!' meddai Alex Vaughan, yng nghlust Dewi. 'Ti'n ddiawl lwcus!'

'Dwi'n gwybod,' meddai hwnnw o dan ei wynt, a chynhyrfu mwy wrth sylwi ar y ffidil yn llaw Elin. *Dagrau'r Garnedd Lwyd* ddaeth i'w feddwl. Ond sut fyddai peth felly yn gweddu i gyngerdd fel hwn? Ac a fyddai ei llwyddiant hi yn y rhan gyntaf yn pylu yn sŵn y fiolín?

Gwyliodd hi'n gosod yr offeryn yn ddi-hid ar lawr y

llwyfan, ger talcen y piano, ac allan o olwg y gynulleidfa, a chroesodd ei fysedd.

'A rŵan mae'n bleser gen i alw unwaith eto ar Elin Puw i gyflwyno'i chyfraniad hi i ail ran y cyngerdd.'

Roedd y wên ar wyneb Josie yn arwydd ei bod hi wedi cael ei phlesio'n fawr gan ymateb y gynulleidfa i'r caneuon yr oedd y côr newydd eu cyflwyno ond gwenodd yn lletach rŵan wrth glywed y gymeradwyaeth i Elin.

'A hynny ar y fiolín y tro yma.'

Er mai mân ocheneidiau oedd i'w clywed yma ac acw o'r gynulleidfa, eto i gyd doedd dim gwadu bod y siom yn gyffredinol. Roedd pawb, yn amlwg, wedi disgwyl mwy o'r hyn a gaed yn y rhan gyntaf.

'Mae Elin am gyflwyno medli o ganeuon fydd yn adnabyddus i bob un ohonoch chi dwi'n siŵr. Bydd yn dechrau efo *The Rose*, sef cân a wnaed yn enwog gan Bette Midler rai blynyddoedd yn ôl, cyn symud ymlaen wedyn i'r ffefryn *You Raise Me Up*, cân a gaiff ei chysylltu'n bennaf efo *Westlife* neu'r *Righteous Brothers*. Gyda llaw, os ydach chi'n hoff o'r gân yma, yna ga i argymell eich bod chi'n mynd ar y we i wrando ar y ddau blentyn anhygoel, Jeffrey Li & Celine Tam, yn ei chanu hi. Sut bynnag, mi fydd Elin Puw yn dod â'i chyflwyniad i ben efo detholiad o gerddoriaeth Andrew Lloyd Webber.'

Camodd Josie o'r neilltu a galw ar Elin ymlaen. Claear braidd oedd y gefnogaeth y tro yma a theimlodd Dewi'r tyndra yn ei gorff ac yn ei nerfau wrth ei gwylio hi'n taflu'r tresi gwallt yn ôl dros ei hysgwydd chwith cyn codi'r ffidil at ei gên.

Llifodd y munudau nesaf heibio wrth i bawb gael eu cyfareddu, nid yn unig gan nodau'r ffidil ond gan y berfformwraig ei hun. Roedd ei chorff siapus hi, yn y ffrog liwgar dynn, a'i holl ymarweddiad yn hawlio sylw pawb.

'Ti'n ddiawl lwcus!'

Alex Vaughan eto'n sibrwd yn ei glust ond roedd Dewi wedi ymgolli gormod rŵan i wrando arno.

O sylwi ar wynebau'r gynulleidfa, hawdd oedd credu bod y rhan fwyaf ohonyn nhw'n hymian y caneuon cyfarwydd yn eu pennau tra ar yr un pryd yn rhyfeddu at ddawn y feiolinydd; y ddawn i dynnu mêl o'r tannau tyn, chwedl rhywun, rywdro. Pan ddaeth y cyflwyniad i ben efo dehongliad Elin o *Don't Cry For Me Argentina*, ac fel roedd adlais y nodyn olaf yn cilio i nenfwd y neuadd, cododd y gynulleidfa fel un, i gymeradwyo, gan greu awyrgylch drydanol. Roedd y rhan fwyaf oedd yno'n ymwybodol eu bod newydd fod yn gwrando ar dalent arbennig iawn. O'r sedd tu ôl iddo, clywodd Gordon Jones y geiriau 'Wyddwn i ddim bod gynnon ni'r fath dalent, yma yn Nhregarnedd.' 'Na finna chwaith,' meddai'r twrnai wrtho'i hun, a gyda gwên fodlon.

Gwelodd Dewi y deigryn yn llygad Elin a theimlodd y fath falchder drosti. Gwyliodd hi'n moesymgrymu'r mymryn lleiaf i gydnabod y gymeradwyaeth ac yna'n cilio'n ôl yn swil a dirodres tuag at stôl y piano. Ond cyn iddi gael eistedd, roedd Josie eisoes wedi camu ymlaen i'w hannog hi i berfformio un darn arall fel *encore* ac iddi gyflwyno hwnnw drosti'i hun.

'Diolch i chi am fod mor garedig,' meddai Elin i'r meicroffon, mewn llais nad oedd fawr uwch na sibrydiad. 'I orffen, fe garwn i chwarae rhywbeth â naws leol iddo fo. Ei enw ydi *Dagrau'r Garnedd Lwyd*. Gobeithio y gwnewch chi ei fwynhau.'

Synhwyrodd Dewi'n fuan rŵan mai rhai yn unig yn y gynulleidfa oedd yn gallu gwerthfawrogi'r alaw ddieithr ond bod y gweddill hefyd yn synhwyro'r dalent oedd yn cael ei harddangos. Yna, wrth i'r gymeradwyaeth dawelu, camodd Josie ymlaen i roi gair byr o eglurhad.

'Roedd Elin yn llawer rhy swil, gyfeillion, i ddeud wrthach chi mai hi ei hun ddaru gyfansoddi'r darn yna.'

Dewi Rhys oedd un o'r rhai cyntaf i sefyll ac i gymeradwyo trwy ddyrnu ei glun efo'i law rydd. Chwiliodd am ei rieni a'i frawd yn y gynulleidfa a theimlo balchder wrth eu gweld hwythau hefyd ar eu traed ac yn cymeradwyo'n eiddgar.

Pan ddaeth y cyngerdd i ben efo perfformiad y côr o *Hafan Gobaith*, hawdd oedd gweld bod pawb wedi cael eu plesio'n arw gan y rhaglen.

*

'Dewi! That was great!'

'Ah! Glad to see that you could make it, Walshie. You needed a bit of Welsh culture.'

'So Anwen keeps telling me,' meddai'r Sais gan droi at ei wraig am gadarnhad. 'But who was that violinist? I can't claim to know much about musical talent but she was really something!'

Erbyn hyn, roedd y neuadd yn prysur wagio, er bod amryw hefyd wedi oedi yma ac acw ar lawr y neuadd i sgwrsio.

'You'll have to meet her then... Elin!' galwodd. 'Oes gen ti eiliad i gwarfod Clifford Walsh ac Anwen ei wraig? Mae Walshie a finna'n gweithio efo'n gilydd bob diwrnod.'

Ar ôl eu cyflwyno, ac i'r ddau briod gael llongyfarch y côr ac Elin yn bennaf, fe gofiodd y Sais fod ganddo neges i Dewi.

'A chap came to the yard this afternoon, enquiring about you.'

'Enquiring about what? Who was he?'

'Wanted to know where you lived, how old you were, whether you were married or not. He was a complete stranger to me.'

'And what did you tell him?'

'Nothing, except where you lived. I thought perhaps he had a right to know that, but the rest was none of his business in my opinion.'

'Was he Welsh?'

'Hard to tell. He didn't have much of a Welsh accent. But listen! He was here for tonight's concert.' Trodd i chwilio. 'There he is, just going out now!'

Edrychodd Dewi at ddrws y neuadd. 'Wyt ti'n nabod nacw sy'n mynd allan rŵan, Elin?'

Trodd hithau, a gwelwi wrth weld y dieithryn yn pwyso eiliad ar ei ffon ac yna, efo'i law rydd, yn taro'i gap ar ei ben.

'Dyna fo! Hwnna ydi'r dyn, Dewi! Yr un dw i'n ama sydd wedi bod yn cadw llygad arna i.'

Yn yr un eiliad, gwelodd rywun arall yng nghefn y neuadd yn ceisio tynnu ei llygad trwy sioe o glapio dwylo distaw i gyfleu ei gymeradwyaeth. Gordon Jones! A'i wraig hefyd yn gwneud yr un peth. Gwenodd Elin ei diolch swil a chodi llaw gynnil yn ôl arno a nodio'i phen i gydnabod ei diolch mud.

'Be? Y stelciwr? Mi ga i air efo fo rŵan.'

Ond fel roedd o'n cychwyn ar ôl y dieithryn, i'w holi, gwelodd Dewi ei rieni a'i frawd yn dod tuag ato o gefn y neuadd, a'u gwên yn brawf eu bod wedi mwynhau'r cyngerdd a'u bod yn falch o fod wedi teithio'r holl ffordd o Ddyffryn Clwyd.

'Da iawn!' oedd eu sylw am y côr. 'Arbennig iawn, iawn!' oedd eu canmoliaeth i Elin, a theimlodd Dewi ei hun yn chwyddo, er ei waethaf, wrth weld y tri yn eu tro yn cofleidio'i gariad; Crad yn hwy na neb, sylwodd, ac yna mewn hanner sibrydiad oedd yn ddigon uchel i bawb ohonyn nhw ei glywed, 'Pam wyt ti'n gwastraffu dy amser efo'r pwdryn un fraich yma? Mi fyddai ffarmwr cyhyrog yn gneud gwell gŵr o lawer iti!'

Chwarddodd pawb, gan gynnwys Anwen, ac yna Walshie hefyd ar ôl i'w wraig gyfieithu iddo.

'Cradog, rhag dy gwilydd di!' meddai ei fam, yn smalio dwrdio.

Ar ôl ffarwelio â'i gydweithiwr a'i wraig, gwahoddodd Dewi ei deulu i'w gartref am damaid o swper cyn cychwyn yn ôl ond gwrthododd y tri gan ddadlau bod ganddyn nhw awr eto o siwrnai o'u blaen. Yna, tra'r oedd Elin yn siarad efo'i fam, manteisiodd Dewi ar y cyfle i holi ei dad a'i frawd.

'Ddaethoch chi â fo?'

'Do. Mae o yn y car,' meddai Crad. 'Lle mae dy gar di?'

Arwyddodd Dewi at ei fraich gaeth i ddangos nad oedd o mewn cyflwr i yrru dim byd. 'Yng nghar Elin y dois i yma.'

'Wel gofyn iddi am yr allwedd fel y medrwn ni ei daro fo yn ei char hi.'

'Iawn, ond dim gair wrth Elin ei hun, cofia. Dwi am iddo fo fod yn syrpreis iddi.'

*

Ddeng munud yn ddiweddarach, ar ôl ffarwelio â'r teulu, roedd y ddau yn cychwyn i fyny am Hen Benrallt, yn llawn cyffro o hyd yn dilyn llwyddiant y noson.

'Mi fydda i'n hir iawn cyn gallu cysgu heno.'

'Finne hefyd. Ac mi fydda i'n pendroni hefyd ynglŷn â'r dyn dierth ne sydd wedi bod yn dy ddilyn di ac sydd rŵan wedi dechre holi amdana inne hefyd. Os y gwela i fo ar y stryd, yna mi fydde i'n gofyn iddo fo yn blwmp ac yn blaen.'

Wrth barcio'r car yn nhalcen y tŷ, cododd Elin ei llaw fel rhybudd i Dewi fod yn dawel.

'Glywist ti'r sŵn na rŵan?'

'Sŵn? Pa sŵn?' meddai yntau, gan droi draw i guddio'i wên.

'Sŵn gwichian neu rwbath.'

'Dy gar di sy'n mynd yn hen ac yn dechre protestio mae'n siŵr. Ond aros, mi â i chwilio yn y cefn, rhag ofn.'

Erbyn i Elin ddringo allan o'r car roedd Dewi yn cau'r gist gefn ac yn dod tuag ati, yn cario bocs cardbord yn ei fraich rydd.

'Tyrd i'r tŷ!' meddai. 'Mae gen i bresant bach i ti.'

Ar ôl mynd trwodd i'r gegin, gosododd y bocs yn ofalus ar y bwrdd a chlywodd Elin yr un sŵn unwaith eto. Mwy o sŵn cwynfan na gwichian y tro yma. Sylwodd hi hefyd fod nifer o dyllau yn y caead.

'Be?'

Arhosodd Dewi iddi roi ei ffrog côr i hongian ar fachyn ar gefn y drws, yna cododd y caead ac estyn yn ofalus i mewn i'r bocs.

'Aaaa!' meddai hi, yn gyffro i gyd, pan welodd hi'r ci bach coch a gwyn yn ymddangos; yr un â'r glust dde yn goch a'r un chwith yn wyn.

'Hwn oedd dy ffefryn di, ia ddim? Wel, ti sy pia fo rŵan. Hynny ydi, os wyt ti'i isie fo, wrth gwrs.'

'Dwi wedi bod isio ci defaid erioed,' meddai hi'n gynhyrfus, gan gymryd y cenau bach yn ei breichiau i'w fwytho, 'ond doedd Nain byth yn fodlon i mi gael unrhyw fath o anifail yn y tŷ.'

'Mae Crad wedi gneud ei ore i gael trefn arno fo ond mae mwy eto o waith, wrth gwrs. Os wyt ti am ei gadw fo, yna dy broblem fwyaf di fydd gwybod beth i'w neud efo fo yn ystod y dydd, tra'r wyt ti yn dy waith.'

'Cwestiwn gwirion! Wrth gwrs 'mod i'n mynd i'w gadw fo,' ac anwesodd yr anifail bach rhwng ei hysgwydd a'i chlust, fel ffordd o bwysleisio ei phenderfyniad. 'A thra'i fod o'n fach fel hyn, fe geith ddod efo fi i'r swyddfa bob dydd. Wneith Gordon Jones ddim gwrthwynebu. Mae hwnnw'n wirion am gŵn ei hun. Mae o a'i wraig yn cadw tri pŵdl gwyn, i ti gael dallt.'

'Dwi'n falch. Ro'n i wedi poeni ers tro amdanat ti i fyny yn fan 'ma ar dy ben dy hun bob nos, yn enwedig ar ôl i ti sôn am y dyn diarth 'ne; hwnne welson ni yn gadael y neuadd gynne. Rho di flwyddyn i hwn ac mi fydd o'n gi gwarchod arbennig iawn, gei di weld. Ac mae yma ddigon o le iddo fo gael rhedeg yn wyllt o gwmpas y tŷ, a chadw'n iach yr un pryd. A phaid â phoeni os bydd defed o gwmpas; mae Crad wedi gofalu ei fod o'n bihafio yng nghwmni rheini.'

'Oes ganddo fo enw?'

'Na, ddim eto. Oes gen ti syniad am un?'

'Oes. Eidw.'

'Eidw? Pa fath o enw ydy hwnne?'

'Y peth agosa fedra i'i gael at dy enw di. Mi fydd Eidw yn rhannu llofft efo fi heno.'

'A be am Dewi?'

'Ia, hwnnw hefyd, os bydd o'n hogyn da.'

'Hogyn da? Dydw i'n addo dim byd o'r fath! Rŵan, be gawn ni i ddathlu llwyddiant heno a dyfodiad Eidw?'

'Fe gei *di* agor y gwin. Mae 'nwylo i'n llawn.'

Wrth roi tro ar gaead y botel a thywallt y gwin i'r gwydrau, fe deimlai Dewi yn fodlon iawn efo'i hun, o fod wedi sylwi ar lygaid Elin yn gloywi, y diwrnod hwnnw ar fuarth y ffarm, pan welodd hi'r Eidw bach, dienw ar y pryd, yn chwarae o gwmpas ei thraed.

Hanner awr yn ddiweddarach, wrth adael y gegin i gyfeiriad y grisiau, sylwodd gyda gwên bod ei gwydraid hi yn dal ar y bwrdd a heb ei gyffwrdd. Oedd, roedd heddiw wedi bod yn ddiwrnod da, ym mhob rhyw ystyr.

# Y Dieithryn yn ei ôl eto

Pan DDEFFRODD DEWI am ddeng munud i saith drannoeth roedd y gwely wrth ei ymyl yn wag. Brysiodd i godi, mynd yn gwbl noeth i'r bathrwm i folchi gan dynnu ei fysedd gwlyb fel crib wedyn trwy ei wallt llaes, er mwyn cael trefn ar hwnnw. Cadwai ei farf yn fyr ar y gorau, gan ei thrin o flaen y drych bob yn ail fore. 'Mwy o *designer stubble* nag o farf,' meddai wrtho'i hun a throi'n ôl yn fodlon am y llofft, i wisgo.

Clywai leisiau aneglur yn codi o'r llawr, o gyfeiriad y gegin, a thybiodd fod Elin yn gwrando ar y radio. Gwisgodd ei jîns a'i grys-T gwyn ond, cyn cychwyn i lawr y grisiau yn droednoeth, oedodd wrth ddrws caeedig y llofft gefn – llofft Nain – ac yna, ar fympwy, ei agor er mwyn cael taflu cip llechwraidd o gwmpas y stafell.

Gwely sengl, efo'i ben a'i draed wedi eu gwneud o bres gloyw. Cwpwrdd bychan wrth ymyl y gwely, a lamp fechan ar hwnnw. Wardrob fechan hefyd, tu cefn i'r drws. Ar y wal arall, bwrdd gwisgo bychan efo drych uwch ei ben. Pob dim yn fychan, meddyliodd gyda gwên. Dim cadair yn y golwg. Llofft foel hen ffasiwn oedd y geiriau a ddaeth i'w feddwl. Llofft hen wreigan go iawn. Hen wreigan a berthynai i'r oes o'r blaen.

Yr un peth diddorol am y stafell, yn marn Dewi, oedd y

ffenest gul, fawr mwy na dwy droedfedd a hanner o led, a roddai olygfa iddo o'r llwybr mynydd yn igam-ogamu i lawr llechwedd y Garnedd, efo'r Nant Lwyd yn dilyn hwnnw bob cam o'r ffordd, cyn i'r ddau – y llwybr a'r nant – ddiflannu o'i olwg heibio talcen y tŷ. Oherwydd trwch muriau'r adeilad, roedd digon o le i un eistedd yn eithaf cyfforddus ar sil ddofn y ffenest. 'Sedd hwylus i Nain, mae'n siŵr, pan oedd hi angen gorffwys ar ganol gwisgo bob bore neu ddadwisgo bob hwyr. Dim angen cadair, felly, rhag gorlenwi stafell mor fach.' Cofiodd fod ffenest debyg yn llofft Elin hefyd, yn y ffrynt, ond bod honno fymryn yn lletach ac yn edrych i lawr ar Dregarnedd, a'r môr yn y pellter, môr a oedd, fore heddiw, yn llwyd o dan gymylau trymion.

Gwyddai fod trydedd llofft yn y tŷ ond nid oedd am fentro busnesu rhagor. Troediodd yn ofalus i lawr y grisiau culion gan afael yn dynn yn y canllaw. Y peth olaf a ddymunai oedd llithro a chreu rhagor o niwed i ysgwydd oedd yn graddol wella.

Erbyn cyrraedd y gegin sylweddolodd mai llais Elin ac nid unrhyw lais ar y radio a glywsai o'r llofft gynnau. Roedd hi ar ei gliniau ar y llawr carreg yn chwarae efo Eidw, yn rowlio pêl fechan o bapur heibio trwyn y ci gan ddisgwyl iddo redeg ar ôl honno a dod â hi wedyn yn ei geg yn ôl iddi.

'Ci defed, nid ci syrcas, ydi Eidw.'

'A! Sbia, Eidw bach! Mae'r diogyn wedi codi o'r diwadd!' Cododd Elin ar ei thraed ac estyn cusan iddo. 'Bore da pawb pan godo. Dyna fyddwn ni'n ddeud ffor 'ma.'

Ond roedd Dewi yr un mor barod ei ateb. 'Os o'n i wedi gorflino neithiwr, yna dy fai di a neb arall oedd hynny.'

'*Touché*, Mr Rhys, Ond ydi hynny ddim yn profi 'mod i'n ormod o ddynas iti?'

Wrth iddo'i chymryd hi i'w freichiau dechreuodd Eidw gyfarth ei brotest.

'Ond â bod o ddifri am eiliad, Dewi, mi fyddai hi'n benblwydd ar Mam heddiw a dwi isio mynd â bloda ar ei bedd hi. Ddoi di efo fi?'

'Wrth gwrs. Pryd?'

'Bora 'ma, ryw ben, ac ar ôl tamaid o ginio yn fan 'ma, mi a' i â chdi adra wedyn. Mi gei di gysgu yn dy wely dy hun heno, rhag i mi flino gormod ar y claf.'

Daeth cusan arall â'r chwarae geiriol i ben ac yn hytrach na rhoi mwy o sylw i'r ci, eisteddodd y ddau wrth y bwrdd brecwast i fwynhau dysglaid o rawnfwyd, efo paned o goffi a thafell o dost a marmalêd i ddilyn.

'Fe anghofiais i ddangos hwn iti.' Ac estynnodd Elin am y darn papur oddi ar y silff uwch ei phen; y toriad papur newydd, yr un efo llun plant Capel Siloam ar eu ffordd i'r Gymanfa Undebol, a'r llun arall o Elena, ei hen, hen nain, yr organyddes ifanc dair ar ddeg oed. 'Dod o hyd i hwn yn yr ail Feibil wnes i.'

Ar ôl munud neu ddau o dawelwch i ddarllen yr hanes, meddai Dewi, 'Dwi'n gweld rŵan o ble mae'r dalent gerddorol wedi dod. A'r harddwch hefyd! Mae'r tebygrwydd rhyngoch chi'ch dwy yn drawiadol.'

Synnodd Elin wrth glywed hynny.

'Wyt ti'n meddwl? Go iawn hefyd?'

'Dim amheueth, taet ti'n gofyn i mi. Lliw a thrwch y gwallt ydi'r gwahaniaeth mwyaf rhyngoch chi'ch dwy. Dros y dyddie nesaf rydw i'n bwriadu pori mwy yn nyddlyfr Huw Ambrose. Dwi'n siŵr bod yr ateb i lawer o'n cwestiynau ni i'w cael yn fanno.'

Canodd y ffôn deirgwaith cyn iddyn nhw gychwyn allan. Josie yn gyntaf, i ddiolch eto i Elin am ei chyfraniad unigryw hi i'r hyn roedd hi, yr arweinyddes, yn ei alw yn gyngerdd mwya llwyddiannus y côr hyd yma. 'Dydi'r ffôn 'ma ddim wedi stopio canu ers i mi godi bora 'ma,' meddai hi, a'i llais yn llawn cyffro, 'ac roedd ambell un yn gofyn imi am dy rif ffôn ditha hefyd, er mwyn cael dy longyfarch di ar dy berfformiad.' Llais dieithr ddaeth nesaf. Saesnes siaradus, newydd symud i Dregarnedd i fyw er mwyn cael dysgu Cymraeg ac ailgydio yn ei gwreiddiau yn yr ardal. Yna, gynted ag iddi hi fynd, roedd y ffôn yn canu eto. Llais trwm dyn canol oed y tro yma. Hwn yn Gymro glân gloyw; yntau hefyd yn hael iawn ei ganmoliaeth i ddoniau Elin ar y cychwyn ond yn fwy tawedog wrth i'r sgwrs fynd rhagddi, fel pe bai'n disgwyl iddi hi wneud y rhan fwyaf o'r siarad. 'Ga i ofyn pwy ydach chi?' meddai hi wrtho o'r diwedd, wrth i'r cyfnodau o dawelwch gynyddu. 'Rhywun sy'n eich edmygu chi'n fawr, 'ngenath i,' meddai ac yna aeth y ffôn yn fud.

*

Roedd cloch yr eglwys yn tawelu yn y pellter wrth i giât y fynwent gau o'u hôl. Ar ôl oedi eiliad i syllu draw dros y fyddin o gerrig beddau, a sylwi bod tri unigolyn yno o'u blaen, yn sefyll uwchben gwahanol feddau yn y rhan fwya newydd o'r fynwent, pwyntiodd Elin i gyfeiriad bedd ei mam.

Wrth deimlo ias gwynt y dwyrain yn chwalu'r gwallt ar ei war, trodd Dewi i edrych i'r cyfeiriad roedden nhw newydd ddod ohono, gan adael i Elin ennill pedwar neu bum cam arno yn y cyfamser. Gallai weld Hen Benrallt yn y pellter, fawr mwy na smotyn llwyd yn nythu yng nghesail y Garnedd.

Caeodd sip ei siaced a chododd y goler. 'Fel pob mynwent arall y gwn i amdani,' meddyliodd, 'mae hon hefyd yn agored iawn i'r tywydd. Ond does dim glaw ar y gwynt, diolch byth.'

Prysurodd ei gam, i gau'r bwlch oedd wedi agor rhyngddyn nhw, a chydgerddodd Elin ac yntau weddill y ffordd mewn tawelwch. Roedd prudd-der oer y lle wedi cydio yn y ddau.

I gofio'n dyner iawn am
**Ann**
priod Harri Ambrose Puw
Hen Benrallt, Tregarnedd,
a fu farw Ionawr 30ain 2003
yn 38 mlwydd oed.
*Cledd â min yw claddu mam*

Gwasgodd Dewi ei llaw, yn arwydd mud o'i gydymdeimlad ac yna rhoddodd ei fraich am ei chanol, yn gysur. 'Tri deg ac wyth. A dyna'i hoed hi'n marw? Trist.'

Safent uwchben y bedd, efo Dewi â'i fraich yn dynn am ei chanol.

'Fy ngenedigaeth i roddodd gychwyn i'w salwch hi, mae'n debyg.

'Pwy ddeudodd beth felly wrthyt ti?'

'Nain ddaru grybwyll y peth, rywdro, ond wnaeth Mam ei hun erioed edliw peth felly imi, wrth gwrs. Dydw i ddim yn siŵr pryd y dechreuodd y salwch amlygu'i hun ond dwi'n cofio gorfod tendio arni er pan o'n i'n ifanc iawn, a bod y baich wedi tyfu wrth i'w chyflwr hi waethygu. Erbyn i mi gyrraedd deuddeg oed roedd Mam yn hollol ddibynnol arna i.'

'A be am dy dad a dy nain?'

'Roedd Nhad wedi hen ddiflannu, rhag gorfod wynebu ei gyfrifoldab, yn ôl Nain, a fedrai hitha ddim gneud rhyw lawar, oherwydd ei hoed, medda hi.'

'Pryd oedd hynny?'

'Pump oed o'n i pan aeth fy nhad i ffwrdd a dydw i ddim wedi'i weld o ers hynny.' Doedd dim gwadu'r nodyn o dristwch hiraethus yn ei llais. 'Chwartar canrif yn ôl!' ychwanegodd, i danlinellu ei cholled.

'Ac mi fuest ti'n gofalu am dy fam am faint?'

'Tair blynadd o leia, ar ôl i'w chyflwr hi waethygu. Pymthag oed oeddwn i pan fuodd hi farw.'

'Ond mi gefest ti help dy nain? A nyrs hefyd yn galw, mae'n siŵr gen i?'

'Doedd Nain ddim yn medru gneud llawar. *"Rhaid i ti gofio fy mod i bron cyrraedd Oed yr Addewid."* Dyna fydda hi'n ddeud.'

'Ond dydi saith deg ddim yn hen erbyn heddiw, wyst ti. Ond be am y nyrs?'

'A bod yn onast, doedd honno ddim yn cael llawar o groeso yn Hen Benrallt oherwydd ei bod hi'n busnesu gormod, yn ôl Nain. Felly pur anamal y byddai hi'n galw. Sut bynnag, fy nyletswydd i, a neb arall, oedd gofalu am Mam ac ro'n i'n torri 'nghalon wrth weld y newid ynddi hi, o ddydd i ddydd bron.'

Sylwodd Dewi fod ei llais hi wedi gostwng a throi'n freuddwydiol, fel pe bai hi'n siarad efo hi ei hun yn fwy nag efo fo.

'Roedd hi'n blino ar ddim wrth i'w chyflwr hi waethygu, ac wrth i'w golwg hi ddirywio, mi fyddai hi'n baglu'n amal wrth symud o gwmpas y gegin. Yna fe ddechreuodd hi gael poena mawr yn ei breichia a'i choesa a buan yr aeth hi'n gaeth i'w chadair olwyn ar ôl hynny. Doedd dim dewis wedyn ond dod â'i gwely hi i lawr y grisia i'r stafall gefn. Erbyn y diwadd, prin ei bod hi'n gallu llyncu unrhyw fwyd a doedd ganddi hi fawr ddim rheolaeth ar ei chorff. Mi fu'n rhaid iddi fynd i'r sbyty yn y diwadd ac yn fanno y bu'r hen dlawd farw.'

Wrth ei gweld hi'n camu'n nes at y garreg fedd, i redeg ei llaw yn ysgafn ac yn annwyl dros yr enw oedd arni, ac wrth weld yr hiraeth yn ymddangos yn ei dagrau, camodd Dewi hefyd ymlaen i roi ei fraich unwaith eto'n gysur tyn amdani.

'Fuodd bywyd ddim yn deg o gwbwl â Mam, wyst ti, ond chlywis i erioed mohoni hi'n cwyno.'

Parchodd Dewi ei heiliadau o dawelwch rŵan wrth ei gwylio hi'n sychu ei dagrau.

Yna, meddai hi gan edrych i lawr ar y bedd a'i llais yn parhau'n freuddwydiol ac yn bell, 'Yma y bydda inna hefyd ryw ddiwrnod, mae'n siŵr.'

Ddim os y ca i fy ffordd, meddyliodd Dewi.

'Mae'n gas gen i feddwl amdani yn fan 'ma, ar ei phen ei hun bach.'

'Un o Dregarnedd oedd hitha hefyd, dy fam?'

Bu'r cwestiwn yn ddigon i ddod ag Elin ati ei hun.

'Nage. Yn enedigol o Langadfan ym Mhowys. *Ann Griffiths* oedd hi cyn priodi! Wedi ei henwi ar ôl yr emynyddes, yn ôl pob sôn. Dydy Llangadfan ddim yn bell o Dolwar Fach, cartra'r Ann arall, mae'n debyg.'

'Oes gen ti deulu yno o hyd?'

'Neb i mi fod yn gwbod amdanyn nhw, beth bynnag. Neb wedi trio cadw cysylltiad, yn ôl Nain.'

Heb ei gymell, aeth Dewi i nôl dŵr ffres o'r tap cyfagos a safodd yn barchus o'r neilltu wedyn i'w gwylio hi'n trefnu'r blodau claer ulw wyn yn dusw trwchus ar fedd ei mam.

'Mi awn ni rŵan at fedd Taid a Nain,' meddai hi ymhen rhai eiliadau, gan daro llaw ysgafn eto ar frig y garreg gofeb. Anelodd at ran hŷn o'r fynwent efo'r blodau oedd ganddi'n weddill.

I gofio
**Harri Morgan Pugh (1938 – 1991)**
Hen Benrallt, Tregarnedd.
Hefyd ei briod
**Catherine Morris Pugh**
a fu farw 7fed Ionawr 2017
yn 86 oed
Heddwch i'w llwch.

'Heddwch i'w llwch! Braidd yn ddiddychymyg dwi'n gwbod ond doedd gen i neb i ofyn eu barn ar ôl colli Nain.'

Yn ateb, tynnodd Dewi hi ato, i'w gesail.

'Rŵan bod y garrag wedi cael ei chodi'n ôl, fe ddylwn i ddod yma i dacluso'r bedd a thaflu 'chydig hadau gwair dros yr hen bridd hyll 'ma.' Yna, gan sgrytian ei hysgwyddau fel pe bai'r cryd wedi cydio ynddi, 'Gad i ni fynd o 'ma wir!'

Ond fel roedd hi'n troi draw, teimlodd Dewi gyhyrau ei chorff yn tynhau'n sydyn a gwelodd hi'n taflu golygon cyflym i bob cyfeiriad, gan beri iddo yntau wneud yr un peth, yn reddfol.

'Be sydd, Elin? Oes rhywbeth yn bod?'

'Na,' meddai hi ar ôl eiliadau o sefyll felly'n fud, fel rhyw anifail gwyllt yn synhwyro'r aer. 'Cael argraff bod rhywun yn ein gwylio ni, dyna i gyd.'

'Does neb yn y golwg, beth bynnag,' meddai yntau, gan syllu eto i sawl cyfeiriad.

'Na. Fi sy'n dychmygu petha, mae'n siŵr.' Doedd dim argyhoeddiad yn ei llais, serch hynny.

Fe gymerodd funud cyfan i'r ddau gyrraedd giât y fynwent ac eiliadau lawer wedyn hefyd cyn i ddyn ymddangos o du ôl i garreg fedd dal, gryn ddeg llath ar hugain i ffwrdd. Wrth iddo gamu'n simsan dros y tir anwastad rhwng y beddau, roedd yn amlwg ei fod yn dibynnu llawer ar ei ffon. Yna, ar ôl cyrraedd y llwybr caled, gwyrodd ei ben ymlaen i'r gwynt a thynnodd ei gap yn is dros ei dalcen.

# Mwy o ddatgelu

A MBELL ALWAD FFÔN fu'r unig gyswllt rhwng Dewi a hithau dros y tridiau nesaf. Roedd y dydd yn byrhau wrth i'r hydref hawlio'i le a threuliodd Elin ei min nosau naill ai'n cyfansoddi'r dilyniant i *Dagrau'r Garnedd Lwyd* neu'n chwarae efo Eidw a'i gael i arfer mynd allan i'r ardd gefn pan oedd galw am hynny. Yr hwyl oedd clywed y ci bach yn udo cyfeiliant i nodau'r ffidil, a'r sialens i Elin oedd cael y bwa dros y tannau i ddynwared y sŵn aflafar hwnnw hefyd.

Yna, wrth gyrraedd adre am ugain munud wedi pump bnawn Mercher, pwy oedd yn eistedd yn ei gar yn disgwyl amdani ond Dewi, efo'i fraich chwith yn rhydd o'r rhwymyn.

'Be ar y ddaear wyt ti'n neud, Dewi Rhys?' Roedd sŵn cerydd yn ei llais. 'Ddylet ti ddim bod yn gyrru'r car cyn i dy ysgwydd di fendio'n iawn. Be taet ti'n cael damwain? Neith dy siwrans di ddim cwarfod y costa, coelia fi!' Roedd min ar ei thafod hi, hefyd, wrth ychwanegu bod Gordon Jones wedi bod mewn llys rai misoedd yn ôl yn ceisio amddiffyn mewn achos o'r fath, a hynny'n aflwyddiannus.

Gwên lydan oedd ei unig ymateb. 'Gad i ni fynd i'r tŷ,' meddai mewn goslef fuddugoliaethus, 'ac fe gei di ddeud y drefn wrtha i yn fan 'no, ar ôl i ti glywed be sydd gen i i'w ddeud.'

Arhosodd wedyn i'w gwylio hi'n parcio'i char wrth dalcen

y tŷ a chwarddodd yn uchel pan welodd yr Eidw bach yn dod tuag ato ar dennyn a hwnnw'n sownd wrth wasgod fechan yn ffitio am ei frest.

'Pwy welodd gi defed ar lid erioed?' gwaeddodd.

'Mae angan rhoi llyffethair arnat titha hefyd, sa ti'n gofyn i mi. Roeddat ti'n anghyfrifol i fentro tu ôl i lyw car!'

Ar ôl cyrraedd y gegin, rhyddhau Eidw ac yna rhoi'r tecell i ferwi, eisteddodd y ddau o boptu'r bwrdd a thynnodd Dewi ei lyfr nodiadau ei hun yn ogystal â dyddlyfr yr hen daid allan o amlen.

'Dwi wedi mynd trwy'r dyddlyfr yn ofalus ac wedi gneud nodyn o bopeth ro'n i'n feddwl fydde o ddiddordeb iti. Wyddet ti, er enghraifft, mai ym mis Ionawr 1918, fis wedi'r cadoediad, y penderfynodd y cyngor tref newid enw'r dref o Tre'r Garnedd Lwyd i Tregarnedd, er mwyn "symleiddio pethau"? A bod yr enw wedi dod i rym yn swyddogol ar y cyntaf o Ionawr 1919?'

O glywed y tecell yn berwi, cododd Elin i wneud paned.

'Gyda llaw,' meddai Dewi eto, wrth aros iddi ailymuno efo fo wrth y bwrdd, 'fe ffoniodd Crad fy mrawd neithiwr, i holi sut oedd y ci bach yn dod ymlaen.'

'O?' meddai hithau dros ei hysgwydd. 'A be ddeudist ti wrtho fo?'

'Deud bod Eidw yn cael cam mawr yma ac y dyle fo fynd ag e yn ôl i Ddyffryn Clwyd i fyw.'

'Hy! Dim gobaith caneri y bydd hynny'n digwydd, gw-boi! Gwell syniad fyddai i ti dy hun fynd yn ôl yno ac i Eidw aros yn fan 'ma efo fi.'

I bwysleisio'r awgrym, a gyda gwên fach ddieflig, sodrodd Elin y mygiad o de yn drwm ar y bwrdd o'i flaen.

Wrth i'r hwyl bach diniwed hwnnw gilio, sobrodd wyneb Dewi. 'Nid Eidw oedd y rheswm i Crad ffonio. Deud oedd o bod rhyw ddyn dierth wedi galw heibio'r ffarm.'

'O?' meddai Elin, gan osod ei phenelinoedd ar y bwrdd o'i blaen a chodi'r mwg llawn rhwng ei dwy law at ei cheg. 'I ddeud dy fod ti wedi ennill y loteri, gobeithio? A dy fod ti bellach yn filiwnydd sawl gwaith trosodd?'

Yn hytrach nag ymateb i'r hiwmor, 'Na,' meddai. 'Crad a'i gwelodd o'n pwyso ar giât y ffarm, yn edrych o'i gwmpas, ac fe aeth draw i'w holi fo. Mae hwnnw'n amheus o bawb dierth. Doedd Mam a Nhad ddim adre ar y pryd. Wedi mynd i Ruthun i siopa, mae'n debyg. Sut bynnag, yr hyn a ddwedodd y dyn wrth Crad oedd ei fod o'n byw yn yr ardal, y tu allan i Ddinbech, ond ei fod ar fin prynu tŷ yn Nhregarnedd. Roedd o'n d'adnabod di'n iawn, meddai wrth Crad, ac yn gwbod hefyd pwy oeddwn inne. Chwilfrydedd yn unig oedd wedi peri iddo fo stopio wrth giât y ffarm, meddai.'

O synhwyro'r difrifoldeb yn llais Dewi, syllodd Elin arno dros ymyl y mwg te a ddaliai wrth ei gwefus isaf o hyd.

'O? A ddwedodd o pwy oedd o?' Roedd mwy o ddiddordeb i'w glywed yn ei goslef hi rŵan.

'Roddodd o mo'i enw, mae'n debyg, ac fe wrthododd fynd i'r tŷ am baned a sgwrs.'

'Hm! Rhyfadd. Pwy allai o fod, tybad?'

Oedodd Dewi yn arwyddocaol rŵan cyn ymateb. Yna, gan edrych i fyw ei llygad, meddai, 'Pan ofynnes i Crad ddisgrifio'r dyn, dyma ddwedodd o: "Doeddwn i ddim yn gweld llawer ar ei wyneb am ei fod o'n gwisgo'i gap yn isel dros ei dalcen ac am ei fod o'n gwyro ymlaen i bwyso ar ei ffon."'

Yn ei chynnwrf, collodd Elin stremp o'i the dros wyneb y bwrdd o'i blaen a chododd Dewi i nôl cadach i'w sychu.

'Ia, Elin. Yr un dyn ag sydd wedi bod yn cadw llygad arnat ti, mae'n siŵr. A rŵan mae o'n cymryd diddordeb yno' inne hefyd.'

Aeth pedair neu bum eiliad o dawelwch heibio.

'Ofynnist ti i Crad sut gar oedd ganddo fo?'

'Car gwyn. Dyna'r cwbwl fedre hwnnw'i ddweud. Mi all Crad adnabod tractor Ferguson neu John Deere hanner milltir i ffwrdd ond mae o'n anobeithiol efo ceir, hyd yn oed pan mae'r rheini reit o dan ei drwyn o.'

Eisteddodd y ddau mewn tawelwch i orffen eu te ac i wylio Eidw yn troelli fel peth gwirion ar ôl ei gynffon cyn llonyddu o'r diwedd efo'i dafod yn hongian o'i geg.

'Ti'n gi bach gwirion, cofia,' meddai Elin gan chwerthin wrth ei fwytho. 'Be am i ni fynd allan i'r ardd i ti gael gneud dy fusnas yn fanno cyn iddi dywyllu gormod?'

'Mi ddo i efo chi,' meddai Dewi, gan godi i'w ddilyn.

'Be? Wyt titha isio gneud dy fusnas hefyd?'

Allan yn yr ardd, funudau lawer yn ddiweddarach, roedd Dewi yn dal i gael pyliau o chwerthin ffrwydrol.

*

'Rwyt ti'n ei drin o fel rhyw dywysog bach.'

Erbyn hyn, roedd Eidw yn rhochian cysgu ar ei glustog feddal o flaen tân oedd yn clecian yn fywiog yn y stôf.

'Wrth gwrs! Yn union fel y cest titha dy ddifetha'n rhacs gan dy fam pan oeddet titha'n fach, mae'n siŵr.'

Calla dawo! meddai Dewi wrtho'i hun gyda gwên. Fe wyddai, bellach, na allai byth gael y gair olaf ar Elin Puw.

Yn dilyn swper brysiog, roedd y ddau erbyn hyn yn eistedd ochr yn ochr yn y cadeiriau cyfforddus, er mwyn cael trafod cynnwys dyddlyfr yr hen daid. Rhyngddynt a'r tân, gorweddai Eidw ar ei glustog, a'i gorff yn sgrytian yn ysbeidiol.

'Breuddwydio mae o, iti.'

'Cael hunlle, falla!'

'Ti'n iawn hefyd. Gweld ei hun yn gorfod gadal fan 'ma i fynd yn ôl i Ddyffryn Clwyd, mae'n siŵr. Fedri di feddwl am waeth hunlla na hynny?'

Cyn i Dewi gael meddwl am ateb ffraeth, trawodd y cloc mawr hanner awr wedi chwech gan gynhyrfu'r stafell a pheri i Eidw ddechrau stwyrian ar ei glustog ac agor ei lygaid diog am eiliad, cyn ailgydio wedyn yn ei gwsg.

'A dyna brofi fy mod i'n iawn. Tsecio oedd o rŵan nad oedd yr hunlla yn wir, a'i fod o'n dal yma yn Hen Benrallt. Ac o gael y sicrwydd, mae o rŵan yn gwenu'n fodlon yn ei gwsg!'

Wrth weld Dewi yn ysgwyd ei ben mewn anobaith ac yn troi eto at ei lyfr nodiadau, 'Wel?' meddai hi, 'A be arall o ddiddordab welist ti yn llyfr fy hen daid, os gwn i?'

'Sawl peth Elin, a dwi wedi ceisio'u dosbarthu nhw a'u rhestru nhw mewn trefn, orau fedrwn i. Ti'n cofio ein bod ni wedi cael cip ar ambell beth yn barod. Y cyfeiriade at Elena yn feichiog, er enghraifft, ac fel roedd yr hen Huw Ambrose yn gweld peth felly'n ddiwedd byd. Wel, rydw i wedi dod ar draws ambell gyfeiriad yn arwain i fyny at hynny. Hwn, er enghraifft, gyferbyn â'r chweched o Hydref 1916: *Elena yn hwyr adre eto neithiwr. Wedi bod yn y twmpath dawns ar y Comin, er i mi ei siarsio hi eisoes i beidio cymysgu efo'r Romani bach.* Yna hwn, ddeuddydd yn ddiweddarach: *Henry Morris, mab y siop, wedi danfon E. adre heno. Bachgen dymunol iawn ond E. yn ddiddiolch tuag ato. Mae hi'n amlwg yn ystyfnigo.*'

'Dim amheuaeth, felly, pa un o'r ddau oedd fy hen, hen nain yn ei ffansïo.'

'Na fawr o amheueth chwaith pa un o'r ddau roedd ei thad hi'n ei ffafrio. Yna hwn, ar gyfer Tachwedd y cyntaf: *E. yn ei dagrau yn dod adre heno. Y Sipsi wedi enlistio i fynd i Ffrainc ond yn gwrthod cario gwn i ladd neb. Byddai'n ddrwg arnom i gyd pe bai pawb yn gachgi fel fo.*'

'Cachgi? Rhag cwilydd i'r hen daid am ddeud y fath beth. Fe gollodd Harri Wood ei fywyd yn ddwy ar bymthag oed! Bachgan ifanc o egwyddor yn fy marn i.'

'Gwell aros nes i ti glywed y gweddill. Mae'n ymddangos bod yr Harry arall, mab y siop, hefyd wedi enlistio yr un diwrnod, yn ogystal â chryn ddwsin o hogiau eraill Tregarnedd, yn ôl tystiolaeth y dyddlyfr. Mae'n debyg bod y fyddin wedi cynnal ymgyrch recriwtio yn y dref y diwrnod hwnnw a bod y rhestr enwe wedi ymddangos yn rhifyn yr wythnos honno o'r *Ehedydd*. Sut bynnag, byddi'n cofio mai Harri Wood ddaru anfon y cerdyn cyntaf i Elena, a hynny ar y dydd olaf o Ragfyr 1916 ond chyrhaeddodd hwnnw ddim tan y pumed o Ionawr 1917. Dyma sydd yn y dyddlyfr am y diwrnod hwnnw: *Cerdyn i E. o Ffrainc heddiw mewn Saesneg crand*. A dyna'r cwbwl! Yna, rhyw ddeufis yn ddiweddarach, ar Fawrth yr ail, roedd o'n cofnodi hyn: *Mab y Siop adref ar leave am ychydig ddyddiau yn dioddef o'r shellshock. Daeth i weld E. ddoe ond honno'n ddigroeso. Golwg wyllt braidd yn llygad yr hogyn.* Yna hwn am Fawrth y deunawfed: *Henry yn dychwelyd i Ffrainc heddiw ac wedi galw i ffarwelio efo E. Hi yn fwy clên y tro yma wrth iddo adael, a fo'n gwenu. O weld y rhyfel drosodd byddai'n gwneud gŵr rhagorol iddi rwy'n siŵr.*'

'Hy! A dyna brofi be oedd yn bwysig yng ngolwg yr hen ddyn, sef bod ei ferch yn cael priodi i bres!'

'A phwy a welai fai arno fo? Roedd hi'n gyfnod caled ar bawb, Elin. Meddwl am ddyfodol Elena oedd o, wedi'r cyfan,'

'Hy!'

'Sut bynnag, ar ôl mynd yn ôl y tro yma y dechreuodd Harri'r Ail anfon cardiau iddi o Ffrainc.'

'Harri'r Ail? Ti'n gneud iddo fo swnio fel brenin. Felly Harri Wood oedd Harri'r Cynta?'

'Ia, os y mynni di,' meddai Dewi gan wenu. 'Fe gafodd y cerdyn ei anfon ar y degfed o Fai 1917, yna'r ail un ar y deuddegfed o Fehefin a'r olaf ar yr ail ar bymtheg o Orffennaf.'

'Ia, ti wedi darllan rheini i mi o'r blaen.'

'Ac mae Huw Ambrose, yr hen, hen, hen daid, yn fawr ei groeso i bob un, fel y medri di ddychmygu. Mewn un lle mae'n cyfeirio at Henry fel *un o ddewrion yr ardal* ac fel *pluen yng nghap ei deulu*. Mewn lle arall mae'n sôn amdanyn nhw, yma ym Mhenrallt Ucha, yn gweddïo am i'r bachgen gael dod adre'n holliach.'

Yna, o'i chlywed hi'n ochneidio'n ddiamynedd, ychwanegodd: 'Rwyt ti'n wamal iawn o dy hen daid.'

'Dwi wedi darllan rywdro bod milwyr oedd yn anfon llythyra adra o'r rhyfal yn mynd allan o'u ffordd i osgoi sôn am y lladd a'r diodda ac ati. Hynny ydi, roeddan nhw'n cuddio'r gwir rhag i'w teuluoedd nhw fynd i boeni'n ddiangan. Ond, o'r hyn dw i'n gofio o'i gardia fo, roedd Mab y Siop, Harri'r Ail fel rwyt ti'n cyfeirio ato fo, yn gneud yn hollol groes i hynny pan oedd o'n sgwennu at Elena. Pam hynny, meddat ti, os nad i drio creu argraff arni, yn y gobaith o'i chael hi i boeni yn ei gylch? Ond doedd yr hen daid, ei thad, ddim yn ddigon craff i sylweddoli hynny, wrth gwrs, na chwaith yn ddigon craff i weld nad oedd Elena yn poeni dim, beth bynnag.'

Nodiodd Dewi ei ben a throi at ei lyfr nodiadau er mwyn gallu dyfynnu'n gywir. 'Mae llawer o wir yn yr hyn ti'n ddeud. Mae o'n sôn am *shells y gelyn yn syrthio'n gawodydd o dân am ein pennau ni bob dydd a nos* ac yn dweud ei bod hi'n wyrth ei fod yn dal yn fyw.'

'Wel dyna ti, felly. Roedd o am i bawb feddwl ei fod o mewn peryg yn ddyddiol a'i fod o, felly, yn *un o arwyr yr ardal*.'

Nodiodd Dewi eto i ddangos ei fod yn dilyn ac yn derbyn ei rhesymeg hi. 'Ond feder neb wadu chwaith y perygl roedd y milwyr yn gorfod ei wynebu o ddydd i ddydd. Rhaid i ti gydnabod hynny, Elin. Sut bynnag, mi fyddi'n cofio bod Harri Wood hefyd wedi anfon ail gerdyn, tua'r un adeg – yr un efo llun y *Forget me nots* glas arno fo – ond fe fethes i weld unrhyw gyfeiriad at hwnnw yn nyddlyfr dy daid.'

'Am nad oedd o'n dallt y Susnag arno fo, falla.'

'Na. Roedd yr hen daid yn medru darllen Saesneg yn iawn, dwi'n siŵr, neu sut arall fydde fo'n gwybod be oedd yn digwydd yn y rhyfel, ac yn gallu enwi'r llonge oedd yn cael eu colli o ddydd i ddydd, os nad o'r papure Saesneg? Sut bynnag, gyferbyn â Gorffennaf yr ail ar hugain 1917, dyma ddaru o sgwennu: *Pedwar o fechgyn y dref wedi cyrhaedd adre ar leave am ychydig ddyddiau. Mab y Siop a'r Romani bach yn eu mysg. Dychwelyd i Ffrainc ymhen dyddiau'n unig yn ôl pob sôn. E. allan o'r tŷ ers oriau. Y cloc wedi taro naw ers meitin. Bydd raid ei chael hi i drefn ar ôl hyn.* Yna, bum diwrnod yn ddiweddarach, gyferbyn â'r seithfed ar hugain, dyma sy'n cael ei gofnodi: *Y soldiars wedi dychwelyd i Ffrainc ddoe. E. yn dawedog iawn ac yn agos at ddagrau. Hiraethu am y sipsi yn barod, mae gen i ofn, ond buan y daw hi dros ei hiraeth ac at ei choed.'*

'Doedd ganddo fo ddim llawar o gydymdeimlad efo'i ferch, mae'n rhaid,' meddai Elin yn ddiamynedd. 'Tipyn o deyrn, yn amlwg! Does ryfadd yn y byd ei fod o wedi gorfod aros bron hannar can mlynedd cyn cael gwraig. Meddylia, Dewi, erbyn i Elena ddechra canlyn, roedd ei thad hi'n ddigon hen i godi'i bensiwn.'

Chwarddodd Dewi fel ffordd o gytuno efo hi. 'Ond, yn y cyfamser,' meddai, 'roedd newyddion llawer mwy difrifol yn cael sylw dy hen daid, a sylw'r ardal yn gyffredinol. Dyma sydd wedi'i gofnodi ganddo fo ar gyfer dydd Mercher, y pedwerydd ar hugain o Orffennaf 1917: *Y dref wedi cynhyrfu trwyddi draw heddiw. Merch y ficer, hi tua'r un oed ag Elena, ar goll ers neithiwr a chwilio mawr amdani yn yr afon ac yn y coedlannau cyfagos. Amser pryderus iawn i bawb.* A rhywbeth tebyg sydd ganddo fo ar gyfer y dydd nesaf hefyd: *Er yr holl chwilio, mae Esther Hughes, merch y ficer, yn dal ar goll. Dim arlliw ohoni yn unman. Y dref gyfan yn gweddïo y caiff hi ddychwelyd yn ddiogel at ei theulu.* Ac yna, ar y dydd Gwener, dyma fo'n gneud y cofnod trist yma: *Corff Esther Hughes wedi'i ddarganfod yn hanner noeth ac o dan bentwr o gerrig bnawn heddiw yn un o furddunnod Tai'r Gelli. Yr heddlu wedi cadarnhau ei bod hi wedi cael ei threisio yn greulawn ac yna ei llofruddio. Y dref yn syfrdan. Dyma'r llofruddiaeth gyntaf yn yr ardal ers cyn cof. Nid oes modd cysuro'r rhieni.'*

'Ond fe ddaliwyd y llofrudd?'

'Do a naddo.'

'Be mae hynny'n feddwl? Os cofia i'n iawn, mae'r toriad sydd gen i o'r papur Susnag yn awgrymu rhyw *North Wales war hero, home on leave.* Ydi'r hen daid ddim yn awgrymu mai un o'r ddau Harri oedd hwnnw? Ac os felly, pa un?'

'Ond does dim dyddiad ar y papur Saesneg, cofia. Roedd hwnnw rai dyddie'n ddiweddarach, mae'n siŵr. Ac rwyt ti'n iawn, wrth gwrs, oherwydd erbyn hynny roedd amheueth gref mai un ohonyn nhw oedd yn gyfrifol am ladd y ferch. Sut bynnag, erbyn dod o hyd i'w chorff hi, roedd y ddau Harri ar eu ffordd yn ôl i Ffrainc a doedd gan yr heddlu ddim digon o dystiolaeth i rwystro'r un ohonyn nhw rhag ailymuno efo'i gatrawd. Ond mae'r prawf terfynol i'w gael ymhellach ymlaen yn y dyddlyfr, yn dilyn y cofnod am farwolaeth y ddau Harri yn *Yr Ehedydd.* Mi fyddi di'n cofio bod Harri Wood wedi cael ei ladd ar y dydd cyntaf o Awst, ychydig ddyddie'n unig ar ôl mynd yn ôl o'i lif, a bod Henry Thomas Morris, yr Harri arall, wedi cael ei ladd ddeuddydd yn ddiweddarach, ar y trydydd o'r mis. Wel rŵan, mae dy hen daid yn ei ddyddlyfr yn deud bod rhieni Henry Morris, rai dyddie'n ddiweddarach, wedi derbyn llythyr oddi wrth eu mab, llythyr efo'r dyddiad Awst yr ail arno, sef y diwrnod ar ôl i Harri Wood gael ei ladd a'r diwrnod cyn ei farwolaeth ef ei hun. Yn ôl dy hen daid, roedd Henry yn deud yn y llythyr hwnnw ei fod o wedi gweld Harri Wood yn cael ei glwyfo gan *shrapnel* ac yn cael ei osod ar *stretcher,* i'w gludo i'r *dressing station* agosaf, a'i fod o wedi mynd draw at Harri i gynnig gair o gysur i'w ffrind. Ond erbyn hynny roedd y Sipsi, yng ngeiriau Henry, *yn gorwedd wrth ddrws angau* ac yn ceisio sibrwd rhywbeth wrtho fo efo'i anadl olaf. Roedd o wedi gorfod mynd â'i glust i lawr at geg Harri, i allu'i glywed o'n mwmblan cyfaddefiad mai fo oedd wedi llofruddio Esther Hughes. Yn ôl y dyddlyfr, geiriau olaf Harri Wood, cyn marw, oedd rhain: *Duw faddeuo imi am y fath gamwedd ac am ddod â gwarthrudd ar fy nheulu.'*

Ymateb Elin oedd chwerthin yn anghrediniol. 'Dramatig, a deud y lleia! Fedrai Hollywood ddim dychmygu gwell diweddglo. Meddylia am rywun yn defnyddio geiria fel 'na efo'i anadl olaf! A dyna'r llythyr, decini, oedd tu ôl i'r pennawd *Murderer's Identity Revealed* yn y toriad papur newydd? Ac roedd fy hen daid inna, yn amlwg, yn fwy na pharod i lyncu'r fath stori.'

'Wel na. Deud mae dy hen, hen, hen daid yn ei ddyddlyfr bod tad Henry Morris, sef Owen Thomas Morris y siopwr, wedi rhoi llythyr ei fab i fyny yn ffenest ei siop, a'i adael o yno am ddyddie lawer, fel bod pawb yn cael cyfle i'w ddarllen.'

'A be wedyn? Be am yr heddlu? Siawns bod rheini wedi gweld yn syth mai stori neud oedd hi.'

'Be ti'n feddwl efo stori neud?'

Chwarddodd Elin yn uwch y tro yma. 'Ddoi di byth i sgidia Sherlock, na Poirot, na'r un ditectif arall gwerth ei halan chwaith, mae gen i ofn.'

O weld ei ddryswch yn parhau, cododd Elin ac estyn at yr amlen oedd yn gorwedd ar wyneb y dresel. Yna, ar ôl dod o hyd i'r dudalen allan o'r *Ehedydd,* dechreuodd ddarllen y llythyr Saesneg o gydymdeimlad at rieni Harri Wood.

'*Dear Mr & Mrs H. Wood,*

*It is with the deepest sorrow that I have to inform you that your son Harri Wood was killed in action this morning, on the very first day of August. He and three of his comrades were stretchering an injured officer back from the front towards the dressing station for medical attention when an enemy shell pitched near them, killing them all instantly. It will, I think, be some consolation for you to know that your son suffered no pain, death being instantaneous... ac yn y blaen ac yn blaen. Ac wedi ei arwyddo gan*

*C. Fenwick,Officer in Charge 'C' Company R.W.F.*

Ti dy hun ddarllenodd hwnna imi gynta. Felly pwy, meddet ti, oedd yr un oedd yn deud celwydd? Ai Henry Thomas Morris, mab y siop, sef yr un oedd mewn cystadleuaeth efo Harri Wood am sylw fy hen, hen, nain Elena, ynte'r swyddog ddaru anfon y llythyr dwi newydd ei ddarllan? Dwi'n gwbod pwy dw i'n goelio, beth bynnag.'

Bu'n rhaid i Dewi wenu er ei waethaf a gadael iddi fynd ymlaen.

'Y cwestiwn wedyn, wrth gwrs, ydi hwn – os nad Harri Wood oedd y llofrudd, yna pwy?'

'Yr Harri arall wyt ti'n feddwl?'

'Ia, wrth gwrs! Yr Harry efo 'y'. Mae'n bur amlwg i mi mai Harri'r Ail oedd y *candidate* mwyaf tebygol.'

'Be? Bachgen ifanc wedi cael ei godi yn y capel, a'i rieni yn uchel eu parch yn y gymdeithas? Annhebygol iawn ddwedwn i, Elin.'

'Be?' meddai hi mewn tôn anghrediniol. 'Dwyt ti rioed yn credu bod pawb sy'n selog yn y capal ar y Sul yn angal, wyt ti? Roedd gan yr hogyn broblema iechyd difrifol erbyn hynny, ddwedwn i.' A chyfeiriodd at y dyddlyfr ar lin Dewi.

'Ddaru'r hen daid ddim deud bod Harri'r Ail yn diodda *shell shock*?'

O'i weld yn nodio'i ben i gadarnhau'r ffaith, 'Wel dyna ti, felly!' meddai hi. '*Post Traumatic Stress Disorder* neu *PTSD* maen nhw'n galw peth felly erbyn heddiw ac fe wyddost ti cystal â finna bod amball un sy'n diodda peth felly yn gallu ymddwyn yn hollol afresymol a bygythiol ar adega. Mi fedra i ddychmygu bod yr hogan fach ifanc ddibrofiad, merch y ficar, wedi gwirioni'n lân o gael sylw soldiar mewn iwnifform; un oedd flwyddyn neu ddwy yn hŷn na hi ac a oedd yn rhoi ei hun yn dipyn o arwr wrth adrodd hanesion cyffrous wrthi am y rhyfal. Mae'n siŵr ei bod hi wedi cytuno'n barod iawn i fynd am dro efo fo a'i fod o wedi mynd â hi i un o furddunnod Tai Gelli i garu. Fedri di ddychmygu be ddigwyddodd yn fan 'no, Dewi, os aeth petha'n rhy bell a'i bod hi wedi trio'i wthio fo oddi arni? A'i bod hi wedi dechra sgrechian hefyd, o bosib? Efo'r salwch oedd arno fo, pwy ŵyr sut y bydda fo wedi ymatab mewn sefyllfa o'r fath, er mwyn ei thawelu hi.'

'Ar ôl yr holl flynyddoedd, chawn ni byth wybod i sicrwydd, mae'n siŵr.'

'Na chawn, gwaetha'r modd.'

'Ond dyma sydd yn y dyddlyfr am Awst y degfed – *Elena yn taeru bod y Sipsi efo hi ar y noson y cafodd merch y ficer ei llofruddio ond rwy'n amau ei gair. Mae'n rhy barod i gadw'i ochr.* A doedd o ddim yn ei chredu hi ddau fis yn ddiweddarach chwaith, ar ôl clywed ei bod hi'n feichiog. *Duw a'n gwaredo os mai'r llofrudd yw tad ei phlentyn.* Dyna sydd yn y dyddlyfr ar gyfer Hydref y deunawfed.'

'Hy! Fe ddyla fo fod wedi dangos mwy o gefnogaeth i'r hogan. A hitha'n feichiog yn ddwy ar bymtheg oed ac yn destun beirniadaeth a gwawd pobol dduwiol y capal, yna roedd hi angan cydymdeimlad ei thad yn fwy na dim.'

Gwenodd Dewi. 'Ond mae'n ymddangos bod yr hen ddyn wedi newid ei diwn yn fuan wedyn.'

'O?'

'Mae ganddo fo gymaint â hanner tudalen ar gyfer Hydref y pumed ar hugain.'

Dechreuodd Dewi ddarllen eto o'i lyfr nodiadau ei hun, am fod y llawysgrifen yn haws i'w deall a'r eirfa wedi cael ei diweddaru ganddo yn fanno: *'Cnoc ar y drws yn hwyr bnawn heddiw a synnu gweld Howel Wood, y sipsi, yn sefyll yno yn ei ddagrau. Fo a'i deulu yn bwriadu gadael yr ardal liw nos heno, medda fo, am fod pobl y dref yn bygwth dial am y llofruddiaeth. Ei fab yn cael bai ar gam, medda fo, ac roedd ei ddagrau yn llif ar ei ruddiau. Roeddwn yn teimlo drosto yn ei alar ac estynnais wahoddiad iddo i'r tŷ. Nid oedd am eistedd. Roedd wedi dod yn unswydd i gadw addewid a wnaethai i'w fab, meddai, a synnais innau at ei ymarweddiad boneddigaidd gan gofio fel y byddai Elena yn amddiffyn enw da Harri trwy ganmol ei ysbryd annwyl a hawddgar bob amser. Rwy'n ofni i mi fod yn rhy barod fy meirniadaeth o'r bachgen ac rwy'n amau, bellach, iddo gael bai ar gam.'*

'Wel da iawn fo am syrthio ar ei fai o'r diwadd. Roedd peth felly yn rhywfaint o gysur i Elena, siŵr o fod.'

'Ond gwranda fel mae dy hen daid yn gorffen cofnodi hanes ymweliad Howel Wood â Phenrallt Uchaf, y diwrnod hwnnw – *Cyn gadael, edrychodd y Sipsi i fyw llygad Elena a dweud wrthi bod Harri wedi rhagweld na fyddai'n dychwelyd yn fyw o'r heldrin. Roedd wedi cael ei dad i addo mai E. oedd i gael yr unig beth o werth materol oedd ganddo i'w roi, sef ei ffidil. Ffidil Ffrainc oedd HW yn ei galw hi. Y ffidil a gafodd yn dâl am ffafr a wnaethai, rywdro, i...'*

Trodd Dewi at y dyddlyfr a dangos i Elin y cofnod gwreiddiol yn hwnnw. 'Does dim posib darllen be mae o wedi'i sgwennu yn fan'ma. Rhywbeth tebyg i *John the Baptist*!'

Cydiodd Elin yn y llyfr ac, ar ôl craffu eiliad, gwenodd a chynhyrfu yr un pryd. 'Mae'n siŵr bod ynganiad Howel Wood o'r enw Ffrangeg wedi drysu'r hen daid yn llwyr, a'i fod o wedi sgwennu be o oedd o'n feddwl oedd o wedi'i glwad. Yr hyn ddeudodd y sipsi, mae'n siŵr, oedd mai *Charles Jean Baptiste* oedd wedi rhoi'r ffidil iddo.'

'A phwy oedd hwnnw, meddet ti?'

Yn hytrach nag egluro'n syth, cododd Elin a mynd i nôl ei ffidil oddi ar y piano a'i dal hi'n gyffrous o dan drwyn Dewi. 'Weli di lofnod tu mewn iddi?'

Ar ôl craffu am rai eiliadau i fol y ffidil, 'Gwelaf,' meddai o'r diwedd, 'ond Colin rhwbeth neu'i gilydd ydy'r enw sydd arni. Dim byd tebyg i be ddeudist ti rŵan, beth bynnag.'

'Collin-Mezin!' meddai hi. 'Enw'r gwneuthurwr. Ei enw llawn oedd Charles Jean Baptiste Collin-Mezin. Ac roedd ganddo fo fab hefyd o'r un enw – Charles Jean Baptiste Collin Mezin Junior oedd hwnnw – ac roedd ynta hefyd, fel ei dad, yn grefftwr ar neud offerynnau fel hyn. Ond wyst ti be, Dewi?' meddai hi gan anwylo'r offeryn yn ei dwylo. 'Ro'n i'n gwbod bod hon yn ffidil hen, ac yn ffidil dda... mae ei thôn gyfoethog hi'n profi hynny... ond ches i erioed achos i holi, tan rŵan, o ble y daeth hi i'n teulu ni. Mae'n gwestiwn gen i a oedd Nain na Mam, beth bynnag am fy nhad a Taid, yn gwbod o ble y daeth hi, na be ydi ei gwerth hi erbyn heddiw. Ond dyma fi'n gwbod rŵan mai ffidil Harri Wood oedd hi. Os gellir rhoi coel ar be mae'r hen daid yn ddeud yn ei ddyddlyfr, yna Charles Jean Baptiste ei hun a gyflwynodd yr union ffidil yma i Howel Wood yn dâl am ryw ffafr neu'i gilydd pan oedd y teulu drosodd yn Ffrainc. A dyma'r ffidil a gafodd ei gadael wedyn i fy hen, hen nain. Anhygoel! Fedra i ddim credu'r peth.'

Wrth weld ei hafiaith, teimlodd Dewi yn falch iawn drosti.

'A dyma fel mae dy hen, hen, hen daid yn gorffen ei gofnod am y diwrnod hwnnw. *Yn ôl HW, roedd ei fab Harri wedi sylweddoli bod gan E. dalent cerddorol arbennig i allu gwneud cyfiawnder â'r ffidil.* Ac yna'r frawddeg yma gan yr hen ddyn, i gloi – *Bu HW ac E. yn wylo wedyn, yn egr ac yn hir, ym mreichiau'i gilydd.'*

'Trist iawn!'

'Ia. Dim ond cofnod un frawddeg sydd ar gyfer y diwrnod wedyn: *Y garafán wedi gadael y Comin cyn toriad gwawr, byth i ddychwelyd mwy.'*

'Dim ond arogl mwg lle bu!' meddai Elin mewn islais breuddwydiol, ac yna'n uwch, 'Ffidil Ffrainc. Ffidil wedi ei chyflwyno i Howel Wood, a hynny gan neb llai na Charles Jean Baptiste Collin-Mezin ei hun. Fedra i ddim credu'r peth.'

'Mae'n werth crybwyll un peth arall,' meddai Dewi gan droi i gefn y dyddlyfr. ''Drycha! Mae'r dudalen olaf wedi cael ei rhwygo allan o'r llyfr.'

'Ac yn flêr a brysiog hefyd,' meddai Elin, wrth sylwi ar y gynffon o bapur oedd ar goll yno. 'Wyt ti'n meddwl bod rhwbath o bwys wedi bod arni? Chawn ni byth wbod, mae'n beryg.'

# RHAN 2
# ATEBION

# Dathlu a datrys dirgelwch arall

F EL ROEDD HI'N cyrraedd y gegin, dechreuodd y ffôn ganu. Yna, ar ôl eiliad o wrando, 'Allan heno ddeudist ti? Allan i ble, felly?'

'*Wait and see!*'

'Pam mynd allan o gwbwl?'

'I ddathlu, wrth gwrs.'

Bu'r wythnos a aethai heibio yn un brysur ar ei hyd i Elin. Oherwydd bod Gordon Jones yn amddiffyn cleient mewn achos go ddyrys yn Llys y Goron yng Nghaernarfon, ac wrth i'r dadleuon a'r gwrthddadleuon ddod i'r wyneb yn fanno, yna roedd disgwyl iddi hi, fel ei glerc, fod ar gael yn y swyddfa yn Nhregarnedd tan saith o'r gloch bob nos, a hwyrach na hynny hefyd pe bai angen, i dderbyn cyfarwyddiadau ynglŷn â pha ddogfennau i chwilio amdanyn nhw yn yr archif a'u hanfon ymlaen yn ddigidol wedyn, gynted â phosib, i'w iPad neu trwy'r peiriant ffacs.

Deuai'r gair 'archif' â gwên i wyneb Elin yn ddieithriad, o gofio mai'r hyn a elwid yn 'Archifdy'r Swyddfa' oedd ystafell go helaeth yng nghefn yr adeilad, efo'i waliau o'r golwg, hyd at y nenfwd, y tu ôl i bentyrrau o hen ffeiliau a bocsys esgidiau oedd yn dal stôr o ddogfennau a llythyrau a manylion achosion llys ac ati dros gyfnod o gan mlynedd a mwy. Ond roedd trefn, serch hynny, ar yr anhrefn ymddangosiadol oherwydd roedd hyd at dri chwarter y ffeiliau a bocsys bellach wedi cael eu labelu'n glir, a chynnwys y rheini hefyd, erbyn heddiw, ar gael yn ddigidol, diolch i lafur diflino Elin a Carys, dros y blynyddoedd diwethaf.

Canlyniad prysurdeb yr wythnos fu i Elin Puw orfod colli practis y côr neithiwr. Y newydd da heddiw, fodd bynnag, oedd bod yr achos llys wedi dod i ben erbyn canol dydd, a hynny'n llwyddiannus iawn o safbwynt Gordon Jones.

'I ddathlu!' eglurodd hwnnw, wrth gerdded i mewn i swyddfa Elin ganol pnawn, a tharo potel ar y ddesg o'i blaen, cyn plygu'n syth wedyn i fwytho Eidw yn ei focs. 'Mae o'n tyfu, Elin.'

'O!' meddai hithau'n gynhyrfus, o weld y botel. 'Siampên! Siampên go iawn! Mi a' i chwilio am wydrau i'r cefn.'

'Wnei di mo'r fath beth,' meddai yntau. 'I ti mae honna. I ti a Dewi Rhys gael dathlu.'

'Ond wnes i ddim byd mwy na fy ngwaith arferol, Mr Jones. Chi sydd â'r achos i ddathlu, chi a Mrs Jones.' A cheisiodd roi'r botel yn ôl iddo.

'Paid â phoeni Elin. Mae gen i botel arall o'r stwff yna i'r wraig a finna.' Daliai yn ei gwrcwd uwchben Eidw. 'Wrth gwrs 'mod i'n gwerthfawrogi'r oriau ychwanegol gen ti dros yr wythnos ddiwetha ond mi fydd fy niolch am y rheini i'w weld yn dy gyflog di. I ti a Dewi Rhys mae honna, i chi gael dathlu dy ben-blwydd di mewn steil.'

O weld y syndod yn neidio i'w llygaid hi a'r gwrid yn dod i'w boch, chwarddodd Gordon Jones yn iach, i brofi'r hwyliau da oedd arno. 'Be? Doeddet ti 'm yn meddwl 'mod i wedi anghofio dy ben-blwydd di, oeddet ti?'

'O, diolch yn fawr! A deud y gwir, Mr Jones, doeddwn i fy hun ddim yn... ddim yn...'

'Be? Ddim yn cofio dy ben-blwydd dy hun?' A chwarddodd y twrnai eto cyn mynd ymlaen. 'Wel dyna brofi, felly, dy fod ti'n gweithio'n rhy galad yn y lle 'ma. Mae hi wedi bod yn wythnos flinedig i ni'n dau ac mi fydda i'n gadael y swyddfa o fewn yr hannar awr nesa, ar ôl i mi roi trefn ar fy mhetha. Gwna ditha'r un peth, Elin. A mwynha dy benwythnos.'

*

'Dathlu be, felly?' meddai hi i'r ffôn yn ei llaw. Hyd y gallai hi gofio, doedd hi erioed wedi crybwyll dyddiad ei phen-blwydd wrth Dewi Rhys.

'Wel dathlu pen-blwydd yr hen wreigan, wrth gwrs.'

'Sut gwyddet ti?'

'*Ah! But I have my contacts Miss Puw!*'

'Yn *MI5* mae'n siŵr,' meddai hithau'n goeglyd, gan blygu ar yr un pryd i godi Eidw allan o gaethiwed ei focs a rhoi rhyddid y gegin iddo. 'Mae'n siŵr bod criw Thames House yn Llundain, fel y DC Plod bach un fraich sy'n galw yma yn Hen Benrallt o bryd i'w gilydd, yn cadw llygad barcud arna i rŵan, rhag ofn bod mwy nag un llofrudd yn fy nheulu. A deud y gwir, wrthi'n hogi'r gyllall fara oeddwn i rŵan, erbyn y tro nesa y bydd Inspector Morse yn galw heibio.'

Gallai Elin synhwyro'i wên ar ben arall y lein.

'Rŵan, be sydd gen ti mewn golwg?'

'Mynd allan heno am damaid i'w fwyta, falla?'

'Na,' meddai hi, a'r oslef hwyliog yn cilio'n fuan o'i llais. 'Mae hon wedi bod yn wythnos flinedig i Eidw a finna ac roedden ni'n dau wedi edrych ymlaen at noson fach dawal o flaen y tân, yn mwynhau têc-awê Tsieinîs a gwydriad o siampên. Y stwff go iawn, wrth gwrs, diolch i Gordon Jones; hwnnw mewn hwylia ardderchog ddiwadd pnawn, ar ôl ennill ei achos yn y Llys heddiw.' Yna, o synhwyro'r ansicrwydd yn gymysg â'r siom ar ben arall y lein, 'Ond mae lle i un arall wrth y bwrdd, wrth gwrs. Fedri di feddwl am rywun fasa'n fodlon rhannu min nos tawal efo'r hen wreigan?'

'Pa fath o Tsieinîs wyt ti'n licio?'

'Rhai annwyl a chlên! Be amdanat ti?'

Parodd y ffrwydrad o chwerthin o ben arall y lein iddi hitha hefyd wenu.

'Paid â rwdlan, Elin Puw! Rŵan, pa fath o fwyd Tsieinîs wyt ti'n licio?'

'Unrhyw beth Cantonîs efo nŵdls.'

'Iawn, felly. Fe wela i di o fewn yr awr.'

Fel roedd hi'n rhoi'r ffôn yn ei grud, dechreuodd hwnnw ganu eto.

'Elin?' meddai'r llais cryglyd cyfarwydd.

'Ia. Be sydd, Margiad Rowlands?' Doedd hi erioed wedi cael galwad ffôn gan yr hen wraig cyn hyn. 'Ydi pob dim yn iawn efo chi?'

'Siort ora, ngeneth i.' Yna, heb oedi, 'Fedri di alw yma bora fory, ryw ben?'

'Ia, iawn... Mi wna i.' Ond pam? oedd y cwestiwn yng ngoslef ei llais.

'Mae rhywun yn awyddus i gael gair efo ti.'

'O?' Pwy, felly? oedd y cwestiwn oedd rŵan ar flaen ei thafod, ond chafodd hi mo'r cyfle i ofyn hwnnw chwaith.

'Hannar awr wedi deg yn iawn efo ti, gobeithio?'

Cyn i Elin gael cyfle i gadarnhau nac i awgrymu amser gwahanol, aeth y ffôn yn fud.

*

'Mi ddaru mi fwynhau hwnna'n fawr iawn, Dewi. Diolch iti.'

'Rydw inna'n falch erbyn rŵan hefyd mai yma yr ydan ni ac nid mewn bwyty, yng nghanol pobol. Mae gen i rwbeth i'w ddangos iti.' Yna, heb orfod codi, estynnodd am ei iPad oedd o fewn cyrraedd ar y silff uwch ei ben.

Roedd Elin wedi sylwi arno'n dod â hwnnw i'r tŷ ac wedi meddwl tybed be oedd ei bwrpas.

'I chi gael deall, Miss Puw, nid chi ydi'r unig un i gael wythnos brysur.'

Ar ôl dod o hyd i'r hyn y chwiliai amdano, gwthiodd y teclyn ar draws wyneb y bwrdd, iddi gael golwg ar y llun oedd ar y sgrin.

Bu Elin rai eiliadau cyn deall yn iawn yr hyn roedd hi'n edrych arno ond yna'n raddol fe giliodd y dryswch a rhoi lle i gyffro.

'Ym mhle ddaru ti'i ffeindio fo?'

Yr hyn a welai hi oedd carreg fedd, a honno o'r golwg bron yng nghanol drysi o weiriach a chwyn tal. Tu ôl iddi, tyfai coeden gelyn ifanc, a phwysau honno'n peri i'r garreg wyro ymlaen fel pe bai hi ar fin syrthio i'r tyfiant gwyllt a diflannu am byth.

'A sut ddaru ti ei ffeindio fo?'

Yn hytrach na'i hateb yn syth, estynnodd Dewi ei fraich dros y bwrdd a phwyso botwm i ddatgelu llun arall. Yr un bedd eto ond y goeden gelyn wedi diflannu erbyn rŵan a'r gweiriach blêr wedi'i dacluso.

**Elin Morgan Pugh Williams**
Cae Gwyn yn y plwyf hwn
(gynt o Dregarnedd)
a fu farw'n gynamserol
ar Fedi 12 1935
yn 38 oed

'Fe ddaeth y cliw i ffeindio'r fynwent o'r lle mwya annisgwyl,' meddai. 'Lwc noeth, a dweud y gwir. Wyt ti'n cofio'r tamaid papur yn y Beibil? Wel, mae'n siŵr dy fod ti'n iawn i feddwl mai fel *bookmark* y câi hwnnw ei ddefnyddio, ond wyt ti'n cofio be oedd wedi'i sgriblo arno fo?'

'Rhestr o ryw fath, os cofia i'n iawn.'

'Ia. Enwau ffermydd a bod yn fanwl gywir, a rhai o'r enwe yn anghyflawn am fod y papur wedi cael ei rwygo'n flêr. Dyma nhw i ti.' A gwthiodd Dewi y stribedyn papur ar draws y bwrdd i Elin gael edrych arno eto:

*cwm llanne*

*caer melw*

*pennant*

*tŷ gwy*

*y Fed*

'Sut gwyddost ti mai enwa ffermydd oedden nhw?'

'Mae pob ditectif gwerth ei halen, Miss Puw...'

Gwenodd Elin wrth ei glywed yn taflu ei geiriau hi ei hun yn ôl ati.

'... yn gallu Gŵglo! A mynd ar *Google Earth* wedyn am yr union leoliad. Cwm Llannerch, Caer Melwr, Pennant, Tŷ Gwyn, Y Fedw. Ffermydd i gyd yn ardal Llanrwst i ti gael deall. Mater bach wedyn oedd cael gwybod mai yn Llanrwst hefyd yr oedd Eglwys St Mary's yn arfer bod, nes i honno gael ei dymchwel rai degawde yn ôl, bellach. Ond mae'r fynwent yno o hyd, wrth gwrs.'

Cyfeiriodd Elin at y llun ar yr iPad. 'A phryd fuost ti yno yn chwilio am y bedd?'

'Ben bore heddiw. Fe gefais i dipyn o drafferth dod o hyd iddo fo, fel y medri di ddychmygu, a bron cymaint o amser â hynny wedyn i lifio'r gelynnen a thorri'r gwair. Wrth lwc, mi fydda i bob amser yn cadw bocs tŵls yng nghist y car,' eglurodd, 'ac ro'n i wedi gofalu mynd â chryman efo fi hefyd.'

'Ond be am Cae Gwyn? Doedd hwnnw ddim ar y rhestr rwyt ti newydd ei darllan.'

'Mi es i lyfrgell y dref i holi ac, er nad oedd y llyfrgellydd ei hun yn gallu helpu, roedd gwraig mewn oed yn digwydd bod o fewn clyw ac fe ddwedodd hi bod Cae Gwyn yn wag hyd yn oed pan oedd hi'n blentyn a bod y lle wedi mynd â'i ben iddo yn fuan iawn wedyn. Roedd ganddi hi gof clywed rywdro, meddai hi, bod y teulu olaf i fyw yno wedi ymfudo i Awstralia, neu falle'r Unol Daleithie. Allai hi ddim bod yn siŵr pa un. Sut bynnag, fe aeth y llyfrgellydd ar y we wedyn, chware teg iddo, ac edrych ar gyfrifiad 1911, sef y cyfrifiad diwetha i gael ei gyhoeddi.'

Gwelodd Dewi hi'n gneud syms yn ei phen. 'A derbyn mai'r un un oedd Elin Pugh, Cae Gwyn, ac Elena Morgan Puw, Penrallt Ucha... ac mae'r enw ar y garrag fedd yn profi hynny, bellach, siŵr o fod... yna doedd hi ond rhyw ddeuddeg oed pan gymerwyd y cyfrifiad rwyt ti'n sôn amdano. Felly, doeddet ti fawr callach o chwilio.'

'Ond fe ddois i o hyd i'r teulu oedd yn byw yn Cae Gwyn ar y pryd.' A dechreuodd Dewi ailadrodd yr hyn a gofiai o'r wybodaeth. 'John Williams, *Farmer*, pedwar deg un oed, oedd y tad, a Lowri ei wraig flwyddyn yn hŷn. Un mab, William John Williams, pedair ar ddeg oed, a thair o chwiorydd hŷn. Mae'n rhesymol meddwl bod y chwiorydd hŷn wedi priodi, ymhen amser, a symud i ffwrdd i fyw a bod William John wedi aros adre i ffarmio.'

'Ac wedi cwarfod a phriodi fy hen, hen nain i, ymhen amser.'

'Ia. Priodi ar Ebrill y degfed, 1922.'

'A symud i Ddyffryn Conwy i fyw. Ond roedd hi wedi cael plentyn cyn hynny, wrth gwrs.'

'Oedd. Mab Harri Wood, mwy na thebyg. Ond rhaid bod hwnnw...' Trodd Dewi eto at ei lyfr bach i atgoffa'i hun o'r enw. '... Ambrose Morgan Pugh, wedi aros yn Penrallt Ucha i gael ei fagu gan ei daid a'i nain.'

'Peth felly'n eitha cyffredin yn yr oes honno, dwi'n meddwl. Ond pam Seisnigo'r cyfenw?'

'Os nad i drio gwarchod rhywfaint ar warth y teulu falle?'

'Ia, mae'n siŵr dy fod ti'n iawn, Dewi. Pa reswm arall allai fod? Ond rwyt ti hefyd wedi egluro rŵan pam bod fy hen, hen nain wedi symud i ardal Llanrwst i fyw, ac i fagu teulu yn fanno. A gan mai yno y buodd hi farw dair blynedd ar ddeg yn ddiweddarach, yn un naw tri pump, a bod ei gŵr hi a'u plant wedi ymfudo'n fuan wedyn i Awstralia, neu lle bynnag, yna mae'n rhesymol i ni feddwl mai nhw oedd y teulu olaf i fyw yn Cae Gwyn.'

'Dyna oeddwn inne'n feddwl hefyd, Elin.'

'Tipyn o fenter oedd codi pac a mynd mor bell. Wedi breuddwydio am fywyd gwell mewn gwlad arall, mae'n siŵr. Gwlad oedd yn llifeirio o laeth a mêl. Trist iawn. Ti'm yn meddwl?'

'Gobeithio eu bod nhw wedi cael gwireddu eu breuddwyd.'

'Ia,' meddai Elin, a'i meddwl hi'n bell erbyn rŵan. 'Ond pam nad aethon nhw â'u Beibil efo nhw i Awstralia? A sut y daeth o yma i Benrallt Ucha? Go brin y cawn ni atebion byth i'r cwestiyna yna. Felly mae'n ymddangos bod hynny o deulu sydd gen i ar ôl, erbyn heddiw, yn byw ym mhen arall y byd.'

Wrth synhwyro'i thristwch, gwyrodd Dewi dros fraich ei gadair i daro cusan ar gornel ei cheg. 'Ond mae gen ti fi,' meddai, yn y gobaith o gynnig ychydig gysur.

'Oes, dwi'n gwbod, 'nghariad i,' meddai hi gan droi ei phen i dderbyn cusan lawn. 'Ond wyt ti wedi styried beth tae Elena wedi mynd ag Ambrose bach efo hi i Lanrwst ar ôl priodi? Fyddwn i ddim yma heddiw! Mi fyddwn i'n byw allan yn Awstralia mae'n siŵr, yn siarad dim byd ond Susnag efo acan od.'

'Fyddet ti ddim yn fan 'no chwaith, fyddet ti, pan feddyli di am y peth? Nid ti fyddet ti, beth bynnag. Fe fydde gen ti dad gwahanol, falle? Neu fam wahanol?'

'Ti'n iawn, Dewi. Fyddwn i ddim yn bod o gwbwl, fyddwn i? A meddylia'r gollad fyddai hynny i ti!'

'Dydw i ddim isio meddwl am y posibilrwydd hwnnw, Elin,' meddai, gyda'r bwriad amlwg o newid y testun, 'a be mae Miss Puw yn feddwl rŵan, os gwn i, o'i DC Plod? Ydi o'n haeddu dyrchafiad yn Dditectif Inspector?'

'*Chief Inspector* o leia!' meddai hi, a chwarddodd y ddau gan beri i Eidw ystwyrian eto ar ei glustog wrth eu traed.

'Ddoi di efo fi i weld Margiad Rowlands yn y bora?'

'Wrth gwrs. Pam wyt ti isie'i gweld hi?'

'Hi sydd am fy ngweld i. Rhywun isio gair efo fi, meddai hi. Ysbryd pwy y tro yma, os gwn i?'

'Diddorol! Rwy'n edrych ymlaen. Ond fy lle i ydi gofyn ffafr gen ti, rŵan.'

'Â chroeso.'

'Wnei di gydio yn dy ffidil... Ffidil Ffrainc!... a chware'r darne chwaraeest ti yn y cyngerdd?'

Gwelodd Dewi y direidi'n goleuo'i llygad hi'n syth a gwyddai fod rhyw ateb ffraeth arall ar ddod.

'Ffidil *John the Baptist* wyt ti'n feddwl, mae'n siŵr?'

Cynhyrfodd Eidw eto yn sŵn eu chwerthin.

# Cael dychryn

'**M**AE'N FORA DIGON oer ond mae'n sych ac yn braf. Yn hytrach na thrafferthu efo'r car, be am i ni gerddad lawr i dŷ Margiad Rowlands yn y Gelli?'

Yna, o weld y cwestiwn ar ei wyneb, 'Pam wyt ti'n edrach arna i fel 'na?'

'Pobol Stryd Penrallt!'

'Pobol Stryd Penrallt? Be amdanyn nhw?'

'Wel, mi fyddan nhw'n siŵr o sylweddoli 'mod i wedi treulio'r noson efo ti.'

'Ac mi fyddai hynny'n embaras mawr iti, mae'n siŵr?' meddai hi gyda gwên.

'Meddwl amdanat ti o'n i, Elin.'

'Wyst ti be oedd un o hoff ddywediada Nain, ers talwm, os oedd hi'n synhwyro beirniadaeth pobol? Naw wfft iddyn nhw i gyd! Dyna fyddai hi'n ddeud. A dyna fydda inna hefyd yn ddeud bora 'ma wrth gerddad i lawr yn dy fraich di. Naw wfft i bawb! Ond paid â phoeni, Dewi, dydi pobol Stryd Penrallt, mwy na'r rhan fwya o bobol eraill Tregarnedd o ran hynny, ddim hannar mor feirniadol, nac mor hunangyfiawn chwaith, ag oedd Nain yn feddwl oeddan nhw. Rŵan, tyrd. Mae yna dipyn o ias ar y gwynt, felly gad i ni daro rhwbath cynnas amdanon ni a mynd i lawr i gael clywad be fydd gan yr hen Fargiad i'w ddatgelu i mi bora 'ma.'

Ddeng munud yn ddiweddarach, roedd Elin yn cyfarch un o wragedd y stryd wrth i Dewi a hithau gerdded heibio'i thŷ. 'Bora braf, Mrs Evans!'

'Ydi wir,' meddai honno, yr un mor wengar yn ôl a gan synnu, mae'n siŵr, at fel roedd Elin Puw, Hen Benrallt, wedi sbriwsio a dod allan o'i chragen yn ddiweddar. 'Braf iawn, ond oer.'

Wrth droi i lawr am lwybr y Gelli, safodd Elin yn stond a phwyntio at yr arwydd newydd wedi'i osod ar y gamfa o'u blaen.

'Rhaid mai bora 'ma y cafodd hwn ei osod,' meddai hi, a'i llais yn llawn pryder. 'Doedd o ddim yma ddoe neu mi fyddwn i'n siŵr o fod wedi sylwi.'

'AR WERTH,' darllenodd Dewi yn uchel. 'COED Y GELLI. Manylion i'w cael yn Swyddfa'r Cyngor Tref, Sgŵar Pen Clawdd, Tregarnedd.' Yno hefyd roedd rhifau ffôn a ffacs, yn ogystal â chyfeiriad e-bost.

'Wel dyna'i diwadd hi, felly!'

'Be ti'n feddwl Elin? Pam ei diwedd hi?'

'Py! Mi fydd rhyw Sais cefnog yn gweld ei gyfla i neud ceiniog neu ddwy yma, rŵan. Ceiniog neu ddwy, ddeudis i? Miliwn neu ddwy yn hytrach! Ac mi fydd y Gelli yn diflannu'n fuan iawn a stad o dai yn cymryd ei lle. A phwy ŵyr pwy ddaw i fyw yn rheini.'

'Uniaith Gymraeg ydi'r arwydd, cofia. Falle bod gobaith mewn peth felly, am a wyddost ti.'

'Matar o amsar, dyna i gyd. A be fydd yn digwydd i Margiad Rowlands a'i bwthyn wedyn, meddat ti?'

Dilynodd Dewi hi trwy'r giât mochyn ac i'r gwyll yng nghysgod y coed.

'Roedd gen i ofn dod ffor 'ma i'r ysgol yn y gaea, pan o'n i'n fach,' meddai hi, er mwyn ymlid ei hanniddigrwydd. 'Doedd hi ddim wedi goleuo'n iawn yn y bora ac roedd hi'n tywyllu'n gynnar yn y pnawn. Fel y gweli di, does ond pedwar polyn letrig rhwng fan 'ma a phen arall y llwybyr a dydi'r golau ar rheini fawr gwell na golau cannwyll.'

'Be? meddai Dewi, efo sŵn anghrediniol yn ei lais. 'Ffor 'ma fyddet ti'n dod yn y gaea hefyd?'

'Ia. Mi allwn fod wedi dilyn y ffordd fawr ond roedd hon yn fyrrach ac yn gynt.'

'Bobol bach! A faint oedd dy oed di yn gneud hynny?'

'Oed ysgol gynradd a hŷn. Mi fyddai Mam, pan oedd hi o gwmpas ei phetha, yn crefu arna i i gadw draw o Ffordd Gelli wedi iddi dywyllu ond doedd Nain wedyn yn gweld dim byd o'i le i mi ddod ffor 'ma gan fod gen i dortsh i oleuo'r ffordd.'

Pan glywodd hi Dewi yn ochneidio'n anghrediniol, 'Un fel 'na oedd Nain, sti!' meddai hi. 'Sut bynnag, dyma hi Hen Bont y Gelli rŵan.'

'A dyma nhw'r crawia!' meddai yntau, i ddangos ei fod yn cofio beth oedd y rheini.

'Da'r hogyn!' meddai hi, a gwasgu ei fraich yn garuaidd fel rhan o'r clod. 'Hannar awr wedi deg ar ei ben,' meddai hi wedyn, o edrych ar ei wats. 'Be fydd y dirgelwch heddiw, os gwn i?'

'Neges gan yr hen, hen nain Elena ei hun, falle.'

Roedd drws y bwthyn yn llydan agored a Margiad yn sefyll yno yn eu haros.

'A! Dwi'n falch o weld bod yr *young man* wedi dod efo ti,' meddai hi. 'Dowch i mewn.' Ac arweiniodd hwy i'r tŷ.

Synhwyrodd Elin wahaniaeth yn yr hen wraig yn syth ond ni allai roi bys ar yr hyn oedd yn wahanol chwaith. Cyffro o ryw fath yn reit siŵr. Nerfusrwydd, o bosib!

'Mae yma rywun sy'n awyddus i gyfarfod â chi'ch dau.' Roedd y geiriau'n dod dros ysgwydd ganddi wrth iddi droi i mewn trwy ddrws y parlwr ar y dde.

Teimlodd Elin law Dewi ar ei hysgwydd. Cael clywed neges oddi wrth un o'r meirw oedd y disgwyl. Doedd yr un o'r ddau yn barod am rywun o gig a gwaed.

'Wyt ti'n nabod hwn, Elin?' A chamodd yr hen wraig o'r neilltu iddi gael gweld y dyn oedd yno'n sefyll.

Y cap a'r ffon ar y soffa wrth ymyl y dieithryn a dynnodd ei sylw hi gyntaf, gan beri i'w cheg syrthio'n agored ac i'w llygaid hi rythu, er ei gwaethaf, ar y dyn a safai'n betrus o'i blaen. Teimlodd ei chalon yn cyflymu'n ddireol wrth iddi sylwi ar y graith hir ar draws ei dalcen, a'r pen hanner moel efo'r holl greithiau hyll eraill yn batrwm blêr ar ei draws.

'Sut wyt ti, Elena?' Roedd y llais mor wan, mor gryg, fel mai prin y gellid ei glywed.

'Wyt ti'n 'i nabod o, Elin?' meddai Margiad eto.

'Ydw... dwi'n meddwl,' meddai hi. 'Fy nhad, ia?'

Wrth ei gweld hi'n simsanu ac yn gwegian, brysiodd Dewi i roi ei fraich gref amdani i'w chynnal, ond llithrodd trwy'i afael i'r carped, serch hynny, ac i dywyllwch ei llewyg.

Pan ddaeth ati ei hun, rai eiliadau'n ddiweddarach, roedd hi'n gorwedd ar y soffa efo Dewi yn dal gwlanen wlyb ar ei thalcen, a'r wyneb a'r pen creithiog yn syllu'n bryderus i lawr arni.

'Mae'n wir ddrwg gen i, 'mechan i,' meddai'r llais cryglyd. 'Doedd o ddim yn syniad da i mi ddod yma, mae gen i ofn, ac i roi'r fath sioc iti.'

Ond Dewi a'i hatebodd ac roedd beirniadaeth finiog yn ei lais. 'Roeddech chi yn y cyngerdd y noson o'r blaen. Pam na fyddech chi wedi dod draw ati yn fanno yn hytrach na rhoi'r fath sioc annisgwyl iddi yn fan 'ma, yn nhŷ'r ddynes ddierth 'ma?'

'Dwi'n derbyn dy feirniadaeth di, 'machgan i, ond ro'n i angan help Margiad Rowlands i allu torri'r garw.'

'Ond pam rŵan? Ar ôl yr holl flynyddoedd?' Roedd y

sŵn llesg i'w glywed o hyd yn llais Elin wrth iddi godi ar ei heistedd ar y soffa. 'Ugain mlynadd a mwy yn ôl, dyna pryd roedd Mam a finna wirioneddol eich angan chi.' Roedd y chwerwedd i'w glywed yn magu yn ei llais.

'Dwi'n gwbod hynny cystal â neb, Elena. Coelia fi! Mae llawar iawn wedi digwydd yn y cyfamsar. Petha na wyddost ti ddim byd amdanyn nhw ar hyn o bryd. Fyddet ti'n fodlon i mi ddod i fyny i Hen Benrallt i adrodd yr hanas yn llawn ac i drio achub fy ngham?'

'Pam ddylwn i, ar ôl yr holl boen rydach chi wedi'i achosi i bawb? I Mam, i Nain ac i minna.'

'Does neb sy'n fwy ymwybodol na fi o'r hyn rwyt ti a dy fam wedi gorfod ei ddiodda dros y blynyddoedd, ond paid ag edliw teimlada dy nain i mi, plis.'

Wrth synhwyro taerineb y geiriau olaf, arhosodd Elin yn fud gan ddisgwyl eglurhad llawnach ganddo, ond ddaeth dim.

'Os nad wyt ti'n fodlon i mi ddod i fyny i Hen Benrallt, yna falla y byddet ti a Dewi yn cytuno i 'nghwarfod i yng Ngwesty'r Goron, lle bydda i'n aros eto y penwythnos yma.'

'Ond pam dod i 'ngweld i rŵan? Dwi wedi'ch gweld chi yn Nhregarnedd fwy nag unwaith yn ddiweddar ond heb eich nabod chi am eich bod chi'n cuddio'ch gwynab. Cael lle hyd yn oed i ama eich bod chi yn fy nilyn i, a'ch bod chi'n fygythiad imi.'

Doedd Elin ddim yn brin o sylwi, rŵan, ar y dagrau yn neidio i'w lygaid llidiog.

'Bygythiad? Bobol bach, Elena annwyl. Mi fyddwn i'n rhoi fy mywyd i d'amddiffyn di, coelia fi. Dyna pam fy mod i mor falch bod gen ti Dewi yn dy fywyd di, bellach.'

'Ond dach chi wedi bod yn cadw llygad arna inne hefyd, yn ogystal â bod yn holi fy ffrindie ac aelode fy nheulu.'

'Do, ond dydw i ddim yn ymddiheuro am hynny. Lles

Elena oedd gen i mewn golwg. Ro'n i wedi'ch gweld chi efo'ch gilydd ac wedi cael ar ddallt eich bod chi, Dewi, wedi cael ysgariad yn ddiweddar, felly roedd yn naturiol i mi boeni. Ond rydw i'n dawelach fy meddwl ar ôl gneud 'chydig o ymholiada amdanoch chi.'

'Diolch yn fawr.' Doedd dim celu'r dôn sarcastig yn ei lais.

'Ddaethoch chi ddim yn ôl i gladdu Mam, hyd yn oed, heb sôn am i angladd eich mam chi'ch hun.'

'Nid dyma'r lle i mi drio egluro na chyfiawnhau be sydd wedi digwydd dros y blynyddoedd. Wyt ti am wrthod i mi'r cyfla i egluro ac i achub fy ngham, Elena?'

'Rhaid i mi gael mwy o amsar i feddwl, mae gen i ofn. Mi fedrwch chi ddychmygu'r sioc dach chi newydd ei rhoi i mi, siawns? Rhowch eich rhif ffôn i Margiad Rowlands ac fe alwa i amdano fo, y tro nesaf y bydda i'n pasio.'

'Dyma fo i ti rŵan.' Ac estynnodd gerdyn bychan iddi. 'Mae'r manylion cyswllt i gyd ar hwnna.'

'Diolch,' meddai hi'n swta gan ei wthio i boced ei chôt heb hyd yn oed edrych arno. 'Tyrd, Dewi. Mae gen i betha i'w gneud.'

*

'Faswn i byth bythoedd wedi'i nabod o. Na nabod ei lais o chwaith. Ond dydi hynny fawr ryfadd, o gofio mai pump oed oeddwn i pan aeth o i ffwrdd.'

'Ond mi wnest ti!'

'Be?'

'Mi wnest ti'i nabod o.'

Roedden nhw rŵan yn cydgerdded fraich ym mraich o dan fwa'r coed cnau tuag at y giât arall, yr un oedd yn arwain o Lôn Crawia i Stryd Bron Gelli.

'Do, yn do,' meddai hi, fel pe bai hi'n synnu at y ffaith ei bod hi wedi gwneud hynny, 'ond paid â gofyn i mi sut. Hyd yn oed cyn cyrraedd y tŷ, ro'n i'n synhwyro bod rhwbath od ar fin digwydd. Paid â gofyn i mi be. Synhwyro, ym mêr fy esgyrn, bod un o'r teulu yn mynd i siarad efo fi heddiw, ond feddyliais i erioed y byddai hwnnw'n rhywun o gig a gwaed chwaith. Ac yn reit siŵr ddim fo... ddim fy nhad o bawb.'

Yna, ar fympwy, a gan graffu ar y coed o'i chwmpas, 'Wyst ti be?' meddai hi. 'Mae 'ma ddigonadd o gnau eleni. Gad i ni lenwi'n pocedi efo nhw.'

## 2.3

# Yr Eglurhad

**B**U'N GORWEDD YNO'N effro ers deng munud neu fwy, yn gyndyn o symud braich na choes rhag aflonyddu ar ei chwsg a rhag teimlo'i noethni cynnes hi'n symud draw oddi wrtho, ond gwelodd reidrwydd i wneud hynny rŵan wrth i sŵn car dorri ar ei glyw.

'Be sy?' meddai Elin, yn stwyrian wrth ei deimlo'n llithro oddi wrthi.

'Sŵn car, dwi'n ame. Sŵn teiars ar wyneb y ffordd, beth bynnag.'

Trwy lygaid cysglyd, gwyliodd Elin ef yn camu'n noethlymun gorn at y ffenest, i sbecian allan rhwng y llenni.

'Go brin,' meddai hi. 'Yr unig rai fydd yn dod i fyny yma ydi'r postman, neu amball sgotwr ar ei ffordd i fyny i Lynnoedd y Garnedd. Mi fydda i'n caniatáu i sgotwrs barcio wrth dalcan y tŷ a cherddad i fyny o fa'ma. Ond nid sgotwr sydd yna rŵan, beth bynnag... na phostman chwaith.'

'Sut gwyddost ti?'

'Am na fydd y postman byth yn galw ar fora Sul – dyna pam! Ac am na fydd y sgotwrs yn dod i fyny yma chwaith ar ôl i'r tymor sgota orffan!' Roedd hi wedi codi ar un benelin ac efo hanner ei noethni yn y golwg. 'Sut na wyddost ti hynny, a chditha'n rhoi dy hun yn gymaint o sgotwr?'

'Car gwyn,' meddai, yn gwneud ei orau i anwybyddu ei chellwair ffraeth.

'Ar boen dy fywyd, paid ag agor y llenni'n llydan, beth bynnag wnei di,' rhybuddiodd hithau, a'r chwerthin i'w glywed yn y rhybudd, 'rhag ofn i ti godi dychryn ar bobol Tregarnedd, i lawr yn fan'cw.'

Gwelodd hi ei gefn noeth yn ysgwyd wrth iddo geisio rheoli ei chwerthin.

'Pwy sy 'na, beth bynnag?'

'Anodd deud. Mae'r car yn wynebu at i lawr erbyn rŵan a fedra i ddim gweld wyneb y dreifar. Does dim golwg ohono fo'n dod allan, beth bynnag. Fe â' i lawr i weld pwy sy 'no.'

A brysiodd i wisgo amdano. Yr un dillad â ddoe – y jîns golau a'r siwmper lac, las. Yna aeth i lawr y grisiau yn droednoeth. Gorweddodd hithau yno, i wrando o'i gwely. Clywodd ddrws y tŷ yn agor ac yna eiliadau hir o dawelwch, heb unrhyw sôn am Dewi'n dod yn ôl i mewn.

Cododd hithau hefyd rŵan a mynd i sbecian. Roedd drws blaen y car yn llydan agored a Dewi yn eistedd yno'n siarad efo'r gyrrwr, pwy bynnag oedd hwnnw. A barnu oddi wrth aflonyddwch ei ben a phrysurdeb ei ddwylo, yna roedd o mewn trafodaeth go fywiog efo'r dreifar. Ymhen hir a hwyr, gwelodd o'n dringo allan ac yn pigo'i ffordd yn droednoeth yn ôl am y tŷ. Gwisgodd hithau'n frysiog a mynd i lawr i'w gyfarfod.

'Wel? Fo sy 'na, mae'n siŵr?'

'Dy dad? Ia.'

'A be mae o isio rŵan eto? Siawns ei fod o wedi dallt, yn nhŷ Margiad Rowlands ddoe, nad ydw i ddim isio dim byd i'w neud â fo?'

'Mae o wedi deall hynny, Elin, ond mae'n gobeithio cael gair efo ti cyn iddo fo adael Tregarnedd ben bore fory. Does wybod pryd y daw o'n ôl yma eto, os o gwbwl meddai. Mae hynny i fyny i ti, mae'n debyg. Mae o mewn tipyn o boen meddwl, ddwedwn i. Dwi'n credu y dylet ti roi cyfle arall iddo fo, 'sti. Mae o wedi dod i fyny'n unswydd bore 'ma yn y gobeth o gael egluro pob dim iti.' Ac wrth synhwyro ei chyfyng gyngor, ychwanegodd, 'Fe ddwedwn i ei fod o'n ddidwyll iawn a dw i'n credu y dylet ti roi cyfle iddo, rhag i ti gael achos i ddifaru yn y dyfodol, falle. Ond mater i ti ydi hynne, wrth gwrs.'

Gwyliodd hi'n mynd â'r tecell i'w lenwi a gwyddai mai esgus am amser i feddwl oedd peth felly.

'Ia, iawn,' meddai hi o'r diwedd. 'Gwell i ti ofyn iddo fo ddod i mewn. Ond dim pellach na'r gegin, cofia!'

*

Wrth gamu'n sigledig dros y trothwy, tynnodd Huw Ambrose Puw ei gap yn barchus, gan noethi eto'r holl greithiau ar ei ben a'i dalcen.

'Diolch, Elena,' meddai yn ei lais bloesg. 'Dwi'n gwerthfawrogi'r cyfla.'

Y cyfla i be? oedd y cwestiwn ar ei meddwl hi. 'Steddwch! Mi gymrwch chi banad?'

Gwenodd Dewi ynddo'i hun wrth synhwyro'i hagwedd fwy cymodlon.

'Diolch.' Prin y gellid clywed yr ymateb gan mor gryg oedd y llais, eto heddiw.

'Coffi, mae'n siŵr?' Hyd yn oed wrth yngan y geiriau roedd Elin yn rhyfeddu ei bod hi'n gofyn y cwestiwn, yn rhyfeddu ei bod hi'n cofio, yn ei hisymwybod, na fyddai ei thad byth yn yfed te.

Gwenodd yntau, fel pe bai'n synhwyro'i meddyliau hi. 'Diolch,' meddai eto. 'Wyst ti be, Elena? Mae'r tŷ ma'n union fel ag yr ydw i'n 'i gofio fo.'

'Dim byd yn rhyfadd yn hynny.' Roedd y caledwch a'r sŵn edliw yn ôl yn ei llais. 'Ar ôl i chi fynd... ac yna Mam!'

ychwanegodd o dan ei gwynt, '… doedd dim y gallwn i'i neud o gwmpas y lle 'ma, ac eithrio rhoi côt o baent i amball wal, o bryd i'w gilydd.'

'Tyrd ti i eistedd wrth y bwrdd yn fan 'ma Elin,' meddai Dewi, yn ofni gweld yr hen chwerwedd yn magu ynddi eto, 'fel y medrwch chi'ch dau gael trafod yn iawn. Mi â' i trwodd i'r parlwr efo Eidw.'

Roedd y ci bach wedi dechra cyfarth yn fywiog ar y dieithryn.

'Na! Aros lle'r wyt ti. Mae'n iawn i titha hefyd gael clywad yr hyn sydd ganddo fo i'w ddeud.'

'Ia, aros Dewi. Dwi mor falch dy fod ti yma, yn gefn i Elena.' Ac ar ôl gwylio Dewi'n mynd i bwyso yn erbyn y peiriant golchi ac efo'i gefn at y ffenest, trodd Huw Ambrose yn ôl at ei ferch. 'Wyt ti'n cofio unrhyw beth o gwbwl am y blynyddoedd cyn i mi fynd i ffwrdd?'

'Na. Cofio'ch gweld chi'n gadael yn y car. Dyna i gyd.'

Cododd Dewi ei olygon a gofyn iddo'i hun pam bod Elin yn dweud peth felly a hithau wedi disgrifio iddo'n ddiweddar fel y byddai'r dyn yma, ei thad, yn mynd â hi i hel cnau yng nghoed y Gelli ers talwm.

'Welsom ni mohonoch chi wedyn. Na derbyn gair oddi wrthoch chi chwaith. Dwi'n cofio bod Mam jest â drysu, ac yn crio'i hun i gysgu bob nos.'

'Ddeudodd dy fam i ble'r oeddwn i'n cychwyn y diwrnod hwnnw?'

'Do. Fwy nag unwaith dros y blynyddoedd.' Roedd ei goslef yn llawn edliw. 'Roeddach chi'n mynd i drio am ryw job neu'i gilydd yn Lerpwl. Dyna ddeudodd hi. Ac os oeddach chi'n llwyddiannus, yna roeddach chi'n mynd i drefnu lle i ni fyw yn fanno a threfnu wedyn i Mam a finna ddod atoch chi.'

Gwelodd Dewi y pen creithiog yn nodio'n araf i gydnabod sylw'i ferch.

'Ond ddaethoch chi ddim yn ôl. A ddaeth dim gair pellach oddi wrthoch chi wedyn chwaith.'

'Yn fanna rwyt ti'n rong, Elena. Ond, gad i mi ddechra egluro trwy fynd yn ôl i'r diwrnod pan es i o 'ma, y diwrnod y gadewais i Hen Benrallt.'

Cymerodd sip o'i goffi i wlychu ei lwnc.

'Fe wyddost, mae'n debyg, be oedd fy ngwaith i cyn gadael?'

'Gweithio yn y banc, yn y Midland.'

Gwenodd y tad. 'Ia, roedd dy fam yn mynnu i alw fo wrth yr hen enw. Yr HSBC ydi hwnnw ers blynyddoedd, bellach, wrth gwrs, ond mae'r rhan fwya o'r canghenna wedi diflannu erbyn hyn. Sut bynnag, fe ymunais i â'r banc yn syth o'r coleg a chael lle yn y gangen yn Porthtwyni. Wn i ddim a wyddet ti, Elena, bod gen i radd dda mewn Mathemateg ac mai yn y brifysgol yn Aberystwyth y gwnes i gwarfod dy fam?'

Gwelodd hi'n cydnabod y wybodaeth yma trwy edrychiad yn unig.

'Châi neb weithio yn ei gangen leol yn y dyddia hynny, rhag dod i wbod manylion cyfrifon y bobol roedden ni'n byw yn eu mysg nhw. Moto beic oedd gen i yn y coleg ond pan ges i le yn y banc, yna fe fu'n rhaid prynu car bach parchus i fynd i 'ngwaith bob dydd. Ail-law, wrth gwrs. MG bach gwyrdd. *Racing green*! Dwyt ti ddim yn cofio hwnnw? Na?'

Gwelodd Dewi hi'n gostwng ei golwg ac yn anwybyddu'r cwestiwn.

'Beth bynnag, fy ngobaith i oedd cael gweithio yn adran *Corporate* y banc, sef yr adran sy'n delio efo busnesau mawr a bach. Doedd gen i ddim diddordab o gwbwl mewn cael sefyll tu ôl i gowntar bob dydd yn delio efo mân gyfrifon y cwsmeriaid. Doedd dim angan gradd anrhydedd i beth felly. Ond dyna fûm i'n ei neud am bron ddwy flynadd, a hynny ar gyflog bach iawn. Ro'n i'n benderfynol o roi gwell bywyd i ti a dy fam, ac i neud hynny, ro'n i'n gwbod y byddai'n rhaid i mi adael yr ardal yma am borfeydd brasach. Mi fues i'n chwilio a chwilio am gyfla i neud y math o waith a fyddai'n apelio imi ac yna, un diwrnod, dyma weld hysbyseb yn y *Daily Post* yn gwahodd cynigion am swydd efo cwmni o'r enw *Parker Goodwill Personal Investment Advisors*. Gneud ymholiada'n syth a chael ar ddallt, pe bawn i'n gneud cais a hwnnw'n un llwyddiannus, y byddwn i'n cychwyn ar fwy na dwywaith y cyflog ro'n i'n gael yn y banc. Ar ôl ymgynghori efo dy fam, fe anfonais gais am y swydd a derbyn gair yn ôl gyda'r troad i fynd am gyfweliad i swyddfa'r cwmni yn Lerpwl. Cychwyn yn llawn gobaith yn yr hen MG bach deuddeg oed!'

Daeth gwên fach chwerw i grychu'r talcen creithiog.

'Er nad oedd y cyfweliad ddim tan dri o'r gloch y pnawn, ro'n i'n cychwyn am wyth y bora er mwyn gneud yn siŵr fy mod i'n cyrraedd yno mewn da bryd. Neu felly ro'n i'n tybio, beth bynnag. Ond nid dyna sut y gweithiodd petha, gwaetha'r modd.'

O'i weld yn oedi eto i godi'r mŵg coffi at ei geg, mentrodd Elin dorri ar ei draws mewn llais gwamal. 'Go brin bod cyflwr y car yn esgus dros ddiflannu oddi ar wynab daear am chwartar canrif.'

'Rho gyfla i mi, Elena. Plis!' Yna, ar ôl ei gweld hi'n eistedd yn ôl eto ar ei chadair gyferbyn â fo, fe aeth ymlaen. 'Mae'n bwysig dy fod ti'n dallt ac yn derbyn be fydd gen i i'w ddeud rŵan, ac y byddi di'n gallu credu'r cyd-ddigwyddiad anffodus ddaru arwain at sefyllfa a barodd i mi golli nabod ar dy fam a thitha dros yr holl flynyddoedd; sefyllfa ddaru newid fy mywyd i am byth.

'Ro'n i newydd adael Queensferry pan ddechreuodd y car nogio ac am y ddwy neu dair milltir nesa doedd o'n gneud dim ond hercian ymlaen fel rhyw lyffant cloff, cyn chwythu ei blwc yn gyfan gwbwl o'r diwadd mewn cwmwl o fwg du.

Dwi'n cofio neidio allan ohono fo, rhag ofn iddo fo fynd ar dân.'

Gwenodd yn chwerw, gan edrych ar Dewi hefyd rŵan.

'… O edrych yn ôl heddiw, ac o gofio be oedd ar fin digwydd yn fuan wedyn, yna roedd yr ofn hwnnw, ofn tân, yn eironig iawn, a deud y lleia. Sut bynnag, gan nad oedd gen i ddim ffôn symudol yn y dyddia hynny, ro'n i'n hollol ddibynnol ar i ryw Samariad trugarog gynnig help imi, ac mi ddoth hwnnw ymhen sbel a'm gollwng i wedyn wrth y ciosg ffôn cyntaf i ni ddod ato fo. Wrth lwc…'

Oedodd ddigon i fingamu'n arwyddocaol.

'… neu anlwc llwyr, yn hytrach, roedd llyfr *Yellow Pages* ar gael yn fanno ac mi fedrais ffonio garej i ddod i olwg y car. *Wally Wilson's Car Repairs* oedd yr enw, dwi'n cofio. Pan gyrhaeddodd mecanig ymhen hir a hwyr – a Wally ei hun oedd hwnnw! – y cwbwl wnaeth o, ar ôl rhoi tro neu ddau ar oriad y car, oedd ysgwyd ei ben mewn anobaith llwyr a mwmblan rhwbath fel "*Scrap heap, mate!*" a mynd ati wedyn i gysylltu'r MG bach i'w lorri *breakdown*, i fynd â fo, a finna hefyd felly, wrth gwrs, yn ôl i'r garej, rai milltiroedd i ffwrdd.'

Oedodd eto i wlychu'i wefus efo'r coffi ac i gael ei wynt ato.

'Garej fach mewn stryd gefn yn rhwla neu'i gilydd oedd hi, dwi'n cofio cymaint â hynny, ac roedd yno ryw ddwsin, falla, o geir ail-law ar werth, yn ogystal â thoman flêr o geir sgrap, yn eu hymyl. Sut bynnag, roedd hi'n gwbwl amlwg i mi, bellach, mai'r doman honno oedd yn aros fy nghar inna hefyd ac mai dyna pam y cafodd yr MG bach ei adael wrth ei hymyl hi. Neu falla mai dyna oedd ffordd gyfrwys Wally, y perchennog, o awgrymu nad oedd gen i ddewis ond prynu car arall yn ei le fo.'

'Mae hon yn stori hir, choelia i byth,' meddai Elin a doedd dim modd anwybyddu'r rhwystredigaeth yn ei llais.

'Dwi'n sylweddoli hynny, merch i, ond mae'n bwysig fy mod i'n cael ailadrodd pob dim dwi'n gofio o'r cyfnod hwnnw... neu'n hytrach bob dim sydd wedi dod yn ôl imi dros y blynyddoedd.'

Hm! Sylw rhyfedd, meddyliodd Dewi, ond penderfynu cadw'n dawel.

'... Erbyn hynny, ro'n i wedi dechrau poeni na allwn i byth gyrraedd y cyfweliad yn Lerpwl mewn da bryd ac fe ofynnais i Wally a gawn i ddefnyddio ffôn y garej i adael iddyn nhw wbod yn fanno. Ond gyntad ag y dalltodd hwnnw fy mhroblem i, fe wnaeth ei orau wedyn i werthu un o'i geir imi. Ond roedd rheini i gyd yn saith gan punt neu fwy, a gan fod petha'n ariannol dynn ar dy fam a finna ar y pryd, yna do'n i ddim yn fodlon mentro talu arian da am gar na wyddwn i ddim byd o'i hanas. Sut bynnag, erbyn hynny, yr unig beth ar fy meddwl i oedd cael fy hun adra'n ôl i Dregarnedd. A dyna pryd y clywis i Wally'n deud bod ganddo fo foto beic ar werth hefyd. "Newydd ddod i mewn bora ma!" Dyna ddeudodd o. "Dau gan punt! Ond cant a hannar am arian parod... Dacw fo yn fan'cw!" meddai wedyn, wrth weld llygedyn o obaith yn ailgynnau yn fy llygad i, mae'n siŵr. "Dos â fo am rŷn, os lici di. Fyddi di ddim gwaeth â thrio." Ond doedd gen i mo'r amsar i hynny, os oeddwn i am gyrraedd y cyfweliad mewn pryd. Sut bynnag, fe gytunodd Wally yn barod iawn i dderbyn hannar can punt gen i fel ernes, fel *deposit*. "Fe gei di yrru'r gweddill i mi eto," medda fo, "ac mi â' inna ati wedyn i gwblhau'r gwaith papur angenrheidiol ac anfon hwnnw ymlaen iti." A dyna'i eiria ola fo.

'Mae'r cof hwnnw wedi achosi hunllefau i mi hyd heddiw. Do'n i mond newydd adael y garej... dwy neu dair milltir, ar y mwya... ac yn mynd rownd rhyw dro go siarp... yn rhy gyflym, o bosib... pan ddois i olwg un o lorïau'r bwrdd dŵr, yn llwythog o beipiau, a honno'n dod at yn ôl tuag ata i, ar f'ochor i o'r ffordd. Doedd gen i ddim gobaith o'i hosgoi hi, yn enwedig gan nad oedd brêc y beic yn gweithio'n rhy dda chwaith.'

Oedodd i dynnu sylw at y creithiau ar ei ben, cystal â dweud bod rheini'n egluro'r cyfan.

'Ond mi allech chi, neu rywun arall, fod wedi gadael i Mam wbod am y ddamwain, siawns?'

Rhyfeddodd Dewi at y diffyg cydymdeimlad yn llais Elin, yn enwedig o weld y poen mud yn dychwelyd i lygad ei thad.

'Elena bach! Che's i mo'r dewis hwnnw, coelia fi, oherwydd fe gostiodd y ddamwain honno flynyddoedd lawar o fy mywyd i, heb sôn am ddifetha'r gweddill ohono fo am byth. Saith mlynadd! Dyna pa mor hir y bues i'n gorwadd yn anymwybodol mewn ysbyty, yn Ellesmere ac wedyn yn Llundain, heb i neb fod â'r syniad lleia pwy oeddwn i. Dros saith mlynadd mewn *coma* dyfn, yn cael fy nghadw'n fyw gan amrywiaeth o beipia, a thrwy allu a dyfalbarhad nifar o arbenigwyr. Ro'n i'n lwcus iawn o fod yn fyw o gwbwl, a deud y gwir. Os lwcus hefyd!'

Syllodd Elin yn hir arno, mewn dau feddwl sut i ymateb i'r poen ac i'r chwerwedd oedd mor amlwg yn ei eiriau yntau hefyd erbyn rŵan.

'Ond roedd dyn y garej yn gwbod amdanoch chi,' meddai hi. 'Yn gwbod mai fo oedd wedi gwerthu'r moto beic i chi, yn gwbod bod eich car chi'n dal yno. Sut na fasa'r heddlu wedi cysylltu efo *fo*, ac efo ninna yma, yn Hen Benrallt? A hyd yn oed os oedd saith mlynadd wedi mynd heibio, mi allech chi fod wedi cysylltu efo ni wedyn, ar ôl i chi ddod atoch eich hun, i adael i ni wbod eich bod chi o leia'n fyw, ac i egluro be oedd wedi digwydd ichi. Ond fe aeth deunaw mlynadd arall heibio wedyn heb i ni glywad dim un gair oddi wrthoch chi.'

Gan osod ei benelinoedd ar y bwrdd o'i flaen, gostyngodd y tad ei ben i'w ddwylo rŵan, fel pe bai rhyw flinder mawr wedi dod drosto.

'Wyt ti ddim yn meddwl y baswn i wedi gneud hynny, Elena, petawn i o gwmpas fy mhetha? Pan ddois i allan o'r *coma* ar ôl yr holl amsar, doedd gen i fy hun, hyd yn oed, mo'r syniad lleia pwy oeddwn i. Do'n i'n cofio dim. Ac mi gymerodd fisoedd lawar wedyn, blynyddoedd yn hytrach, o therapi dwys cyn i mi ddechra cofio fawr o ddim. Roedd meddygon a seiciatryddion yn dangos llawar iawn o ddiddordab proffesiynol yn fy nghyflwr i, mae'n debyg. *TBI. Traumatic Brain Injury.* Dyna'r eglurhad hwylus ar y peth.

'Sut bynnag, er nad ydw i fy hun yn cofio dim am y peth, mae'n debyg bod y Bwrdd Dŵr wedi dangos tipyn o gonsýrn yn fy nghylch i yn ystod y misoedd cynta ac wedi talu i mi gael fy anfon am driniaeth breifat i'r uned *neurosurgical* yn Ysbyty Frenhinol Llundain. Yn ôl a glywais i wedyn, roedd mwy nag un tyst wedi gweld be ddigwyddodd ac wedi deud wrth yr heddlu mai dreifar y lorri oedd wedi achosi'r ddamwain. Hyd yn oed heddiw, chwartar canrif yn ddiweddarach, mae yna rai cyfnodau o 'mywyd i sydd wedi mynd ar goll am byth.'

'Felly pryd ddaru chi gofio mai Hen Benrallt oedd eich cartra chi?'

'Mae'n anodd deud. Dwy flynadd a mwy, yn reit siŵr, ar ôl dod allan o'r *coma*, a hynny ar ôl sawl sesiwn o hypnotherapi a phetha felly.'

'Rhwng naw a deng mlynadd, felly, ar ôl i chi'n gadael ni.' Os oedd rhywfaint o sŵn cyfaddawd yn ei llais hi, buan y diflannodd hwnnw wrth i'r dôn edliwgar ddod yn ôl. 'Ond wnaethon ni ddim derbyn gair oddi wrthoch chi wedyn, chwaith. Ac yn y cyfamsar, fe aeth Mam i'w bedd... Mam a Nain!'

'Do. Dwi'n gwbod hynny erbyn heddiw. Ond gad i mi drio egluro petha iti mewn rhyw fath o drefn. Dwi wedi meddwl llawar iawn, coelia fi, dros y dyddia dwytha 'ma, ynglŷn â'r ffordd orau o egluro pob dim i ti. Dy gwestiwn di ynglŷn â'r garej i ddechra, a pham na chafodd yr heddlu unrhyw wybodaeth gan Wally yn fanno. Wel, wedi i mi ddod allan o'r trwmgwsg ro'n i ynddo fo, ac wrth i rai petha ddod yn ôl imi o un i un, fe gofiais i am Wally Wilson a'i garej ac mi ddeudis i wrth yr heddlu be o'n i'n gofio ynglŷn â fy nghar – yr MG bach – a pham fy mod i wedi bod ar foto beic o gwbwl y diwrnod hwnnw. Ond roedd blynyddoedd wedi mynd heibio erbyn hynny. Beth bynnag, pan aeth yr heddlu yn Sir Gaer ati i holi ac i edrych trwy eu ffeiliau a'u nodiadau ac yn y blaen, fe ddaru nhw ffeindio bod Wally a'i garej wedi mynd i fyny mewn ffrwydrad o dân, tua'r un amsar ag y ces i fy namwain. Dyna'r cyd-ddigwyddiad anffodus ro'n i'n cyfeirio ato fo, gynna.'

Wrth ei glywed yn crygu ac yn llyfu'i weflau yn flinedig, estynnodd Dewi wydriad o ddŵr oer iddo.

'Diolch, Dewi,' meddai'r ddau, y tad a'r ferch, efo'i gilydd, i gydnabod y gymwynas.

'Yn ôl tystiolaeth yr unig fecanic oedd yn gweithio yn y garej ar y pryd, fe gychwynnodd y cyfan pan aeth un o'r ceir sgrap ar dân ar yr iard ac fe achosodd hynny i un o'r ceir ar y *forecourt* – un o'r rhai oedd ar werth – hefyd ffrwydro'n belan o dân a throi pob dim o'i gwmpas yn wenfflam. Doedd y garej ddim yn gwerthu petrol, mae'n debyg, ond roedd Wally yn cadw un pwmp at ei ddefnydd ei hun ac at ddefnydd y garej. Yn ôl datganiad y mecanic, roedd ei fòs wedi gwerthu un o'r ceir y bora hwnnw ac yn rhoi petrol ynddo fo, yn barod erbyn y deuai'r perchennog newydd i'w nôl o. Ond, tra'r oedd tanc hwnnw'n llenwi, mae'n debyg bod Wally wedi mynd ati i drio tanio rhyw gar bach oedd wedi cyrraedd y garej ryw hannar awr ynghynt, i weld a oedd unrhyw obaith o gael hwnnw yn ôl ar y ffordd ai peidio.'

'Eich car chi?'

'Ia, mwy na thebyg. Yn anffodus, fodd bynnag, roedd Wally wedi anghofio am y pwmp oedd yn dal i lenwi tanc y car arall ac mae'n debyg bod y petrol wedi llifo allan dros ymyl y tanc a rhedag i lawr i gyfeiriad y doman sgrap, heb i Wally sylwi. Wneith peth fel 'na ddim digwydd efo'r pympiau modern 'ma wrth gwrs, a diolch am hynny. Sut bynnag, yn ôl adroddiad yr heddlu ar y pryd, roedd y petrol wedi rhedag fel afon i lawr o dan y doman sgrap. Y dyb oedd bod Wally naill ai wedi taflu stwmp sigarét allan drwy'r ffenast... roedd o'n un drwg am smocio ar y *forecourt*, yn ôl tystiolaeth y mecanic... neu bod injan y car bach wedi gorboethi wrth i Wally drio a thrio'i thanio hi, a bod *fumes* y petrol wedi cymryd tân a chreu ffrwydrad a fu'n ddigon i droi pob man yn wenfflam, pob un o'r ceir ar werth a'r doman sgrap hefyd, yn ogystal ag adeilad y garej ei hun. *Inferno* oedd y gair yn adroddiad y mecanic. Trwy lwc yn unig y llwyddodd hwnnw i ddengyd yn groeniach trwy ddrws yn y cefn ond fu Wally ei hun ddim mor lwcus, gwaetha'r modd.'

'Be? Ein car ni oedd achos y tân? Dyna dach chi'n ddeud?'

'Yn rhannol, falla,' medda'i thad, yn falch o'i chlywed hi'n cyfeirio at yr MG fel *ein car ni*, 'ond blerwch Wally yn bennaf, wrth gwrs. A dyna oedd casgliadau'r heddlu, a'r crwner hefyd yn y cwest. A dyna i ti beth arall, Elena. Dwi bron yn siŵr, erbyn heddiw, fy mod i wrth dalu am y motobeic, wedi taro fy waled ar *dashboard* y car bach a mod i wedi anghofio amdani wedyn, yn fy mrys i adael.'

'Does fawr ryfadd felly, yn dilyn eich damwain, na ddoth yr heddlu o hyd i unrhyw dystiolaeth i brofi pwy oeddech chi.'

'Yn hollol. Fel ro'n i'n deud, cyfres o gyd-ddigwyddiada anffodus iawn. Ond nid dyna'i diwadd hi, chwaith, coelia neu beidio. Erbyn iddyn nhw fynd i holi ynglŷn â rhif y beic a phwy oedd y perchennog ac yn y blaen, fe gawson nhw glywad mai rhywun o Rwmania oedd hwnnw ac nad oedd ganddo fo hawl bod yn y wlad 'ma o gwbwl oherwydd bod cyfnod ei fisa wedi hen ddod i ben.'

'Ac fe feddylson nhw mai chi oedd hwnnw?'

'Do, ac mae'n debyg eu bod nhw wedi bod yn disgwyl am gryn amsar i mi ddod ataf fy hun, i gael fy holi. Disgwyl yn ofer, fel y digwyddodd petha. Yr unig eglurhad erbyn heddiw ydi bod Wally wedi prynu'r beic gan y boi hwnnw – am arian parod, neu falla mewn *part-exchange* am gar – a heb anfon y gwaith papur i'r DVLA cyn i'r lle fynd ar dân.'

'Cyfres o gyd-ddigwyddiade anhygoel pan ystyriwch chi'r peth.'

'Ti'n iawn yn fan 'na, Dewi. Anhygoel ydi'r gair. Ac i neud petha'n waeth, mae'n debyg fy mod i wedi bod yn mwmblan amball air Cymraeg yn fy nghwsg, ac yn naturiol, mi feddylson nhw wedyn mai siarad Rwmaneg oeddwn i.'

'Ond fe gawsoch chi ddigon o gyfla wedyn i gysylltu efo ni, ac i ddod yn ôl yma, i Hen Benrallt, i egluro i Mam a finna.'

Yn hytrach nag ateb y feirniadaeth, aeth Huw Ambrose Puw i'w boced a thynnu dwy amlen ohoni, amlenni oedd rai blynyddoedd oed yn ôl eu golwg, a'u hestyn hyd braich wedyn dros y bwrdd i'w ferch gael cydio ynddyn nhw.

Llawysgrifen Nain sylwodd Elin, a'r llythyr wedi ei gyfeirio i'w thad yn Chester Street, yn rhywle o'r enw Whitby! Tynnodd y llythyr o'r amlen. *Hen Benrallt* yn unig ar ben y papur, yna'r cyfarchiad moel *Annwyl Huw* a dwy frawddeg yn unig o neges: *Waeth i ti heb â holi yma am dy wraig a dy ferch. Maen nhw wedi symud oddi yma ar ôl i ti adael a diflannu o'n bywydau ni*. Ac wedi'i arwyddo: *Dy fam*.

Rhythodd Elin yn anghrediniol ac yn hir ar y papur cyn darllen y cynnwys eto, yn uchel y tro yma, er mwyn i Dewi gael clywed.

'Ro'n i wedi anfon mwy nag un llythyr at dy fam cyn hynny, wrth gwrs, ond heb gael unrhyw atab. Sut bynnag, fe sgwennais i eto at dy nain, i egluro be oedd wedi digwydd imi ac i grefu am fwy o wybodaeth ynglŷn â dy fam a thitha. Mae'r atab i'r llythyr hwnnw yn yr amlen arall 'na.'

Cydiodd Elin yn yr ail amlen a darllen, eto'n uchel, y neges fer a ddaeth allan ohoni.

*Annwyl Huw,*

*Fel y dywedais wrthyt eisoes, nid yw dy wraig a dy blentyn yn byw yma mwyach. Maent yn siŵr o fod yn meddwl dy fod ti wedi marw neu wedi cael dy ladd ac ni fyddai'n syndod yn y byd erbyn heddiw pe bawn yn clywed ei bod hi wedi ail briodi.*

*Dy fam.*

'Fedra i ddim credu'r peth! Mae'r dyddiad ar yr amlen yn dangos bod un mlynadd ar ddeg wedi mynd heibio ers i chi ein gadael ni.'

'Ro'n i'n dal i fod yn orweddog pan anfonais i'r llythyra yna ati. Fe sgwennais i ati hi wedyn hefyd, fwy nag unwaith, ond ches i ddim atab o gwbwl i'r rheini, ac mi es i amau bod Mam wedi marw ac mai dieithriaid llwyr oedd yn byw yn Hen Benrallt erbyn hynny.'

'Soniodd Nain erioed am dderbyn gair oddi wrthoch chi, na chwaith ei bod hi'n gwbod dim o'ch hanas chi. A fedra i yn fy myw â dallt pam y basa hi isio i chi feddwl ein bod ni wedi gadael. Bobol bach, roedd hi'n fam ichi wedi'r cyfan! Pam fyddai unrhyw fam yn deud celwydd fel 'na?'

'Mae yna lawar iawn na wyddost ti am dy nain a finna, Elena.'

'Fel be, felly? Dydi hyn,' meddai hi, gan gyfeirio at y ddau lythyr o'i blaen, 'yn gneud dim math o synnwyr.'

'I ti, falla, nac'di. Y gwir ydi na ddaru Mam ddim madda i mi ar ôl i ni golli Morris.'

'Morris? Pwy oedd hwnnw?'

'Fy mrawd. Fy mrawd bach.'

Rhythodd Elin arno. 'Eich brawd ddeudsoch chi? Wyddwn i ddim bod gynnoch chi frawd wedi bod erioed. Chlywis i erioed Nain yn sôn amdano fo.'

'Naddo, mae'n siŵr. Fe ddaru colli Morris ddeud yn ddrwg arnon ni i gyd. Ar Nhad a Mam ac arna inna hefyd. Ond cyn bellad ag yr oedd dy nain yn y cwestiwn, roedd y bai i gyd arna i.'

'Be ddigwyddodd?'

Sylwodd Dewi rŵan ar gyndynrwydd Huw i ateb cwestiwn ei ferch, ond yna gwelodd y penderfyniad yn dod i'w wyneb, yn ogystal ag i'w lais, er mor wan oedd hwnnw.

'Draw yn fan'cw y digwyddodd o!' Cododd yn drwsgwl a mynd draw at y ffenest, at lle'r oedd Dewi'n sefyll. 'Yn Pwll Drochi' medda fo wedyn, ar ôl disgwyl i Elin ymuno efo fo. 'Dydi o fawr o bwll i gyd, fel y gwyddost ti, Elena. Fawr mwy na rhyw bedair modfadd ar ei ddyfnaf. Sut bynnag, roedd Mam wedi'n gyrru ni allan i chwara y bora hwnnw, er mwyn iddi hi gael llonydd i llnau'r tŷ. Bora braf iawn, a'r dŵr yn y nant yn is nag arfar. Ro'n i'n daer am gael tynnu fy sgidia a'm sana er mwyn cael trochi fy nhraed yn y pwll. Ac roedd Morris bach isio cael gneud yr un peth, gelli fentro. Mae gen i frith gof am redag i'r tŷ i ofyn i Mam ddod i dynnu ei sgidia a'i sana fo ond roedd hi'n rhy brysur ar y pryd. Erbyn i mi fynd yn ôl roedd Morris yn gorwadd efo'i wynab i lawr yn y dŵr. Rhaid ei fod o wedi baglu neu lithro a tharo'i ben ar garrag cyn boddi wedyn yn yr ychydig ddŵr oedd yno. Sut bynnag, dwi'n cofio rhedag i'r tŷ yn gweiddi ar Mam ac yn beichio crio yr un pryd. Er i'r crwner ddeud mai damwain anffodus oedd y cyfan ac nad oedd unrhyw fai ar neb yn benodol, eto i gyd, fuodd Mam byth yr un peth wedyn efo fy nhad... ac nid efo fi yn reit siŵr. Fy mlerwch i oedd y ddamwain, yn ei golwg hi, ond doedd Nhad ddim yn cytuno oherwydd mi'i clywis i nhw'n ffraeo yn amal iawn ar ôl hynny wrth iddo fo drio achub fy ngham.'

'A faint oedd eich oed chi? Chi a Morris?'

'Dwy oed oedd Morris a finna'n bedair a hannar.'

Teimlodd y tad law ei ferch yn syrthio ar ei ysgwydd rŵan ac yn gwasgu cydymdeimlad greddfol.

'Ond lle mae'r bedd? Sut na chafodd Taid a Nain eu claddu efo Morris?'

'Ro'n i'n rhy fach ar y pryd i sylweddoli be oedd yn digwydd. Flynyddoedd yn ddiweddarach y ces i wbod y petha yma gan fy nhad. Roedd Mam wedi mynnu mynd â chorff Morris i'r amlosgfa a chael dod â'i lwch yn ôl yma wedyn, i Hen Benrallt. Brith gof yn unig sydd gen i hefyd am y diwrnod y cyrhaeddodd yr ymgymerwr yma efo'r gasged yn cynnwys y llwch. Fel y "dyn dillad du" dw i'n cofio hwnnw. Roedd Nhad yn beichio crio a Mam, efo rhyw olwg wyllt yn ei llygaid, yn gwrthod gadael iddo fo'i chysuro hi. Roedd hi'n ei wthio a'i wthio fo oddi wrthi.'

'Ond be amdanoch chi?'

'Ro'n i'n rhy ifanc i ddallt be oedd yn digwydd. Y cwbwl a wyddwn i oedd bod Morris bach wedi dod adra yn y bocs, a 'mod i isio cael 'i weld o. Dwi'n cofio bod Mam wedi sgrechian a fy ngwthio finna i ffwrdd hefyd a bod y "dyn dillad du" wedi rhoi'i law amdana i a 'nhynnu fi ato. A dyna'r cof sydd gen i am y diwrnod hwnnw.'

'A be am y gasged efo llwch Morris?'

'Does wbod. Roedd y peth yn ddirgelwch i Nhad hefyd, dwi'n meddwl, ond roedd o'n ama ei bod hi wedi gwasgaru'r llwch dros yr ardd gefn heb i neb arall weld. Roedd hi'n gwrthod siarad am y peth hyd yn oed flynyddoedd yn ddiweddarach ond fe ges ddallt ei bod hi wedi deud fwy nag unwaith wrth Nhad mai dyna lle'r oedd hi am i'w llwch hitha hefyd gael i wasgaru.'

'Ond... ond soniodd Nain yr un gair wrtha i am hynny. Soniodd hi erioed wrtha i ei bod hi am i'w chorff hi gael i losgi. Ddwedodd hi rioed. Ar fy ngwir!'

'Does dim bai arnat ti am hynny, 'ngenath i. Wedi'r cyfan, fe gafodd Mam ddigon o amsar i ailfeddwl, ac i benderfynu cael ei chladdu efo Nhad yn y diwadd. Gyda llaw,' meddai gan droi at Dewi, ac er mwyn cael symud meddwl ei ferch, 'diolch iti am fynd i'r draffarth o dacluso'r bedd, a hynny efo dim ond yr un fraich ddefnyddiol oedd gen ti ar y pryd.'

'Be?' Roedd syndod Elin yn amlwg. 'Pryd fuost ti'n gneud peth felly?'

'Ar ôl i ni fod â blodau yno, y tro hwnnw.' Yna, mewn llais gwneud yn fach o'r peth, 'Wnes i ddim byd mwy na thacluso mymryn, lefelu'r pridd a rhoi ychydig dywyrch drosto fo.'

'Wyddwn i ddim.'

'Doedd dim disgwyl i ti wbod. Roeddet ti yn dy waith, ar y pryd, a finne'n chwilio am rwbeth i'w neud efo fy nwylo segur!'

'Diolch, 'nghariad i,' ac estynnodd Elin gusan iddo, er pleser amlwg i'w thad.

Yna, gwelodd hwnnw hi'n troi ato unwaith eto.

'Mae be dach chi newydd ei ddeud yn egluro llawar iawn i mi am y petha fyddai Nain yn eu deud o dro i dro. Ond, a derbyn bod blynyddoedd wedi mynd heibio ers eich damwain, a'ch bod chi'n credu bod Mam a finna wedi hen adael fan 'ma am ryw ardal arall, sut na fasach chi wedi dod yma i holi Nain wynab yn wynab, yn hytrach na thrwy lythyr? Mi fyddech chi wedi sylweddoli wedyn nad oedden ni wedi gadael o gwbwl.'

Rhwbiodd Huw Ambrose ei war yn flinedig a symud ei ben o ochr i ochr fel pe bai i lacio'r boen oedd yn cydio yn fanno, 'Gad i ni fynd at y bwrdd i ista,' meddai wrthi. 'Mae'r hanas yn un hir.'

'Os felly,' meddai Elin, gan anelu i adael y gegin am y parlwr, 'yna gwell fydd mynd trwodd i'r stafell ffrynt. Mae'n fwy cyfforddus yn fanno.'

Dilynodd y ddau hi'n ufudd, ond gydag Eidw, erbyn hyn, yn arwain y ffordd.

'Fe gewch chi'ch dau gymryd y cadeiria cyfforddus,' meddai hi dros ysgwydd, 'ac fe eisteddith Eidw a finna ar stôl y piano, gan mai yn fanno mae o a finna'n hoffi bod. Fyddet ti'n meindio rhoi matsian i'r tân, Dewi? Mae o wedi'i osod yn barod. Mi fydd hi'n gymaint mwy cysurus yma wedyn.'

'Ar un amod,' meddai hwnnw, 'sef dy fod ti'n rhoi tonc ar y piano neu dinc ar y ffidil tra bydda i wrthi. Rydw inna hefyd isio cael eistedd i wrando ar weddill stori dy dad, os nad ydi o'n meindio.'

Roedd rhyddhad annisgwyl i'w glywed yn chwerthin Elin rŵan, fel pe bai geiriau Dewi wedi rhoi esgus iddi daflu baich y gorffennol oddi ar ei hysgwyddau.

'Stafall tinc a thonc mae o'n galw hon,' eglurodd i'w thad, 'sy'n peri i mi feddwl mai sŵn aflafar o'r ffidil ydi'r "tinc", tra bod y "tonc" yn awgrymu fy mod i'n dyrnu gormod ar y piano.'

Yna, cyn rhoi cyfle i'r un o'r ddau ymateb efo mwy na gwên, a hyd yn oed cyn eistedd yn iawn wrth y piano, dechreuodd Elin gyflwyno'r gân *Bring Him Home* allan o'r sioe gerdd *Les Miserables*, gan wenu'n fodlon wrth wylio Eidw'n neidio i fyny ati ar y stôl hir ac yn aros yn amyneddgar iddi hi wneud ei hun yn gyfforddus cyn gorffwys ei ben wedyn ar ei chlun. A thrwy'r cyfan, ni chollodd hi yr un nodyn o'i datganiad. Erbyn iddi ddod â'r gân i ben roedd y tân yn y stôf yn clecian ei gysur.

'Mae honna hefyd yn wych o gân,' meddai Dewi, a'i feddwl yn ôl yng nghyngerdd blynyddol y côr.

Doedd dim gwadu'r balchder chwaith ar wyneb creithiog y tad. 'Mi fyddai hi'n swnio'n wirioneddol dda ar y ffidil hefyd, dwi'n siŵr. Bechod na fasa gen ti gopi ohoni.'

'Be di peth felly, deudwch?' meddai Elin yn gellweirus, gan gydio yn y ffidil a'i thiwnio hi'n frysiog. Yna, dros y ddau funud nesaf, fe roddodd ddimensiwn hollol wahanol i'r gân roedd hi newydd ei chyflwyno ar y piano, gan adael y ddau ddyn i eistedd yn ôl efo'u llygaid ynghau ac yn mwmblan geiriau o werthfawrogiad.

'Eich tro chi rŵan,' meddai hi gan edrych ar ei thad a rhoi'r ffidil heibio. 'Roeddach chi'n deud bod eich stori chi'n un hir.'

Cododd Dewi a'i hannog hi i newid lle efo fo, fel y câi hi eistedd ochr yn ochr â'i thad.

'Fel ro'n i'n deud,' meddai Huw ar ôl rhoi amser i Elin symud, 'fe fues i mewn *coma* am saith mlynadd i gyd. Fedri di ddychmygu, Elena, sut deimlad ydi colli saith mlynadd o dy fywyd? A mwy na saith hefyd, fel y cei di glywad. Wn i ddim sawl sgan a ges i tra'r oeddwn i yn Llundain, nid yn unig ar fy mhen ond ar weddill fy nghorff yn ogystal. Roedd sgan y pen wedi dangos bod yr ymennydd wedi chwyddo'n ofnadwy a'i fod o'n pwyso yn erbyn asgwrn y benglog ac y byddai'n rhaid aros i'r chwydd gilio cyn y gallen nhw neud dim byd arall imi. Ond doedd neb fedrai ddeud faint o amser a gymerai peth felly. *Cranial trauma* oedd yr eglurhad. Yn y cyfamsar, doeddan nhw ddim am fentro rhoi triniaeth i mi ar fy mhen, ac eithrio pwytho rhyw 'chydig ar y briwia oedd ar hwnnw, nac ar weddill fy nghorff i chwaith, er bod esgyrn y goes dde 'ma wedi'u malu'n rhacs. Dyna pam bod y fath olwg arna i heddiw,' meddai gan godi'i law i deimlo'r graith biws ar ei dalcen a'i rhoi i orffwys wedyn ar ei goes dde. 'A pham y cloffni hefyd, wrth gwrs. Wrth i'r misoedd, ac yna'r blynyddoedd, fynd heibio, roedd y doctoriaid wedi dechra styried y posibilrwydd na fyddwn i byth yn dod allan o'r *coma*; mai yn y ward fach honno, neu rwla tebyg, y byddai'n rhaid i mi dreulio gweddill fy nyddia.'

'Ond rydach chi'n dal yn fyw heddiw,' meddai Dewi, i gynnig cysur.

'Ydw, ac mae hynny'n rhwbath y dylwn i ddiolch amdano, mae'n siŵr, ond nid dyna sut rydw i wedi bod yn teimlo dros y blynyddoedd, coeliwch fi.'

Synhwyrodd Elin ei fod ar fin egluro mwy am ei deimladau ond yna penderfynu peidio.

'Sut bynnag, saith mlynadd a mwy wedi'r ddamwain, fe ddoth y nyrs i mewn i'r ward yn blygeiniol un bora, i neud ei dyletswydda arferol cyn gorffan ei shifft, a chael andros o sioc o 'ngweld i'n gorwadd yn fanno efo fy llygid yn llydan agorad. Er nad ydw i'n cofio hynny fy hun, mae'n debyg ei bod hi wedi rhuthro allan o'r ward ac achosi cryn dipyn o gynnwrf ymysg y doctoriaid a'r nyrsys drwy'r sbyty i gyd. Roedd y claf colledig... eu mab afradlon dienw nhw... wedi dod adra'n ôl.' Gwenodd yn wan, ac ychwanegu, 'Fi oedd yr unig un oedd ddim yn dathlu, am wn i, oherwydd doedd gen i ddim obadeia o be oedd wedi digwydd imi. Doeddwn i ddim hyd yn oed yn cofio pwy oeddwn i, na lle oedd fy nghartra i na dim. A wyddwn i ddim chwaith fy mod i saith mlynadd yn hŷn erbyn hynny. Y cwbwl o'n i'n weld, dro ar ôl tro, oedd llond lle o dyllau duon yn dod tuag ata i a'r rheini wedyn yn troi'n un geg fawr ddu oedd yn bygwth fy llyncu i. Duw a ŵyr faint o amsar a gymerodd hi i mi sylweddoli mai'r peipiau ar gefn lorri'r Bwrdd Dŵr oedd y tylla duon.'

'A dyna oedd eich hunlla chi!'

'Ia. A hyd yn oed rŵan, bum mlynedd ar hugain wedi'r digwyddiad, dwi'n dal i ddeffro weithia, ganol nos, yn clywad fy hun yn gweiddi'n wyllt, yn fy nychryn.'

'A phryd ddaeth y cyfan yn ôl i chi?'

'Y cofio, wyt ti'n feddwl? Mae gen i ofn bod rhywfaint o fylchau yn aros hyd heddiw, Elena. Dyna pam fy mod i wedi galw i weld Margiad Rowlands, i weld a allai hi fy helpu i lenwi rhai ohonyn nhw.'

Taflodd Elin a Dewi gip arwyddocaol ar y naill a'r llall wrth i'r sŵn yn nghegin gefn Bwthyn y Gelli ddod yn ôl i'w cof.

'Ar y cychwyn doeddwn i ddim hyd yn oed yn cofio fy enw fy hun nac yn sylweddoli chwaith fy mod i'n gallu siarad Cymraeg. Mae'n debyg fy mod i, yn ystod y dyddia cynta hynny, wedi parablu wrthyn nhw am ryw 'Wally' ond doedden nhw ddim callach pwy na be oedd hwnnw ar y pryd. Sut bynnag, trwy help hypnotherapi ac amynadd anhygoel y doctoriaid, fe ddoth petha eraill yn ôl i mi'n raddol hefyd, dros y misoedd nesaf.

'Mae'n debyg bod y wasg wedi cymryd tipyn o ddiddordab yno i am ddiwrnod neu ddau, ac yn cyfeirio ata i fel '*Present day Rip van Winkle*', y gŵr oedd wedi deffro ar ôl bod yn cysgu am flynyddoedd. Ond fe wrthododd y doctoriaid roi caniatâd i'r cyfryngau fy holi fi nac i dynnu unrhyw lunia ohono i. Dwi'n cofio bod dau blismon wedi dod i 'ngweld i hefyd, ond wnâi'r doctoriaid ddim caniatáu mwy na 'chydig funuda iddyn nhwtha, chwaith, rhag i mi gael *relapse* wrth ail-fyw *trauma*'r ddamwain. Fe ges glywad bod rhywun o'r Bwrdd Dŵr wedi galw heibio hefyd ac wedi gadael negas y bydden nhw'n dod yn ôl pan fyddwn i ynghylch fy mhetha unwaith eto.'

'A derbyn bod yr heddlu, a phawb arall yn y sbyty hefyd mae'n siŵr, wedi meddwl ar y cychwyn mai rhyw ddyn o Rwmania oeddech chi, eto i gyd dw i'n methu dallt na fasan ni, neu rywun arall yn Nhregarnedd, wedi cael clywad yn fuan wedyn eich bod chi'n dal yn fyw, a chael ar ddallt be oedd wedi digwydd ichi.'

'Rhaid i ti gofio, Elena, bod cryn amsar wedi mynd heibio wedyn hefyd cyn i mi ddechra cofio be oedd wedi digwydd imi, ac yna i sylweddoli pwy oeddwn i ac o ble'r o'n i'n dod. Erbyn hynny, roedd y doctoriaid wedi penderfynu ei bod hi'n saff iddyn nhw roi anesthetig i mi, er mwyn cael trin fy nghoesa. Doedd y goes chwith ddim mor ddrwg ond roedd tipyn o lanast ar hon.' Trawodd law ar ei ben glin dde.

'Be? Ar ôl dod o'r *coma* y cawsoch chi drin rheini? Pam hynny?'

'Am na allen nhw fentro rhoi unrhyw fath o anesthetig i mi tra'r oeddwn i yn y *coma*. Fe allai hynny fod wedi achosi na fyddwn i'n dod allan ohoni byth bythoedd.'

'Oedd angan anesthetig o gwbwl, os oeddach chi'n cysgu beth bynnag?'

Gwenu ac ysgwyd ei ben yn unig wnaeth ei thad, cystal ag awgrymu bod ei chwestiwn hi'n un naïf ac anymarferol.

'Erbyn hynny,' meddai, 'roedd naw mlynedd a mwy wedi mynd heibio ers y ddamwain ac roedd rhai o esgyrn fy nghoesau wedi asio mewn pob math o siapiau anffodus. Roedd angan oriau o waith i'w hail dorri nhw a'u gosod nhw wedyn yn debycach i fel y dylen nhw fod, trwy ddefnyddio pob math o sgriws a phinnau ac ati, i'w cael nhw'n ôl i ryw fath o siâp. Saith triniaeth wahanol ar y goes dde yn unig, a hynny dros gyfnod o bedair blynadd i gyd.'

'Saith *op*? Pam bod angan cymaint â hynny?' Er iddi geisio'i guddio, roedd y nodyn o amheuaeth yn dal yn llais Elin.

'Doeddan nhw ddim yn fodlon i mi fod o dan yr anesthetig am fwy na rhyw dair neu bedair awr ar y tro, mae'n debyg. Gormod o risg.'

'Rhag i chi lithro'n ôl i'r *coma*?'

'Ia. Misoedd hir iawn oedd rheini a does gen i ddim cwilydd cyfadda fy mod i wedi diodda cyfnodau hir ac amal o iseldar meddwl ac o anobaith llwyr.'

Gwenodd eto'n fyr ac yn wan ar ei ferch a chafodd hithau'r argraff ei fod yn dal i ddioddef cyfnodau o'r fath.

'Rhwng pob dim, mi fues i yn yr ysbyty yn Llundain am yn agos i dair blynadd ar ddeg i gyd, a'r nyrsys yno'n jocio fy mod i wedi bod yno'n hirach na nhw, mai genod ysgol oedden nhw pan ges i'r ddamwain. Sut bynnag, fe ges i fy symud wedyn i sbyty Walton yn Lerpwl, i dderbyn gweddill y triniaetha, ac o fan 'no wedyn yn ôl i ward breifat yn y sbyty yn Ellesmere yn Sir Gaer!'

'Tair blynadd ar ddeg! Roedd Mam wedi marw erbyn hynny.'

'Oedd, merch i. Gan Margiad Rowlands y ces i glywad hynny. Ond, diolch i dy Nain,' – tynnodd y ddwy amlen eto o'i boced – 'dwi wedi credu ar hyd y blynyddoedd bod y ddwy ohonoch chi, Ann a thitha, wedi symud o Hen Benrallt i rwla arall i fyw, rhwla digon pell o fan 'ma, a bod gan dy fam, erbyn hynny, ryw ddyn arall i ofalu amdanoch chi.'

'Ond fe wyddech chi am salwch Mam cyn i chi fynd i ffwrdd. Dyna pam, yn ôl Nain, eich bod chi wedi defnyddio'r cyfweliad yn Lerpwl fel esgus i ddiflannu, rhag gorfod edrych ar ôl Mam.'

'Bobol bach, na. Chei di ddim credu'r celwydd yna, Elena!'

Doedd dim gwadu'r cerydd dig yn ei lais.

'Pan adewis i Hen Benrallt, doedd dy fam ddim yn cwyno

efo unrhyw afiechyd. Fel y soniais i wrthat ti'n barod, gobaith dy fam a finna oedd y byddwn i'n cael y job yn Lerpwl neu, o bosib, yn un o swyddfeydd y cwmni yng ngogledd Cymru, ac y caen ni brynu tŷ yn fuan wedyn.'

'Be? Wyddech chi ddim am y *Multiple Sclerosis*?'

'Na wyddwn, ar fy llw!'

'Ond roedd Nain yn deud bod y salwch yn rhedag yn nheulu Mam ac mai fy ngeni i ddaru roi cychwyn iddo fo.'

'Bobol bach! Mae hynna'n nonsans llwyr. Roeddat ti'n bump oed pan es i o 'ma a doedd dim byd o gwbwl yn bod ar dy fam bryd hynny. Ydi o'n bosib, beth bynnag, i salwch fel 'na redag mewn teulu? Mae'n gwestiwn gen i. Ddaru ti ddim holi dy daid a nain yn Llangadfan? Neu Enid, chwaer dy fam?'

Nid am y tro cyntaf y bore hwnnw, rhythodd Elin yn gegagored ar ei thad. 'Taid a Nain Llangadfan? Ro'n i dan yr argraff eu bod nhw wedi marw o flaen Mam, gan na ddaethon nhw i edrych amdani o gwbwl yn ystod ei salwch. Dwi'n cofio Nain yn deud ei bod hi wedi anfon gair atyn nhw, yn sôn am salwch Mam, ond ddaethon nhw ddim i'w gweld hi o gwbwl. Fe wydden ni fod gan Mam chwaer hŷn a bod honno wedi priodi a bod ganddi ddau o blant, ond doedd gan Nain na finna ddim syniad ymhle'r oedd honno'n byw.'

'Fe briododd Enid efo ffarmwr o Gwm Nant yr Eira, o fewn milltir neu ddwy i bentra Llangadfan, lle'r oedd dy daid a nain yn byw. Ac roedd dy nain yn gwbod hynny cystal â neb!'

'Dach hi wedi trio cysylltu efo nhw, o gwbwl? Hynny ydi, ar ôl dod o'r sbyty?'

'Naddo. Ar ôl yr holl flynyddoedd, doedd gen i na chyfeiriad na rhif ffôn na dim i allu cysylltu efo neb. Ond roedd y manylion gan dy nain yn fan 'ma, dwi'n siŵr.'

Ysgydwodd Elin ei phen yn ddiddeall. 'Ond pam fasa Nain

yn cadw petha felly oddi wrtha i? Yn enwedig os oedd hi'n gwbod eich bod chi'n dal yn fyw.'

'Roedd dy nain yn berson cymhleth iawn, Elena, coelia fi. O fod wedi byw efo hi a gofalu amdani dros y blynyddoedd, yna fe wyddost ti hynny yn well na neb, siawns?'

Oedodd Elin cyn ymateb. 'Doedd hi ddim bob amser yn hawdd byw ef hi, dwi'n derbyn hynny, yn enwedig wrth iddi hi fynd yn hŷn, ond ar ôl be dach chi newydd ei ddeud rŵan, yna dydw i ddim yn teimlo fy mod i wedi ei nabod hi o gwbwl. A derbyn bod colli plentyn, colli Morris, wedi deud arni, dydi hynny ynddo'i hun ddim yn egluro pam ei bod hi wedi fy nhwyllo i dros y blynyddoedd, a chadw petha rhagddo' i. Pam fasa hi'n gneud hynny, Dad?'

Daeth y gair olaf allan yn gwbwl annisgwyl i'r tri ohonyn nhw ac, yn yr ychydig eiliadau tawel i ddilyn, gosododd Huw Ambrose ei law yn ysgafn ar law ei ferch, fel arwydd o'i deimladau.

'Roedd dy nain yn berson hunanol, Elena. A chwerw iawn hefyd, fel y cest titha hefyd sylweddoli, siŵr o fod. Fe gafodd dy fam weld hynny drosti'i hun yn fuan iawn ar ôl i ni briodi a dod yma i fyw. Ac ar ôl i Nhad farw, gwaethygu wnaeth petha wedyn yn reit siŵr. A dyna'r rheswm pam bod dy fam a finna wedi bod mor awyddus i adael Tregarnedd a chael lle i ni'n hunain yn ddigon pell i ffwrdd.'

Wedi gadael amser i'w eiriau fagu ystyr, ychwanegodd, 'Dwi'n argyhoeddedig bod dy nain wedi dy gamarwain di'n fwriadol, Elena, a dy fam hefyd pan oedd honno'n fyw, er mwyn eich cadw chi yma'n gwmni iddi hi; bod ganddi ofn, ar ôl i Nhad farw, iddi gael ei gadael ar ei phen ei hun, i wynebu henaint unig i fyny yn fa'ma. Synnwn i ddim chwaith nad oedd hi'n rhagweld y byddet ti'n priodi a gadael, ac y byddai hithau wedyn, ymhen amser, yn gorfod mynd i'r cartra hen bobol yn Bryn Afon.'

Teimlodd Elin don o chwerwedd tuag at ei nain yn llifo drosti wrth iddi orfod cydnabod amheuon ei thad.

'Sut bynnag,' meddai'r llais blinedig. 'Yn ôl at fy hanas i. Hyd yn oed ar ôl y triniaetha ar fy nghoes a rhannau eraill o 'nghorff, ro'n i wedi mynd i ofni na fyddwn i byth eto yn gallu cerddad, heb sôn am allu dreifio car. Mi fues i'n cael ffisiotherapi dwys am ddwy flynadd a mwy yn y sbyty yn Ellesmere cyn cael mynd adra.' Chwarddodd eto'n chwerw. 'Ond doedd gen i ddim *adra*, ar wahân i Hen Benrallt, a gan y gwyddwn i na fyddai croeso i mi yma, gan Mam, yna doedd dim amdani ond chwilio am rwla arall i fyw ynddo fo; rhyw fyngalo bach cyfleus am bris rhesymol. Ac fe ges i afael ar un reit hwylus yn y diwadd, ar gyrion Henllan, yn ymyl Dinbach.'

'Be? Mi allech chi fforddio prynu tŷ, a chitha heb weithio o gwbwl ers blynyddoedd?'

'Do, diolch i Fwrdd Dŵr Sir Gaer, ac yna i'r gwasanaethau cymdeithasol am addasu'r adeilad ar fy nghyfar i. Er na wyddwn i hynny ar y pryd, roedd y Bwrdd Dŵr wedi cytuno i dalu swm penodol o iawndal i fy nghyfrif banc pan gaen nhw wbod yn iawn pwy oeddwn i. Ond gan fod pawb wedi meddwl am flynyddoedd mai *criminal* o Rwmania oeddwn i, yna dw i'n ama nad oedd y Bwrdd Dŵr wedi disgwyl gorfod talu yr un geiniog o iawndal.' Chwarddodd yn fyr ac yn chwerw. 'Heblaw costau fy nghladdu falla! Sut bynnag, ymhen amsar, ar ôl i'r dryswch ynglŷn â phwy oeddwn i gael ei egluro, fe gafodd swm o ddau gan mil o bunnoedd, a chwyddiant llog ar ben hwnnw, ei dalu i gyfrif banc yn fy enw i.'

'Doedd hynny ddim llawar, o styried bod y ddamwain wedi difetha'ch bywyd chi'n llwyr, wedi difetha bywyda pawb ohonon ni, o ran hynny.'

'Mae'n debyg bod y manylion wedi cael eu penderfynu mewn achos llys yn erbyn y Bwrdd Dŵr yn fuan ar ôl y ddamwain. Roedd mwy nag un tyst i'r ddamwain, a'r rheini i gyd yn cytuno mai ar ddreifar y lorri yr oedd y bai am be ddigwyddodd. Fe gafodd y Bwrdd Dŵr ddirwy go drom, mae'n debyg, ac roedd y swm a ddyfarnwyd i mi yn un eitha anrhydeddus yn ôl safona chwartar canrif yn ôl. Roedd yn ddigon i mi allu prynu cartra i mi fy hun, beth bynnag, pan ddois i allan o'r sbyty, ac i gychwyn busnas proffidiol hefyd yn fuan iawn wedyn.'

'Pa fath o fusnas?'

'Prynu a gwerthu ar y farchnad stoc. Roedd peth felly at fy nant i, ac ro'n i'n gallu gneud pob dim ar y we, wrth gwrs, a hynny heb orfod codi o 'ngwely neu o 'nghadair.'

'Ond fedrech chi ddim byw ar beth felly.'

Gwenodd ei thad. 'Fe synnet ti, merch i. Mae'r farchnad wedi rhoi bywoliaeth dda iawn i mi dros y blynyddoedd dwytha 'ma, a dydw i ddim yn brin o geiniog neu ddwy erbyn heddiw, coelia di fi.'

Daeth tristwch breuddwydiol i erlid y wên.

'... Ond dydi bywoliaeth dda ddim yn gyfystyr â bywyd da, cofia. Nid cyn bellad ag yr ydw i yn y cwestiwn, beth bynnag. Ddim o bell ffordd chwaith.'

Gwyliodd Elin a Dewi fo'n rhwbio'i dalcen, fel pe bai'r graith yn fanno'n achos poen parhaol iddo hyd heddiw.

'Ond o leia mi alla i ddiolch fy mod i'n dal yn fyw. Sut bynnag, gyntad ag i mi allu fforddio gneud hynny, mi ddechreuis anfon arian i dy nain wedyn bob mis, gyda chais iddi anfon swm sylweddol ohono fo ymlaen i ti a dy fam, pe bai hi'n dod i wbod lle'r oeddach chi. Ond pan welais i nad oedd y sieciau byth yn cyrraedd y banc, yna fe ddechreuis amau bod Mam wedi marw, a bod rhywun arall wedi symud yma i fyw.'

'Allech chi ddim bod wedi holi un o'ch hen ffrindiau neu gydnabod, yma yn Nhregarnedd?'

'Elena fach! Ro'n i'n dal yn gaeth i wely neu i gadair ar y pryd, a doedd gen i ddim math o gof am enw ffrind na dim, heb sôn am gyfeiriad neu rif ffôn. Mwy nag oes gen i heddiw, o ran hynny. Mae rhai petha wedi mynd ar goll am byth, mae gen i ofn.'

'Mae gynnoch chi gar. Mi allech chi fod wedi dod draw i chwilio, cyn hyn.'

Gwên o boen oedd un y tad rŵan wrth iddo eto synhwyro cyndynrwydd Elin i dderbyn ei air.

'Rhwng y peth yma a'r peth arall, does ond chydig dros flwyddyn ers i mi gael hawl i ailddechra gyrru car. Gorfod ailsefyll y prawf fwy nag unwaith mewn gwahanol geir a'r rheini i gyd yn geir wedi'u haddasu ar gyfer gwahanol fathau o anabledd ond dim un ohonyn nhw'n addas nac yn gyfforddus i mi ei ddreifio.'

Eto'r wên wan.

'... Goeli di fy mod i wedi cael damwain yn ystod un prawf? Crafu yn erbyn lorri oedd wedi'i pharcio ar ochor y stryd. Dro arall, methu'r prawf theori am na fedrwn i gofio manylion yr *Highway Code* ac ati.'

Trawodd ei law ar ei glun dde.

'Ac oherwydd y goes glec 'ma, a'r ffaith na fedra i ddim plygu'r goes chwith chwaith gymaint ag y carwn i, yna doeddwn i ddim hyd yn oed yn gallu defnyddio un o'r beics *mobility*. Doedd dim amdani felly ond cael addasu car yn arbennig ar gyfer fy nghyflwr i. Fe gostiodd hynny filoedd i mi, fel y medri di ddychmygu, ond roedd yn werth pob ceiniog yn y diwadd. Mae Dewi wedi gweld...'

Yn hytrach na gorffen ei frawddeg, trodd at Dewi am gefnogaeth.

'Digon gwir,' meddai hwnnw. 'Mae car dy dad wedi cael ei addasu'n arbennig ar ei gyfer. Mae'r *controls* i gyd o gwmpas y *steering wheel*, pob dim yn gweithio efo llaw, ac mae llawer mwy o le nag arfar i... i goesau'r dreifar.'

Doedd dim rhaid egluro mwy i Elin. Roedd yn gwbl amlwg iddi na allai ei thad blygu ei goes dde o gwbwl ac nad oedd ei chwith, chwaith, yn rhyw hyblyg iawn.

'Ym! Gwell i mi fynd rŵan, dwi'n meddwl. Dwi'n bwriadu mynd adra'n ôl bora fory, ryw ben. Gwaith yn galw! Ond...'

Wrth ei weld yn stryffaglio i godi, brysiodd Dewi i roi braich i'w gynnal.

'... Ond hwyrach y ca i... ym!... y ca i alw heibio eto rywbryd i'ch gweld chi, y tro nesa fydda i yn yr ardal?'

Bu gweld y cwestiwn llym yn llygad Dewi a disgleirdeb y deigryn yn llygad llidiog ei thad yn ddigon i Elin deimlo ton o gywilydd.

'Pam na ddowch chi i fyny eto heno,' meddai hi, 'am damaid o swpar efo ni? Neu mi allech chi aros yma rŵan, am ginio?'

'Ym!' Roedd y boen ar ei wyneb yn gymysgedd o embaras ac o ddiolch swil. 'Na, gwell peidio falla. Dwi'n ddiolchgar iawn am y cynnig ond... ond mi fyddwch chi'ch dau isio amsar efo'ch gilydd.'

Sychodd Elin y dagrau edifeiriol oedd yn mynnu dod i'w llygaid a phlethodd ei braich am fraich rydd ei thad. 'Nonsens!' meddai hi'n gymodlon. 'Dwi'n gweld gormod ar y Dewi 'ma fel ag y ma hi. Dowch i fyny at chwech o'r gloch heno ac mi gawn ni fwy o sgwrs, a rhwbath bach i'w fwyta. Dwi'n awyddus i'ch holi chi am y ddau Feibil a'r petha erill y dois i o hyd iddyn nhw yn yr atig.'

\*

'Mi fydde'n well i mi gysgu adre heno, Elin, gan y bydda i'n ailddechre gweithio bore fory.'

'Ond fe arhosi di am swpar efo ni, siawns?' meddai hi gan

daflu golwg ar ei wats a gweld bod honno'n dangos ugain munud i bump. 'Mi fydd hi'n anodd i mi neud sgwrs efo fo, fel arall.'

Canodd y ffôn.

'Helô. Elena?'

Llais cryglyd ei thad!

'Ia. Pob dim yn iawn, gobeithio?'

'Ydi, wrth gwrs. Dwi'n ffonio i ymddiheuro na fydda i ddim yn dod i fyny am swpar wedi'r cyfan. Dwi newydd glywad rhagolygon y tywydd ac maen nhw'n addo storm a llifogydd trymion dros nos heno yn y rhan yma o'r wlad, felly rydw i'n meddwl mai doeth fyddai i mi fynd am adra rŵan, rhag cael fy nal yn y tywydd drwg. Mae rhai pethau y bydd rhaid i mi eu gneud fory, a hynny o gartra. Dyna pam na fedra i ddim mentro cael fy nal yn ôl gan y tywydd.'

'O! Deudwch chi!'

Roedd rhywfaint o ryddhad yn gymysg â siom yn ymateb Elin.

'Ond dwi'n addo bod yn ôl yma cyn diwadd yr wythnos – dydd Gwenar mwy na thebyg – ac mi faswn i wrth fy modd cael mynd â Dewi a chditha allan am swpar bryd hynny.'

'O!… Ym, diolch.'

'Dwi mor falch o fod wedi cael dy weld di eto, Elena. Fedri di ddim dychmygu faint. Ac o gael cwarfod Dewi hefyd, wrth gwrs. Mae o'n fachgan dymunol dros ben. Dwi'n dawelach fy meddwl o fod wedi cael sgwrs efo ti, efo'r ddau ohonoch chi o ran hynny. Yn falch o'r cyfla, ar ôl yr holl flynyddoedd, o gael ailgydio yn fy mywyd, cyn bellad ag y mae hynny'n bosib. O! A chyn i mi roi'r ffôn i lawr,' meddai, 'dwi'n cofio Nhad yn sôn wrtha i rywdro am y petha 'na yn yr atig, y petha roeddat ti'n cyfeirio atyn nhw'n gynharach – y ddau Feibil a rhyw hen lythyra ac ati. Dyna ddeudist ti, ia ddim? Sut bynnag, rydw i'n cofio fy mod i ar gychwyn i'r coleg pan soniodd

Nhad wrtha i amdanyn nhw, fel fy mod i'n gwbod eu bod nhw yno. Roedd o wedi mynd â nhw i'r atig ers blynyddoedd, medda fo, fel eu bod nhw *allan o gyrraedd dy fam*. Dyna'i union eiria fo! Allan o gyrraedd dy fam. Rhag iddi hi eu difa nhw. Dyna oedd yr awgrym, dwi'n meddwl. Yn ôl fy nhad, doedd dy nain ddim yn gweld unrhyw werth yn y Beiblau nac yn gweld dim pwynt, chwaith, mewn dal gafal ar ryw hen lyfr a llythyra a phetha felly oedd, ar un adag, yn cael eu cadw yn sêt y ffenast. Llythyra pwysig yn ymwneud â hanas y teulu, medda fo. Gan na welais i erioed y petha hynny fy hun, a bod yn onast, ro'n i wedi anghofio pob dim amdanyn nhw, yna mi fydd gen i ddiddordab mewn taflu cip drostyn nhw pan fydda i acw nesa. A derbyn, wrth gwrs, y byddi di'n fodlon i mi neud hynny, Elena.'

# Hunanholi

W YDDAI ELIN DDIM be oedd wedi'i deffro hi. Ai clec y daran, fflach y fellten, y glaw yn cael ei chwipio yn erbyn y ffenest ynteu sŵn Eidw yn dod i fyny ati o'r gegin? Roedd hi wedi cysgu'n drwm, yn fyddar i bob sŵn nes i'r storm gyrraedd ei hanterth uwch ei phen.

Wrth frysio i godi, teimlodd yr oerni'n gafael amdani a farnish llawr coed noeth y llofft yn troi'n rhew o dan ei thraed. Anwybyddodd yr anghysur. Ei blaenoriaeth, meddai wrthi'i hun, oedd mynd i gynnig cysur i'r ci. Pwysodd swits y golau rhag baglu yn ei brys, ond cael ei siomi. Dim cyflenwad trydan, diolch i'r storm. Dim i'w wneud, felly, ond ymbalfalu drwy'r tywyllwch neu yng ngolau ysbeidiol ambell fellten, gan gydio'n dynnach nag arfer yng nghanllaw'r grisiau wrth ddisgyn o ris i ris.

'Lle'r wyt ti, Eidw bach?' sibrydodd.

Clywodd ei grio torcalonnus yn dod o gyfeiriad y bwrdd a deallodd ei fod yn swatio'n ofnus yng nghysgod hwnnw. Plygodd i'w annog i ddod ati. Cododd ef i'w breichiau a theimlo'r cryndod yn rhedeg fel trydan trwy'i gorff bach bregus.

'Dyna ti, Eidw bach. Wneith yr hen storm gas 'ma ddim byd i ni, 'sti.'

Daeth taran ysgytwol arall, a mellten wedyn ar ei chwt, i beri iddi amau'r cysur roedd hi'n ei gynnig i'r ci.

'Tyrd! Mi gei di ddod i'r llofft ata i am heno. Mi fydd hi'n gnesach i ni'n dau yn fanno.' Yna, 'Bechod nad ydi Dewi yma hefyd.'

Wrth ddringo i fyny'n ôl, clywodd y cloc mawr yn y parlwr yn taro dau o'r gloch.

Bu'n gorwedd yn gwbl effro wedyn yn gwrando ar y glaw yn cael ei hyrddio yn erbyn gwydr y ffenest, a'r gwifrau a phob dim arall tu allan i'r tŷ yn chwibanu'n gwynfanus o dan lach y corwynt. Roedd anadlu Eidw yn fwy rheolaidd, yn fwy bodlon erbyn hyn, a gallai Elin deimlo'i bwysau ar draed y gwely.

*Diolch bod fy nhad wedi mynd adra pan wnaeth o. Mi fydd tipyn o ddŵr ar y ffordd erbyn rŵan ac amal i goedan wedi dod i lawr hefyd, mae'n beryg, yn y fath gorwynt. Pa mor falch wyt ti ei fod o'n ôl yn dy fywyd di, Elin?*

Roedd y cwestiwn wedi bod ar ei meddwl ers i'w thad adael.

*Wyt ti'n credu'i stori fo?Mewn côma am saith mlynadd, mewn ysbyty yn Llundain. Neb yn gwbod dim yn ei gylch. O dan amheuaeth yr heddlu am flynyddoedd. Rheini'n ei amau – ar gam, mae'n wir – o ryw droseddau neu'i gilydd ac o fod yn y wlad ma'n anghyfreithlon. Yna, ar ôl dod ato'i hun, yn cofio dim. Ddim yn cofio ei enw na lle'r oedd o'n byw na hyd yn oed mai Cymro oedd o. Cyrsiau hir o hypnotherapi... Ôl-fflachiadau o'r ddamwain... Blynyddoedd o driniaetha llawfeddygol ar ei goesa a rhannau eraill o'i gorff. Cofio mwy wrth i'r blynyddoedd fynd heibio. Cofio Hen Benrallt, cofio'i deulu, cofio'i fam. A be am y llythyrau at honno a'i hymatab hi iddyn nhw? Stori prynu'r byngalo, wedyn, a hynny yn Henllan, sir Ddinbach. Fan 'no ond rhyw ddeugain milltir o Dregarnedd. Byw fel meudwy yno, heb i ti – na dy fam chwaith, yn ystod ei dyddia olaf – wbod dim am y peth. Ond roedd Nain yn gwbod, felly rhaid bod coel ar ei stori fo. A dw i wedi gweld ei greithia fo... wedi gweld effeithiau'r ddamwain... wedi gweld llythyra Nain!*

Wrth i fellten a tharan arall gyhoeddi bod y storm yn graddol gilio tua'r gogledd, caeodd Elin ei llygaid, ond ddeuai cwsg ddim eto, chwaith.

*Y diwrnod hwnnw, pan es i â Dewi i weld ei deulu yn Rhuthun, rhaid ein bod ni wedi pasio o fewn dwy neu dair milltir i'w fyngalo fo yn Henllan. Finna'n gwbod dim! A be am y tro hwnnw, ddeuddang mlynadd yn ôl, bellach, pan es i â Nain am dro yn y car, a hitha'n mynnu cael mynd cyn bellad â thŷ ei brawd, Yncl Tom, yn Y Green ger Dinbach. Oedd o'n byw yn Henllan bryd hynny, os gwn i? Go brin falla. Ond os oedd o, a fyddai Nain yn gwybod hynny? Synnwn i ddim!*

*Ond be am y stori arall, mai mond yn ddiweddar iawn y cafodd o ailddechra dreifio car? Ydi'r stori honno'n dal dŵr? Mae Dewi'n fodlon efo'r eglurhad, beth bynnag, a dw inna fy hun hefyd, o ran hynny, yn awyddus iawn i'w goelio fo.*

Teimlodd Elin ei llygaid yn trymhau ond yna cofiodd bod ei thad wedi cyfeirio at 'bethau'r teulu' yn cael eu cadw 'yn sêt y ffenast'.

*Pethau'r teulu. Dwi'n gwbod am rheini wrth gwrs, ond be oedd o'n feddwl efo 'sêt y ffenast'?*

Fe ddaeth cwsg yn annisgwyl, cyn iddi allu meddwl mwy.

## 2.5

# Dyfodol Coed y Gelli

CURODD YN YSGAFN ar ddrws swyddfa Gordon Jones ac yna, ar ôl oedi eiliad, ei agor a cherdded i mewn.

'Y post i chi, Mr Jones,' meddai hi.

Eisteddai'r twrnai tu ôl i'w ddesg, yn syllu'n freuddwydiol ar yr awyr lwyd tu allan i'w ffenest. Y brain yn cael eu chwythu i bob cyfeiriad oedd yn mynd â'i sylw.

'Dwi wedi taflu golwg drostyn nhw, Mr Jones. Y ddau ucha fydd angan sylw brys, dwi'n tybio.'

Gosododd y pentwr bychan o bapur o'i flaen. Yn ôl ei harfer, roedd hi wedi agor pob amlen ac argraffu pob llythyr e-bost o bwys, cyn mynd ati i osod yr ohebiaeth yn ôl ei threfn blaenoriaeth hi ei hun, gan wybod y byddai'r twrnai yn fwy na pharod i dderbyn ei barn.

'Noson fawr neithiwr, Elin. Gest ti lanast?'

'Naddo, diolch i'r drefn, Mr Jones. Dim byd mwy na cholli'r trydan am gyfnod. Ond roedd hwnnw yn ei ôl erbyn amsar codi. Be amdanoch chi? Gawsoch chi drafferthion?'

'Dail yn llanast dros bob man, fel y medri di feddwl. Sy'n golygu y bydd raid cael rhywun acw i gribinio'r lawnt ac i dacluso chydig o gwmpas y tŷ, unwaith y bydd y gwynt ma wedi gostegu.'

Canodd y ffôn ar ei ddesg ac wrth ei weld yn ymestyn tuag ato, ciliodd Elin o'r ystafell a chau'r drws yn ddistaw ar ei hôl. Gwenodd wrth weld ei chi yn rholyn bach bodlon o flaen y rheiddiadur.

'Oedd, roedd neithiwr yn noson wyllt iawn, Eidw bach,' meddai hi o dan ei gwynt. 'Dw i'm yn cofio gweld Coed Gelli mor noeth o ddail mor gynnar â hyn yn y flwyddyn. Dydi hi ddim eto'n Galan Gaea, cofia.'

Gwenodd. Roedd hi wedi mynd i sgwrsio mwy a mwy efo'r ci'n ddiweddar, gan dwyllo'i hun bod hwnnw'n deall pob gair.

'Nes y bydd y bós wedi cael cyfla i ddarllan ei lythyra ac i benderfynu pa waith sydd gynno fo ar fy nghyfar i bora ma, yna be am i ni fynd i roi mwy o drefn ar betha yn y stafall archif? Dydi dwylo segur yn cyflawni dim, cofia!'

Ond doedd dim symud ar y ci, dim byd mwy nag ymchwydd ei anadlu wrth iddo chwyrnu'n fodlon braf.

'Wel aros di yn fanna, ta, y diogyn!'

Roedd hi ar fynd allan o'r stafell pan glywodd hi Gordon Jones yn galw arni a pharodd hynny iddi newid cyfeiriad ac anelu eto am y drws oedd yn cysylltu'r ddwy swyddfa, yr un y bu hi trwyddo ychydig eiliadau ynghynt.

'Dwi am i ti fynd i'r stafell archif, Elin,' meddai'r cyfreithiwr, fel pe bai o wedi darllen ei meddwl hi, 'i chwilio am weithredoedd Coed y Gelli. Clerc y Cyngor Tref oedd ar y ffôn gynnau ac mae o'n awyddus i drafod y tir sydd ar werth yn fanno, ac i gael gweld be'n union ydi'r cytundeb sydd rhwng y cyngor a'r hen wraig sy'n byw yn y bwthyn yno.'

Teimlodd Elin ei chalon yn rhoi tro. 'Be? Bwthyn Margiad Rowlands?'

'Ia, dyna ti. Mae'n hen gytundeb, mae'n debyg, ymhell cyn f'amser i, ac mi fydda i angan cael golwg fanwl arno fo. Ddoi di â'r gweithredoedd yn syth yma, plis, gyntad ag y cei di dy ddwylo arnyn nhw.'

Un peth oedd ar feddwl Elin rŵan, sef bod y Gelli mewn

peryg o gael ei gwerthu. Oedd y cyngor wedi cael cwsmer yn barod? Oedden nhw'n chwilio am ffordd o herio'r hen gytundeb er mwyn gyrru Margiad Rowlands o'i chartra?

*Mae un peth yn siŵr, fydd yr hen wraig ddim byw'n hir os digwyddith hynny.*

Fe wyddai hi'n union lle i chwilio am y ffeil, ond wrth iddi ddychmygu'r Gelli yn diflannu'n fuan o dan resi o dai digymeriad i gael eu poblogi gan bobol estron yr un mor ddigymeriad, yna daeth eiliad o ddiawledigrwydd drosti i guddio'r dogfennau fel na ellid dod o hyd iddyn nhw byth.

*Ond does dim i'w ennill o neud peth felly. Piso'n erbyn y gwynt fyddwn i, beth bynnag.*

'Diolch Elin,' meddai Gordon Jones pan osododd hi'r ffeil drwchus o'i flaen. Oedodd hithau yno'n ddigon hir i'w wylio fo'n tynnu un o'r dogfennau allan ac yn agor y memrwn yn ofalus dros wyneb ei ddesg. 'Hm,' meddai wedyn gan syllu ar y cynllun artistig oedd wedi dod i'r golwg. 'Dydw i ddim wedi gweld hwn o'r blaen. Mae o'n bur hen, wel'di.' A phwyntiodd at yr enw ar y gornel dde isaf.

O gael y gwahoddiad, aeth Elin i sefyll wrth ei ysgwydd.

'Ellis T Thomas, sef enw'r pensaer ddaru neud y cynllunia, a llofnod W R Casson o'dano fo. Casson oedd un o'r ddau ddaru sefydlu'r cwmni yma, fel y gwyddost ti mae'n siŵr. Diddorol iawn,' meddai wedyn gan ddefnyddio'i fys i bwyntio at y peth yma a'r peth arall. 'Tai'r Gelli' darllenodd, gan osod ei fys ar ddwy resiad o dai gyferbyn â'i gilydd, eu lliw coch gwreiddiol wedi troi'n binc egwan dros y blynyddoedd. 'Pryd ddaru rhain ddiflannu, os gwn i?'

Daeth i feddwl Elin egluro tynged y tai iddo fo, a phryd a pham yr aethon nhw'n wag, ond doedd yr awydd ddim ynddi i wneud hynny; na chwaith i sôn am ferch y ficer yn gorwedd yn gorff yn un o'r murddunnod, a'i hen, hen daid hi ei hun yn cael ei amau o'r drosedd.

'Ac yli! Roedd yma ffynnon hefyd, ar un adag. Be 'di hanas honno erbyn heddiw, os gwn i?'

Dewis cadw'n dawel wnaeth Elin eto hefyd.

'A dyma Ffordd y Gelli.' Rhedodd ei fys ar ei hyd. 'Wyddost ti be, Elin? Dwi wedi byw yn yr ardal yma ers yn agos i ddeugain mlynedd a wyddwn i ddim am fodolaeth hon tan rŵan. Wyddet ti?'

'Dwi wedi'i cherddad hi amal i dro, Mr Jones. Ffordd Crawia ydi'r enw arni'n lleol. Neu dyna oedd o, beth bynnag. Does fawr o neb yn ei defnyddio hi, bellach.' Plygodd ymlaen i osod ei bys hithau ar y memrwn. 'A dyma afon Lwyd, a hen bont y Gelli yn ei chroesi hi.'

'Hm! Diddorol. A! A dyma fo Bwthyn Gelli, lle mae'r hen wraig yn byw, decini?'

Cyn aros am unrhyw gadarnhad, cydiodd y cyfreithiwr yn yr ail ddogfen ac agor honno, i'w rhoi i orwedd dros y cynllun.

'A dyma'r gweithredoedd. Mae'r rhain wedi cael eu diweddaru dros y blynyddoedd, synnwn i ddim, ac fe ddylen nhw ddangos yn union be ydi'i hawliau hi.'

'Ydi hyn yn golygu bod rhywun wedi prynu Coed Gelli, Mr Jones?'

'Ddim eto ond mae'n debyg bod y Cyngor Tref wedi derbyn ymholiad ben bora heddiw ac mi fydd y Clerc yn dod draw yma, gyda hyn, i nôl rhain.'

*

Er iddi gael ei chadw'n brysur weddill y bore, pur ddi-ffrwt y teimlai Elin, yn enwedig ar ôl gwylio Clerc y Cyngor yn mynd yn ôl am ei swyddfa efo'r pecyn dogfennau hanesyddol yn ei gesail.

Yna, yn ystod ei hawr ginio, cafodd alwad gan Dewi, i holi

sut oedd hi. Fe swniai hwnnw'n falch o gael bod yn ôl wrth ei waith.

'Unrhyw newydd?' holodd. 'Ddaru dy dad gysylltu wedyn?'

'Naddo. Na, does dim byd mawr wedi digwydd, am wn i.'

Ond doedd fawr o argyhoeddiad yn ei llais, serch hynny, na fawr o hwb yn ei chalon chwaith. Roedd y newyddion ben bore wedi taflu dŵr oer ar ei diwrnod.

\*

Ar ei ffordd adre ddiwedd y pnawn, pan oedd hi gyferbyn â'r gamfa i Ffordd Crawia, trawodd Elin ei throed ar frêc y car, i oedi eiliad er mwyn cael hel atgofion. Ond gan fod y cymylau duon uwchben wedi dod â'r gwyll i lawr yn gynnar, yna prin y gallai hi weld y giât na'r gamfa drwy'r caddug. Doedd yr hen ffordd tu draw iddyn nhw, lle'r oedd bwthyn Margiad Rowlands rywle'n llechu, yn ddim byd mwy na thwnnel tywyll bygythiol. Yr unig beth amlwg iddi oedd yr arwydd claer ulw wyn uwchben y gamfa efo'r geiriau duon AR WERTH, a'r rheini'n cael eu cuddio'n rhannol gan lythrennau coch oedd yn llai eglur.

Craffodd Elin i ddarllen y gair GWERTHWYD.

'Dyna ni, felly! Dyna'i diwadd hi, Eidw bach!'

Tybiodd glywed nodyn o gydymdeimlad yn y cyfarth gwan o sedd gefn y car.

\*

'Wyst ti be dwi'n ddifaru fwya, Dewi?'

'Be, felly?' o ben arall y llinell.

'Na faswn i wedi tynnu llwyth o lunia o'r lle cyn hyn, a hynny ganol haf pan oedd pob man yn y Gelli mor wyrdd.

Mae'r dail wedi disgyn bron i gyd erbyn rŵan a gelli fentro y bydd pwy bynnag sydd wedi prynu'r lle wedi dechra clirio'r safla ymhell cyn i'r gwanwyn ddod.'

'Ti'n swnio'n isel dy ysbryd, Elin. Fyddet ti'n licio i mi ddod i fyny acw rŵan?'

'Be? I gynnig cysur wyt ti'n feddwl?'

Synhwyrodd Dewi fymryn o chwerwedd yn ei chwerthiniad.

'... Na, diolch iti am gynnig,' meddai hi wedyn, 'ond rydw i wedi penderfynu gweithio tipyn ar y dilyniant, heno. *Gwenau'r Garnedd Lwyd* oedd gen i mewn golwg fel teitl ond does dim llawar i wenu yn ei gylch erbyn rŵan mae gen i ofn. Erbyn i mi ddod i ben â hi, synnwn i ddim mai *Mwy o Ddagrau'r Garnedd Lwyd* fydd mwyaf addas.'

# Mwy o ddiflastod

'**M**AE'R TYWYDD DIFLAS ma'n ddiddiwadd, Elin.'
'Ydi wir, Mr Jones. Diflas iawn.'

Arhosodd iddo dynnu ei gôt wlyb, yna estynnodd ei llaw allan i dderbyn honno ganddo, gyda'r bwriad o fynd â hi i'w hongian wrth y rheiddiadur yn y stafell fach gefn.

'Be dâl dy newyddion di, Elin?'

'Ro'n i'n gweld bod Coed y Gelli wedi'u gwerthu?'

'Be, yn barod?' Ond doedd dim syndod na siom i'w glywed yn llais y cyfreithiwr.

'Dyna sydd ar yr arwydd, beth bynnag.'

'Hm! Sydyn iawn. Mi fydd Clerc y Cyngor ar y ffôn gyda hyn, felly, i drafod petha.'

'A be am Margiad Rowlands, Mr Jones? Fydd disgwyl iddi hi symud o'i bwthyn, dach chi'n meddwl?'

'Anodd deud, Elin. Mae'r hen weithredoedd ma'n gallu bod yn betha cymhleth a dyrys iawn, fel y gwyddost ti, a bydd rhaid i mi fynd trwyddyn nhw eto efo crib fân, er mwyn cael dadansoddi pob cymal yn ofalus.'

'Be am hawl adeiladu ar y tir? Oes unrhyw reolaeth ar be y gellir ei ganiatáu yno, dach chi'n meddwl?'

'Amsar a ddengys, wrth gwrs, ond mae'r safle'n cynnig ei hun ar gyfer ei ddatblygu. Mae'n agos at ganol y dre ac ar ymyl y ffordd fawr. Mae cymaint o sôn y dyddia yma am dai fforddiadwy ac ati, felly pwy a ŵyr? Mi fydd gen i fwy o wybodaeth, mae'n siŵr, ar ôl i mi gael gair efo'r clerc, ac ar ôl i hwnnw ddod â'r gweithredoedd yn ôl yma, fel y ca' i amsar i'w hastudio nhw'n fwy manwl.'

*

Yr unig neges a ddaeth o Swyddfa'r Cyngor yn ystod y dydd oedd bod y perchnogion newydd eisoes yn y broses o drefnu cynlluniau bras ar gyfer y tir a adwaenid fel Coed y Gelli a bod disgwyl i'r rheini fod yn barod o fewn y pythefnos i ddod.

## 2.7

# Sêt y ffenast

'R O'N I'N GWELD nifer o faniau Openreach o gwmpas y dre bore ma ac fe es i holi rhai o'r gweithwyr ynglŷn â be oedd yn digwydd. Gosod *fibre optics* newydd meddan nhw, er mwyn gwella a chyflymu'r gwasanaeth *broadband* yn yr ardal.'

'O, da iawn.' Ond doedd fawr o ddiddordeb i'w glywed yn llais Elin.

Ar orffen ei chinio oedd hi. Llyncodd y llwyaid olaf o iogwrt ffres a gollwng y twb plastig i'r fasged sbwriel wrth dalcen ei desg.

'Ti oedd gen i mewn golwg, wrth gwrs, Elin,' meddai Dewi wedyn yn ei chlust. 'Roedd y gweithwyr yn sicrhau y byddai pawb yn yr ardal yn gallu cael cysylltiad *broadband* da wedyn, gan gynnwys tai fel Hen Benrallt, sydd ar y cyrion. Ac fe ddylet ti gael signal da ar dy ffôn mobeil hefyd, o hyn allan, meddan nhw.'

'Diolch, Dewi. Mae hwnna yn newydd da ac yn rhwbath i godi nghalon i.'

'Fe ddo i fyny i Hen Benrallt heno, os ydi hynny'n iawn efo ti.'

'Hiraeth amdana i'n barod, felly?'

Anwybyddodd Dewi y direidi yn ei llais. 'Meddwl galw am têc-awê Tsieinîs oeddwn i, i swper. Neu ffish a tsips falla.'

'A'i fwyta fo yma, decini, tra fy mod i'n gorfod byw ar fara a dŵr?'

Chwarddodd y saer yn fyr. 'Rho'r gorau i dy rwdlan, Elin Puw. Rŵan, be fyddai orau gen ti?'

*

Ar ôl rhoi'r ffôn yn ôl yn ei grud, estynnodd Elin am ei ffôn symudol o'i bag. Os oedd hi am anfon neges destun i'w thad, yna rhaid fyddai gwneud hynny tra oedd hi i lawr yma yn y dref. Ymbalfalodd hefyd am y cerdyn cyswllt a gawsai ganddo yn nhŷ Margiad Rowlands, bron wythnos yn ôl. Roedd ei rif ffôn a'i gyfeiriad e-bost ar hwnnw. Penderfynodd anfon e-bost. Roedd neges destun yn rhy swta, rywsut.

Ar ôl teipio'i chwestiwn 'Be oeddech chi'n olygu efo *sêt y ffenast*? Lle mae honno?' – ystyriodd sut i arwyddo'r neges. Elin ynteu Elena? Penderfynodd ar yr Elena, er mor anghyfarwydd oedd hi â hwnnw, ac yna, cyn rhoi amser iddi'i hun feddwl ddwywaith, ychwanegodd gusan, x.

Fe ddaeth ateb e-bost gyda'r troad, bron.

*Mae derbyn gair oddi wrthyt ti wedi codi nghalon i, Elena, wyddost ti ddim faint, ac rwy'n edrych ymlaen at dy weld di a Dewi ddydd Gwener ac at fynd â chi allan am swper a sgwrs. Byddaf yn aros yng ngwesty'r Goron tan fore Llun, mwy na thebyg. Rwy'n awyddus i drafod fy nghynlluniau efo chi ac i gael eich barn.*

*Wyddet ti ddim am sêt y ffenest? Mae un o'r rheini ym mhob llofft yn Hen Benrallt. Fy nhad, dy daid, ddaru eu creu nhw, pan oedd o'n gneud y ddau dŷ yn un, a hynny oherwydd bod prinder lle i gadw pethau. 'Tyllau cadw llanast' fydda fo yn eu galw nhw, ond doedd fawr o ddefnydd arnyn nhw chwaith, i mi fod yn cofio. Mae lintel bren pob ffenest i fod i lithro allan o'i lle yn ddigon rhwydd, i ddangos be sy'n cael ei gadw yno.*

*Sut bynnag, rwy'n edrych ymlaen at gael sôn am bethau felly, a llawer o bethau eraill yn ogystal, pan welaf i chi ddydd Gwener. Cofion anwylaf, Dy dad. xxx*

\*

Os oedd Dewi wedi disgwyl gweld y bwrdd bwyd wedi'i osod ar gyfer swper, yna fe gafodd ei siomi oherwydd pan gerddodd i'r gegin roedd wyneb y bwrdd o'r golwg o dan gardiau a llythyrau ac amlenni gwag.

'Rho fo ar ben y meicro,' meddai Elin, gan gyfeirio at y bwyd parod yn ei law. 'Fe gawn ni swpar ar ôl i ti weld rhain.' Ac arwyddodd at y llanast papur o'i blaen.

'... Llythyra, cardia ac ati wedi eu gyrru i Nain dros y blynyddoedd,' eglurodd, ar ôl aros i Dewi ufuddhau, 'a'r rhan fwya ohonyn nhw heb eu hatab o gwbwl dwi'n tybio. Dyma'r llythyra roedd Nhad yn sôn amdanyn nhw – y ddau y cafodd o atebiad iddyn nhw – a phump o rai eraill, na chafodd o atab o gwbwl iddyn nhw, medda fo. Wedi eu hanfon dros nifar o flynyddoedd. Tri llythyr hefyd oddi wrth Taid a Nain Llangadfan, rhieni Mam, yn holi yn ein cylch ni. Yn ôl cynnwys y trydydd llythyr, mae'n ymddangos bod Nain wedi deud yr un stori wrthyn nhwtha hefyd, sef ein bod ni wedi symud o'r ardal yma ac na wyddai hi lle'r oedden ni bellach.'

'Pam fydde dy nain yn gneud peth felly, meddet ti?'

'Duw a ŵyr, Dewi. Duw a ŵyr! Yn ôl pob golwg, doedd Mam ddim yn cael gweld y llythyra fyddai'n cyrraedd yma iddi. Rhaid bod Nain yn cadw golwg am y postman bob dydd ac yn difa llythyra Mam heb i honno wbod dim amdanyn nhw. Wyddwn inna ddim chwaith, o ran hynny.'

Dangosodd Dewi ei ddryswch trwy ysgwyd ei ben yn ddiddeall. Yna pwyntiodd at y pethau oedd yn cuddio wyneb y bwrdd. 'Lle ddoist ti o hyd i'r rhain, beth bynnag?'

'Sêt ffenast y llofft gefn... llofft Nain. Fe gei di weld honno mewn munud. Ond edrycha ar y rhain i ddechra.' A chydiodd Elin yn y pentwr cardiau. 'Dyma brofi bod Nhad yn deud y gwir.' A gollyngodd nhw'n ôl ar y bwrdd fesul un. 'Cardia pen-blwydd a chardia Dolig, i Mam ac i minna dros gyfnod o sawl blwyddyn. Blynyddoedd o ddymuno'n dda inni, a ninna'n gwbod dim!'

Wrth glywed sŵn dagrau yn ei llais, rhoddodd Dewi ei law ar ei hysgwydd a phlygodd i daro cusan ar ei harlais.

'Roedd o'n deud y gwir wrthat ti, felly.'

'Oedd. Dychmyga sut roedd y cradur bach yn teimlo, Dewi. Heb fawr o syniad am ei orffennol, ac yna heb syniad chwaith lle i droi pan gâi o ddod allan o'r sbyty.'

'Ond rhyfedd na fasa'r heddlu neu'r ysbyty wedi gneud ymholiade ar ei ran.'

Yn ateb, daliodd Elin lythyr swyddogol yr olwg iddo'i ddarllen.

*Royal London Hospital Whitechapel Rd, Whitechapel, London E1 1BB* oedd y cyfeiriad arno, a'r dyddiad yn profi i'r llythyr gael ei anfon un mlynedd ar bymtheg ynghynt:

*To the occupier of Hen Benralt,*
   *Treegarnedd,*
   *North Wales*
   *Dear Sir/Madam,*
   *We are trying to trace the relatives of H A Puw, previously of that address, who was involved in a serious road accident in the county of Cheshire, over ten years ago. We would be obliged if you could provide us with whatever information you may have about him, particularly any relevant and*

*up-to-date details of the whereabouts of his immediate family.*

*Thank you.*

*Yours etc.*

*P. R. Mellor (Senior Admin. Officer)*

Yna, ar ôl rhoi cyfle i Dewi ei ddarllen, daliodd hi un arall tebyg, a'r neges fer ar hwnnw oedd:

*Dear Ms Morris,*

*I thank you for your response. From what you have told us, we and the police will now be concentrating our search on the Liverpool area. In the meantime, should you come across any new information about the whereabouts of H. A. Puw's family, then we would ask you to contact either this hospital or the police in your area.*

*Yours etc*

*P.R. Mellor (Senior Admin. Officer)*

'Miss Morris? Pwy oedd honno ta?'

'Dim syniad! Mae Nhad yn dod draw yma eto, ddydd Gwenar. Falla y bydd o'n gallu deud wrthon ni.'

Roedd hi rŵan yn dal rhywbeth arall i Dewi edrych arno.

'Sieciau,' meddai hwnnw, gan sylwi ar y clip papur oedd yn dal y pentwr efo'i gilydd.

'Ia. Pres i'r tair ohonom ni, i Nain, Mam a finna, ar bob pen-blwydd ac ar bob Dolig dros gyfnod o bedair blynadd i gyd. Dyddiad fy mhen-blwydd i'n bymtheg oed sydd ar un ohonyn nhw. Rhaid bod honno wedi cael ei hanfon yn y cardyn yma, lle mae o'n dymuno pen-blwydd hapus i mi yn bymtheg oed. Dyna'r flwyddyn y buodd Mam farw.'

Wrth glywed sŵn dagrau yn ei llais, cusanodd Dewi hi eto ar ei thalcen, fel tad yn cysuro plentyn mewn poen. 'Be am i ti ddangos i mi lle'r oedd dy nain yn cuddio'r petha yma?'

Aeth Elin â fo i fyny'r grisiau. 'Hon oedd llofft Nain,' eglurodd, gan ei arwain i mewn i'r llofft fach gefn.

Dilynodd Dewi hi i mewn, heb gymryd arno ei fod wedi cael cip slei ar y stafell cyn hyn. Gwyliodd hi'n mynd draw at y ffenest ac yn cydio â'i dwy law yn y sil bren drwchus ac yn ei thynnu tuag ati, a honno wedyn yn llithro'n rhwydd allan o ddwy rych bwrpasol gyferbyn â'i gilydd yn nhrwch y wal o boptu'r ffenest.

'Twll cadw llanast! Dyna mae nhad yn galw hwn, ac mae'n debyg bod un tebyg iddo fo yn y ddwy lofft arall hefyd, ond dydw i ddim wedi cael cyfla i edrych yn rheini eto.'

'Ac yn fa'ma y doist ti o hyd i'r llythyre a'r siecie ac yn y blaen?'

'Ia. Wyddwn i ddim am y llefydd yma tan rŵan, felly roedd hi'n hawdd iawn i Nain guddio petha rhagddo' i.'

'Hm! Diddorol.'

'O! Roedd rhain hefyd i mewn yn fanna, efo'r llythyra a'r cardia... ' Estynnodd Elin am ddau lun oedd yn gorwedd ar y gwely, a'u rhoi nhw i Dewi, iddo gael golwg arnyn nhw. '... ond 'mod i wedi eu taro nhw ar y gwely ar y pryd, ac anghofio mynd â nhw i lawr efo gweddill y stwff. Duw a ŵyr llunia o bwy ydyn nhw, chwaith.'

Dau lun bychan llwydaidd, hen yr olwg, sylwodd Dewi, a rhyw bedair modfedd wrth dair o ran maint. Grŵp teuluol yn sefyll tu allan i ddrws siop oedd i'w weld yn un ohonyn nhw – y gŵr a'r wraig mewn ffedogau gwynion llaes a'r rheini wedi'u clymu'n dynn am eu canol. O'u blaen safai tri o blant surbwch – dau fachgen mewn trowsusau pen glin a siwmperi llac, di-raen, a geneth mewn ffrog yr un mor dlodaidd yr olwg. Roedd gwalltiau'r ddau fachgen wedi'i dorri i'r gnec a gwallt yr eneth yn llinell syth ar draws y talcen ac wedi'i dorri'n anghelfydd islaw'r clustiau ac o gwmpas y pen.

Trodd Dewi at yr ail lun. Yr un cefndir oedd i hwn hefyd ond bod gwell graen erbyn hyn i'w weld ar wyneb y siop a chynnwys y ffenestri. Perchennog gwahanol oedd yn llenwi'r drws yn y llun yma, yntau mewn ffedog wen laes, ac efo'i ddwy law falch yn gorwedd yn dadol ar ysgwyddau'r ddau blentyn o'i flaen. Bachgen a geneth yn eu harddegau cynnar, y bachgen yn gwenu'n llydan i'r camera, a'r ferch yn syllu'n fingam ar ei brawd, a'i llygaid yn llawn malais, gellid tybio.

'Falla y bydd Nhad yn gwbod pwy ydyn nhw.'

Gwthiodd Elin sil y ffenest yn ôl i'w lle a diflannodd y twll-cadw-llanast unwaith eto, a hwnnw bellach yn wag.

'Be am y ddwy lofft arall? Wyt ti wedi edrych yn rheini?'

'Naddo, ddim eto.'

'Be am i ni neud hynny rŵan?'

'Ia, iawn,' ac anelodd Elin am y llofft gefn arall.

Y ddwy lofft yn debyg iawn i'w gilydd, sylwodd Dewi, o ran maint a siâp. Yna, safodd yn ôl i wylio Elin yn symud cerflun bychan o Grist ar y Groes oddi ar sil y ffenest a'i roi i orwedd ar y gwely.

'Fy llofft i oedd hon, pan o'n i'n fach. Mam a Dad oedd yn y llofft ffrynt bryd hynny, ac yna Mam ei hun, yn ystod ei gwaeledd.'

Gwelodd Dewi hi'n llithro'r sil yma hefyd rŵan yn rhydd o'r wal, i ddatgelu cuddfan debyg iawn i'r llall, ac yna gwyliodd hi'n plygu i ddod â llond ei hafflau o ddillad i'r golwg, a gosod y rheini wedyn yn bentwr gofalus ar y gwely. Dillad plentyn, meddai wrtho'i hun. Yna, gwyliodd hi'n plygu eilwaith, a'r tro yma yn dod â llun i'r golwg. Llun bachgen bach gwengar. Llun diweddarach a chliriach na'r lleill, a gwell ansawdd iddo hefyd.

'Morris, wyt ti'n meddwl?' Roedd rhywfaint o ddychryn i'w glywed yn ei chwestiwn bloesg.

Camodd Dewi'n nes, i graffu ar y llun. 'Synnen i ddim. Mae o tua'r oed iawn, beth bynnag.'

'Dyna dw inna'n feddwl hefyd. Dwy neu dair oed ar y mwya. Mi all fy nhad gadarnhau pan ddaw o yma, ddydd Gwenar. Fe adawa i bob dim allan ar y gwely tan hynny.'

'Mae rhwbeth arall yma hefyd.' Plygodd Dewi, rŵan, i ddod â bocs pren i'r golwg. Pren derw golau. Clywodd Elin ef yn tynnu anadl sydyn.

'Be sydd, Dewi?' gofynnodd, wrth weld y syndod ar ei wyneb.

Ond fe aeth eiliadau eto heibio cyn iddo bwyntio at y llythyren M euraid ar gaead y gist fach. Yna, mewn llais cryglyd, 'Llwch Morris dw i'n tybio,' meddai.

Yn dilyn distawrwydd dwys, trodd Elin i edrych i fyw llygaid ei chariad. 'Wnei di aros efo fi heno, Dewi? Plis?'

'Wrth gwrs. Rŵan be am y llofft ffrynt?' Brathodd ei dafod rhag cyfeirio at honno fel 'ein llofft ni'.

'Llofft Nain a Taid oedd honno'n wreiddiol, wrth gwrs,' meddai hi gan arwain y ffordd, 'ond, ar ôl marw Taid, fe symudodd Nain i'r llofft fach gefn er mwyn rhoi mwy o le i Mam a Dad.'

'Doedd dy nain ddim yn gwbwl hunanol felly.'

'Nag oedd ond falla nad oedd ganddi hi ddim ddewis os oedd hi am ein cadw ni yma.'

Gan fod ffenest y llofft ffrynt ychydig yn lletach na'r ffenestri cefn, yna roedd hynny'n golygu bod mwy o wagle o dan ei sil.

'Go brin bod dim byd yn fa'ma,' meddai Elin gan gydio yn y ffiol llawn blodau ffug lliwgar a'i rhoi i Dewi ei dal. Yna, wedi tynnu'r sil yn ôl, syllodd mewn syndod am eiliad cyn estyn ei llaw i mewn i'r guddfan a mwmblan yn anghrediniol,

'Welis i rioed mo hon o'r blaen.' Yna, ar ôl codi gitâr loyw i olau dydd, syllodd mewn rhyfeddod arni am eiliadau lawer gan droelli'r offeryn yn werthfawrogol yn ei dwylo. 'Mi fetia i mai gitâr fy nhad oedd hon,' meddai hi o'r diwedd. 'Ydi o'n cofio amdani, os gwn i?'

'Lle rhyfedd i'w chadw hi, beth bynnag. Wyt ti'm yn meddwl?' meddai Dewi. 'Oes rhwbeth arall i mewn yne?'

'Dim byd ond llun mewn ffrâm,' meddai Elin gan blygu i godi hwnnw hefyd o'r guddfan. Yna'n floesg, wrth syllu arno, 'Llun priodas Mam a Dad!' Aeth eiliadau eto heibio. 'Dydw i ddim wedi gweld y llun yma erioed o'r blaen. Nac unrhyw lun arall o'u priodas nhw chwaith, o ran hynny.' Gosododd fys ar wyneb gwengar i'r dde o'r pâr priod: 'Dyma fo Taid. A Nain wrth ei ochr o. Felly, rhaid mai Taid a Nain Llangadfan ydi'r ddau arall ar y chwith. Gredi di mai dyma'r tro cynta erioed i mi weld llun ohonyn nhw?'

Ond roedd sylw Dewi yn dal i fod ar y nain arall – Nain Penrallt – ac ar y caledwch yn llygaid honno, a'r wên fingam ar ei gwefus. 'Beth bynnag am y lleill yn y llun,' meddai wrtho'i hun, 'doedd hi ddim yn hapus efo'r briodas.'

Gallai synhwyro bod yr un peth ar feddwl Elin hefyd, ond dewis cadw'n dawel wnaeth y ddau.

# Dyfodol y Gelli

'NA, DOS DI, Dewi, gan fod disgwyl i ti fod wrth dy waith erbyn hannar awr wedi wyth.'

Roedd eu caru, y noson gynt, wedi bod yn fwy angerddol nag arfer a theimlai Elin rywfaint o euogrwydd ynglŷn â hynny. Euogrwydd, a phryder hefyd pe bai hi'n onest.

'Gan ei bod hi'n argoeli i fod yn ddiwrnod go lew o ran tywydd, yna falla mai cerddad i ngwaith wna i heddiw.'

'Wyt ti'n siŵr? Calan Gaea ydi hi, cofia, ac mi fydd hi'n nosi'n gynnar. Mi fydd hi'n reit dywyll arnat ti'n cychwyn yn ôl am adre.'

Anwybyddodd Elin ei bryder. 'Dwi'n cymryd mai yma y byddi di'n cysgu heno hefyd?' Wrth ofyn y cwestiwn, taflodd ei breichiau amdano a'i gusanu'n hir, fel pe bai arni ofn colli gafael arno.

'Wrth gwrs. Wyt ti am i mi ddod â rwbeth efo fi i swper?'

'Na, gad di beth felly i mi.'

Eiliadau'n ddiweddarach, wrth ei wylio'n dringo i'w gar, 'Paid â bod yn hwyr, cofia,' galwodd, a synhwyrodd Dewi sŵn ymbil yn ei llais.

'... A bydd yn ofalus yn dy waith heddiw,' ychwanegodd, heb wybod yn iawn pam ei bod hi'n dweud peth felly.

\*

Prin bod y Volvo du wedi cyrraedd gwaelod Ffordd Penrallt nad oedd ffôn y tŷ yn canu. Brysiodd hithau i sychu ei dwylo ac i droi cefn ar yr ychydig lestri yr oedd hi ar ganol eu golchi.

'Elin. Fi sy 'ma.'

'Dewi? Ti'n iawn? Be sy'n bod?' Yna mewn sioe o guddio'i phryder direswm. 'Hiraethu amdana i'n barod, mae'n siŵr?'

'Taw â dy rwdlan! Gwranda, dwi newydd weld dau ddyn yn sefyll yng ngheg Ffordd y Gelli... Ffordd Crawia... ac yn edrych i'r awyr. Wyddwn i ddim be oedd yn digwydd nes i mi weld y drôn yn hofran uwchben. Roedd gen i syniad go lew wedyn, wrth gwrs, pam eu bod nhw yno.'

'Maen nhw'n tynnu llunia o'r safla, mae'n siŵr,' meddai hithau mewn llais llawn siom.

'Dyna roeddwn inne'n dybio hefyd ac yn rhyw feddwl y caret ti gael gwbod.' Yna, mewn llais ysgafnach, 'A gyda llaw, roeddet ti'n iawn, eiliad yn ôl, pan ofynnest ti oedd gen i hiraeth amdanat ti'n barod.'

Os oedd o wedi disgwyl ateb ffraeth yn ôl, yna fe gafodd ei siomi. Ei hunig adwaith oedd, 'Bydd yn ofalus yn dy waith. A diolch am ffonio.'

\*

Prin y cafodd hi roi'r ffôn yn ôl yn ei grud nad oedd hwnnw'n canu eto.

'Elin. Fi sy 'ma. Dy dad!'

'O? Oes rhwbath yn bod?'

'Na, ond dwi wedi gorfod newid fy nghynllunia ar gyfer y penwythnos, mae gen i ofn. Fe eith yn bythefnos arall cyn y ca i ddod yn ôl i Dregarnedd. Dwi'n siomedig, wrth gwrs, ond dwi'n gobeithio y bydd gen i newyddion i godi dy galon di erbyn hynny.'

Yn bur rhwystredig y cychwynnodd Elin Puw i lawr am y dre yn fuan wedyn.

*

Roedd yn fore oer ond yn un sych a chlir, a'r awel fain yn brathu croen ei hwyneb. Ugain munud i naw, yn ôl y wats ar ei harddwrn. Roedd Stryd Penrallt yn dal yn swrth wrth iddi gerdded heibio; golau mewn ambell stafell ond llenni nifer o'r llofftydd ynghau o hyd, a dim un drws ar agor.

Teimlai Elin yn falch o'r gôt yn cau'n glyd amdani, hyd at ei phengliniau, ac o'r cap gwlân am ei phen, y ddau ddilledyn o'r un brethyn llwyd golau cynnes, a'u lliw yn gweddu i ddüwch parchus y trowsus a wisgai.

Oedodd eiliad i ddarllen yr arwydd yng ngheg y llwybr o'i blaen. AR WERTH mewn llythrennau breision, yna'r cyhoeddiad mewn coch bod y lle wedi'i werthu. Oedd yr atodiad *Subject to contract* yn cynnig llygedyn o obaith, tybed? Go brin, meddyliodd.

Erbyn hyn, roedd y ddau ddieithryn a welsai Dewi hanner awr ynghynt, yn sefyll wrth giât bwthyn Margiad Rowlands, wedi ymgolli yn yr hyn oedd ar sgrin yr iPad o'u blaen. Gwisgent gotiau *Regatta* glas. Ond dyna'r unig debygrwydd rhyngddyn nhw oherwydd tra bod y naill yn dal ac yn olau a llaes ei wallt, stwcyn byr â'i ben yn moeli oedd y llall. Camgymeriad fyddai meddwl bod blynyddoedd o wahaniaeth yn oedran y ddau.

Pan glywsant sŵn ei throed yn dod tuag atynt ar Ffordd Crawia, cododd y ddau eu golygon yn sydyn, eu syndod yn amlwg o weld neb o gwmpas, yr adeg honno o'r dydd.

Oedodd Elin hithau ar ganol cam ond ni theimlai unrhyw ofn na bygythiad. Diolch i alwad ffôn Dewi yn gynharach, fe wyddai hi pwy oedd y dieithriaid, neu o leiaf pam eu bod nhw yma o gwbl. A phe bai hi angen prawf pellach, yna roedd hwnnw i'w gael yn y drôn, oedd erbyn hyn yn gorwedd yn segur wrth eu traed.

'Bore da!' meddai'r ddau yn wengar wrth iddi ddod o fewn clyw. 'Bore braf,' ychwanegodd un ohonyn nhw wedyn, y talaf a'r iengaf yr olwg.

'Ydi,' meddai hithau, gan synnu clywed Cymraeg. 'Rydach chi o gwmpas yn fora iawn. Gobeithio nad ydach chi wedi styrbio'r hen wraig sy'n byw yn y bwthyn.'

'Naddo,' meddai'r talaf eto. 'Mae Clerc y Cyngor wedi gadel i Miss Rowlands wbod y bydden ni yma'n gynnar, gan ein bod ni'n awyddus i fanteisio ar y tywydd braf sy'n cael ei addo at heddiw. Mae'n bwysig ein bod ni'n cael llunie clir o bob rhan o'r safle.' A chyfeiriodd efo'i ben at y drôn wrth ei draed.

'O, deudwch chi,' meddai Elin, heb wneud unrhyw ymdrech i swnio'n glên. 'Ai chi sydd wedi prynu'r Gelli?'

'Nage wir,' meddai'r llall gan chwerthin yn iach, cystal ag awgrymu mai crafu am geiniog oedden nhw ac na allen nhw fyth fforddio prynu unlle tebyg i hwn. 'Cael cais ddoe ddwethe wnaethon ni, i dynnu llunie o'r lle, o'r awyr, fel bod y prynwyr yn gallu mynd ati wedyn i gyflwyno eu cynllunie i'r Cyngor Tref.'

'Wyddoch chi pa fath o gynllunia fyddan nhw? Pa fath o ddatblygiad?' Er gofyn y cwestiwn, fe wyddai Elin na allai ddisgwyl atebiad synhwyrol.

'Na, ond fe gawsom ni siars i neud yn siŵr ein bod ni'n cael llunie clir o bob rhan o'r safle.'

'Ond fe welwch chi'r probleme sydd gennon ni,' meddai'r llall, gan arwyddo at y coed tal oedd yn gwyro dros yr hen bont, ugain llath i ffwrdd. 'Pe bai'r drôn yn taro yn erbyn un o'r canghenne...' Ni theimlai bod angen egluro mwy na hynny.

'Felly, o ble dach chi'n dod? Nid o Dregarnedd.'

'Nage, o'r Bala. Rydan ni'n hysbysebu'n gwasanaeth ar *Facebook* a *Twitter* a phethe felly.' Yna, gyda gwên gellweirus, ychwanegodd, 'Pe baech chi'n dymuno llun o'ch cartre o'r awyr, rywbryd, yna cofiwch amdanon ni.'

O ran cwrteisi'n unig y derbyniodd Elin y cerdyn oedd yn cael ei gynnig iddi.

'Rhaid i mi fynd, mae gen i ofn,' meddai hi, a thôn ei llais yn awgrymu ei bod hi wedi colli pob diddordeb yng ngwaith y ddau. 'Da bo chi.' Fe alwai hi i weld Margiad Rowlands ar ei ffordd adre, ddiwedd y pnawn.

'Hwyl ichi,' meddai un.

'Gobeithio y cawn ni gwarfod eto, rywbryd,' meddai'r llall yn awgrymog.

Gallai Elin synhwyro eu llygaid yn ei dilyn hi bob cam o'r ffordd, nes iddi gyrraedd y giât oedd yn arwain allan o'r Gelli.

\*

Erbyn diwedd y pnawn roedd yr awyr wedi cymylu'n arw a'r rhagolygon yn bygwth y byddai'r nos yn cau i mewn yn gynnar.

Am bum munud i bump, roedd Elin yn estyn am ei chôt, i gychwyn am adre, pan ganodd y ffôn ar ei desg.

'Helô? Elin Puw, ysgrifenyddes Mr Gordon Jones, yn siarad. Sut medra i eich helpu chi?'

'Margaret Wyn y Wenallt sy ma. Dwi newydd gael clywad gan yr *estate agents* bod y tŷ ma wedi'i werthu o'r diwadd, ac y byddan nhw angan y gweithredoedd cyn gallu symud ymlaen. Ond does gen i ddim syniad lle mae'r gweithredoedd yn cael eu cadw. Fy ngŵr oedd yn gofalu am bob dim felly pan oedd o'n fyw, dach chi'n dallt. Dwi wedi chwilio pob cornel o'r tŷ ac wedi methu dod o hyd iddyn nhw. Rhaid, felly, eu bod nhw'n cael eu cadw naill ai yn y banc neu gennych chi yn fan yna. Gordon Jones ydi'n twrna ni wedi bod ar hyd y blynyddoedd.'

'Ia, wrth gwrs, Mrs Wyn.' Roedd Elin yn cofio bod gŵr y Wenallt wedi marw'n ddiweddar a'i fod wedi gadael popeth yn ei ewyllys i'w wraig. Gordon Jones oedd sgutor yr ewyllys honno.

'Fedrwch chi tsecio i mi plis os mai yna mae'r gweithredoedd yn cael eu cadw?'

'Dim problem, Mrs Wyn. Fe'ch ffonia i chi'n ôl, gyntad ag y dof o hyd iddyn nhw. Ac os nad ydyn nhw yma, yna mi fydda i'n eich ffonio chi beth bynnag.'

Ar ôl rhoi'r teclyn yn ôl yn ei grud, curodd ar ddrws Gordon Jones a'i agor yn araf.

'Mrs Wyn y Wenallt oedd ar y ffôn, Mr Jones,' eglurodd, 'i holi ai yma mae gweithredoedd ei thŷ hi'n cael eu cadw.'

'Mae hi wedi gwerthu'r lle, felly? Da iawn hynny. Mae'r Wenallt yn fyngalo helaeth iawn ond, ar ôl colli ei gŵr, mae'n siŵr ei bod hi'n gweld y lle yn rhy fawr iddi, ac yn rhy unig hefyd falla. Synnwn i ddim na fydd hi'n symud yn nes at ei merch i fyw. Ia, yma mae'r gweithredoedd, Elin. Dwi'n cofio mai fi drefnodd bryniant y tir iddyn nhw allu codi eu byngalo arno fo.'

'Ryw syniad pryd, Mr Jones?'

'Rywbryd tua dechrau'r nawdegau dwi'n tybio.'

Ddeng munud yn ddiweddarach roedd Elin yn ffonio'r Wenallt i gadarnhau bod y gweithredoedd ar gael yn y swyddfa, ac i ofyn i Mrs Wyn alw i arwyddo amdanyn nhw pan fyddai hynny'n hwylus iddi.

Pan gamodd hi allan i'r stryd funudau'n ddiweddarach, roedd yr awyr yn drwm o dywyll a'r gwynt yn cryfhau. Gallai glywed chwiban trist hwnnw yn y gwifrau ffôn oedd yn cris-croesi uwch ei phen ac roedd ei hyrddiadau yn peri i oleuadau'r stryd sgubo'n aflonydd dros wyneb y ffordd a'r palmentydd.

Ar ôl botymu ei chôt at ei gên a thynhau cwlwm y gwregys am ei chanol ac yna sicrhau bod ei chap yn nythu'n ddiogel yn nhrwch ei gwallt, cychwynnodd am adre, eisoes yn difaru ei phenderfyniad boreol i beidio defnyddio'r Peugeot bach heddiw. 'Osgoi Ffordd Crawia fydd orau imi heno,' meddai wrthi'i hun. 'Fe ga i alw i weld Margiad Rowlands rywbryd eto.'

'Elin!'

Prin ei bod hi wedi mynd hanner canllath. Trodd i weld Dewi'n brasgamu tuag ati, efo bag plastig boliog yn pendilio o'i law dde.

'Be sy'n bod?' gofynnodd, â'i llais yn llawn pryder wrth iddi gofio ei rhybudd iddo, ben bore, i fod yn ofalus.

'Dim byd mwy na damwain fach, ryw awr go dda yn ôl,' meddai gan edrych ar ei wats. 'Ro'n i wedi parcio'r Volvo yn ei gornel arferol ar yr iard ac wrth i un o'r hogia ddreifio heibio ar y *fork lift* mi syrthiodd dau neu dri o *building blocks* oddi ar y llwyth a tharo yn erbyn ochr y car a tholcio'r drws ôl yn bur ddrwg. Sut bynnag, mi ges ddod adre'n gynnar er mwyn mynd â fo i garej *Browns* i gael ei drwsio. Ond fydd gen i ddim car am rai dyddie, mae'n beryg. Ond rhag i ti orfod trafferthu paratoi swper inni, fe elwais heibio Tesco i nôl pryd parod, pryd meicro i ni'n dau.'

'Ac fe ddoist i chwilio amdana i, rhag i ti orfod cerddad trwy Goed Gelli dy hun bach, mae'n siŵr?' Roedd ei direidi i'w glywed yn gymysg â'i rhyddhad. 'Ond paid â phoeni, Dewi annwyl, mi fydda i yma i gydio yn dy law di ac i gadw'r bwci-bo i ffwrdd!'

Roedd eu chwerthin uchel fel pe'n herio'r gwynt a'r tywyllwch cynnar.

## 2.9

# Syndod eto

ETH DENG NIWRNOD heibio cyn i Elin weld ei thad eto. Roedd hi wrth ei gwaith yn swyddfa Gordon Jones pan glywodd sŵn traed yn cyrraedd y cyntedd tu allan i ddrws ei stafell a'r gloch yn fanno'n galw am sylw.

Safai yno'n gwenu'n gam ac efo pig ei gap wedi'i dynnu i lawr, eto fyth, i guddio'r graith biws ar ei dalcen. Daliai ffeil swmpus dan ei gesail.

'Nhad! Be dach chi'n neud yma? Oes rhwbath yn bod?'

'Sut wyt ti Elena? Mae'n dda dy weld di eto. Yma i weld Gordon ydw i. Mae o'n fy nisgwyl i.'

'Pam na fasech chi'n ffonio i adael i Dewi a finna wbod eich bod chi'n dod?'

'Does dim amsar i mi egluro petha i ti rŵan. Mi fydda i yma yn Nhregarnedd am o leia bedwar neu bum diwrnod y tro yma. Pryd gawn ni gwarfod am sgwrs, ac am y pryd o fwyd dw i wedi'i addo ichi'ch dau? Heno, falla? Neu be am nos fory?'

'Nos Iau. Practis côr heno, mae gen i ofn. Fedra i ddim osgoi mynd i hwnnw. Be am nos fory? Lle dach chi'n aros?'

'Yn y Goron, yn ôl f'arfar, gan fod ganddyn nhw lofftydd ar y llawr isaf yn fanno. Mae hynny'n arbad llawar o draffarth i mi, fel y medri di ddallt.' A chyffyrddodd yn ei goes glec â blaen ei ffon.

Ddeugain munud yn ddiweddarach, os oedd Elin wedi gobeithio cael clywed pa fusnes a fu rhwng ei thad a Gordon Jones, yna fe gafodd ei siomi, oherwydd fe adawodd y naill heb air o ffarwél a doedd y llall, chwaith, ddim i'w weld yn awyddus i rannu gwybodaeth efo hi.

\*

'Be? Chi sydd wedi prynu'r Wenallt?'

Roedd syndod Elin i'w glywed yn nhôn uchel ei llais a hynny'n peri i eraill yn stafell fwyta'r Goron droi pen yn reddfol i edrych tuag atynt. Ond gan mai dieithriaid oedd pob un o'r rheini, yna byr y parhaodd eu diddordeb.

Aeth y syndod yn llais y ferch â'r gwynt o hwyliau'r tad ac oedodd hwnnw cyn ymateb. 'Ia,' meddai ymhen rhai eiliadau, gan syllu'n dreiddgar i'w llygaid hi fel pe bai'n ceisio darllen ei meddwl, 'ond does dim byd yn derfynol hyd yma, wrth gwrs. Dydw i, mwy na Mrs Wyn y Wenallt, ddim wedi arwyddo dim byd eto. Dwi wedi gneud cynnig am y tŷ ac mae hitha wedi derbyn y cynnig, yn ôl fel dw i'n ddallt. Fe rois ganiad i Gordon Jones bnawn heddiw i ofyn iddo fo weithredu ar fy rhan i ond mi ddeudodd mai rhywun arall o'r cwmni, rhywun o'r enw Catrin Llwyd, fydd yn gneud hynny.'

Oedodd, i ddisgwyl ymateb ei ferch, a'i gweld hi'n nodio mymryn ar ei phen ac yna'n edrych draw tua'r ffenest, fel pe bai hi'n pwyso a mesur y newyddion annisgwyl. Ond wrth i'w distawrwydd hi barhau, fe aeth yntau i ddehongli peth felly fel diffyg cefnogaeth i'w fwriad i brynu'r Wenallt.

'Ond os nad wyt ti... neu chi, yn hytrach,' ychwanegodd gan droi at Dewi rŵan, er mwyn ei gynnwys yntau yn y penderfyniad, 'yn hapus i mi symud yn ôl i Dregarnedd i fyw, yna hawdd iawn fydd i mi dynnu'n ôl, cofiwch. Matar bach fyddai i mi godi'r ffôn ar Catrin Llwyd a deud wrthi am anghofio'r cyfan. Wedi'r cyfan. Dydw i ddim wedi arwyddo dim byd cyfreithiol hyd yma.'

O orfod aros eto iddi ymateb, cododd Huw Ambrose ei wydryn brandi at ei wefus a gwnaeth Dewi yr un peth.

'Mae ma rai pobol yn y dre ma sy'n dal i nghofio fi ac yn gwbod o'r gora mod i'n dad i ti, Elena,' ychwanegodd, 'a dwi'n sylweddoli y gall hynny fod yn dipyn o embaras i ti.'

Yn ddiarwybod iddo'i hun, roedd wedi rhedeg cledr llaw dros y creithiau ar ei dalcen a'i ben a sylweddolodd Dewi fod hagrwch y creithiau hynny yn rhan o'r embaras y cyfeiriai ato.

Hyd yma, roedd y noson wedi mynd yn dda iawn ym marn Dewi, efo Huw Ambrose yn manteisio ar ei gyfle i ddod i wybod mwy am blentyndod Elin. Tad heb wybod manylion plentyndod ei ferch ei hun! Roedd peth felly'n drist, meddai wrtho'i hun.

Pan drodd Elin, o'r diwedd, i edrych ar ei thad, roedd ei llygaid yn llaith ac yn ddisglair a chyn dweud dim, estynnodd at ei chwpanaid o goffi a'i chodi fel pe bai ar fin cynnig llwncdestun. Dagrau o fodlonrwydd ac o ddiolch a welai Dewi.

'Tynnu'n ôl ddeudsoch chi, Nhad? Wnewch chi mo'r fath beth! Rydw i wedi bod yn pendroni, ers tro, be o'n i'n mynd i'w neud efo chi.'

Clywodd y ddau ddyn hi'n chwerthin yn fyr trwy'i dagrau.

'... Ro'n i am awgrymu eich bod chi'n dod i Hen Benrallt i fyw ata i ond mae'r grisia sydd acw mor gul a serth fel y byddai'n rhaid ailwampio cryn dipyn ar y tŷ cyn i beth felly fod yn bosib. Mae prynu'r Wenallt yn atab y broblem i chi ac i minna, ond faint o waith addasu fydd raid ei neud ar fanno, meddach chi?'

'Dim,' meddai, a'i ryddhad i'w glywed yn ei ochenaid ddiolchgar. 'A deud y gwir, mi allwn i symud i mewn yno fory nesa pe bai raid. Dyna holl apêl y Wenallt i mi.' Edrychodd ar Dewi. 'I chi ddallt, roedd gŵr Mrs Wyn yn anabal ei hun, ac wedi bod yn gaeth i gadair olwyn ers blynyddoedd. Roeddan nhw wedi cael codi'r tŷ yn unswydd ar ei gyfar o. Dwy ramp bwrpasol at y drysa ffrynt a cefn, a'r drysau, drwy'r tŷ i gyd, yn lletach na'r arferol, fel bod lle i gadair olwyn fynd trwyddyn nhw'n hawdd. Stafelloedd helaethach na'r disgwyl hefyd, efo digon o le i mi fynd o gwmpas heb y peryg o faglu a syrthio. *Conservatory* braf sy'n edrych i lawr ar Gwm Llwyd ac sy'n derbyn haul y bora a'r pnawn. Lle delfrydol i mi weithio ynddo fo. Garej ddwbwl efo drws electronig, a drws arall yn arwain yn syth o'r garej wedyn i'r tŷ. Fedrwn i ddim gofyn am ddim byd mwy hwylus. A deud y gwir, ro'n i wedi gofyn, ers tro, i'r *Estate Agents* gysylltu efo fi pan fyddai rhwla fel hyn yn mynd ar werth.'

'Dwi'n falch iawn drosoch chi, wrth gwrs, ond wn i ddim lle mae'r Wenallt 'ma, na pha mor hwylus fydd o i chi? Er enghraifft, ar ôl symud i mewn yno, pa mor ddibynnol fyddwch chi ar y car? Matar bach fydd i mi ofalu am negas i chi bob wythnos, wrth gwrs... fydd peth felly ddim yn broblem... Ond charwn i ddim meddwl eich bod chi'n byw ar gyrion y dre, mewn lle go unig, falla, ac yn gwbwl ddibynnol ar eich car. A be am y cymdogion? Sut rai ydi'r rheini?'

Chwarddodd ei thad mewn ymgais i erlid pryderon ei ferch. 'I'r gwrthwynab, 'ngenath i. Deng munud ar y mwya o waith cerddad i'r Stryd Fawr. A llai na hynny hyd yn oed i'r Parc Comin, pe bawn i'n dymuno mynd i fanno weithia, ar dywydd braf. A thitha mor gyfarwydd â'r dre 'ma, yna ro'n i wedi cymryd yn ganiataol y byddet ti'n gwbod lle mae'r Wenallt. Sut bynnag, dim ond dwy lofft sydd yno ond mae hynny'n fwy na digon i mi, wrth reswm. Yr unig anhwylustod ar hyn o bryd ydi bod y signal *broadband* yn yr ardal yn un mor wan, mor ara... Mi all peth felly gostio i mi yn fy musnas.'

'Busnas?'

'Ia. Fy musnas o brynu a gwerthu ar y farchnad stoc. Ar amball ddiwrnod mi fydda i angan trosglwyddo miloedd o bunnoedd ar frys o un lle i'r llall wrth brynu a gwerthu ac mi all signal gwan gostio ffortiwn i mi os nad ydw i'n ofalus, yn enwedig rŵan efo'r holl brysurdeb yn y farchnad, diolch i'r Brexit. Ond wedi deud hynny, o gadw llygad gofalus ar betha ac o fuddsoddi'n ddoeth, yn enwedig mewn cwmnïau yn America y dyddia yma, yna mi all Brexit weithio o blaid rhywun fel fi, sy'n dibynnu ar y farchnad am ei fywoliaeth.'

'Un o bobol Mr Trump ydach chi felly?'

Wrth synhwyro'r feirniadaeth yng nghwestiwn Elin, brysiodd i'w hateb: 'Nage, ddim o bell ffordd, ond mae hwnnw'n gwbod, cystal â neb, sut i ddylanwadu ar y Farchnad Stoc, er ei les ei hun a'i debyg. Pam wyt ti'n meddwl bod Torïaid amlwg y wlad ma wedi bod mor gyndyn i'w feirniadu fo ar goedd? Y ffaith ydi bod gan rheini ormod i'w golli eu hunain.'

O gael dim ymateb, ac o weld yr awgrym o gyhuddiad yn aros yn llygad ei ferch, aeth Huw Ambrose ymlaen.

'O bosib dy fod ti'n gweld dy dad yn ddigon tebyg iddyn nhw, Elena. Yn fy ngweld inna hefyd fel rhyw *speculator* diegwyddor, o bosib? Ac un llwyddiannus iawn hefyd, dwi'n cyfadda, dros y blynyddoedd dwytha ma. Ond be arall alla i'i neud? Diolch i'r ddamwain a'r ffaith fy mod i, ers blynyddoedd, yn rhwym i nghadair am oria bob dydd, yna pa ffordd arall sydd gen i o ennill bywoliaeth, heblaw bod â nhrwyn yn y *Financial Times* neu ar sgrin y cyfrifiadur yn dilyn hynt a helynt y Farchnad Stoc, neu'n gwrando ar adroddiadau diweddara *Reuters* o wahanol rannau o'r byd, fel bod gen i syniad go lew be sy'n mynd i ddigwydd ar y farchnad yn fuan wedyn? Rhyw fath o gêm ydi hi, cyn bellad ag yr ydw i yn y cwestiwn, gêm o resymu sut mae problema gwleidyddol y gwahanol wledydd yn mynd i ddylanwadu ar farchnadoedd stoc y byd, ar y Nikkei a'r Nasdaq, y Dow Jones a'r Footsie ac yn y blaen. A dwi wedi bod yn lwcus iawn iawn, hyd yma, rhaid cyfadda. Wedi cael colledion yma ac acw, wrth gwrs... peth felly'n anochel yn y busnas dw i ynddo fo... ond dwi wedi llwyddo'n rhyfeddol, yn amlach na pheidio. Gyda llaw, dwi wedi bod yn gneud ymholiada ynglŷn â phroblem y *broadband* yn yr ardal yma ac wedi cael sicrwydd y bydd petha'n gwella'n sylweddol yma o fewn y dyddia nesa. Felly, dwi am ddal ati am ryw flwyddyn neu ddwy arall fel fy mod i, gyda lwc, yn cael gwireddu amball freuddwyd cyn ymddeol.'

Edrychodd i fyw llygad Elena cyn mynd ymlaen.

'... Be am i chi'ch dau ddod i olwg y Wenallt efo fi bnawn fory? A phwy a ŵyr na cha' i gyfla hefyd i gael eich barn chi ar ryw fatar arall sydd gen i ar y gweill ar hyn o bryd. Mi fydd gen i syniad cliriach ynglŷn â hwnnw hefyd, gobeithio, ar ôl y cwarfod sydd gen i bora fory.'

Hanner awr yn ddiweddarach, roedd Elin yn cofleidio'i thad ac yn teimlo'n falch bod un pryder, o leia, sef y pryder ynglŷn â'i ddyfodol, wedi cilio o'i meddwl. Ond pa mor hir allai hi aros eto cyn trafod ei phryder arall, efo Dewi y tro yma? A be fyddai ymateb hwnnw?

\*

'Fe ddwedodd dy dad rwbeth diddorol iawn heno.'

Wrth gerdded o'r car at y tŷ, clywsant Eidw yn cyfarth ei groeso o'r gegin. Roedd wedi adnabod sŵn cyfarwydd y Volvo'n cyrraedd.

'Fe ddeudodd o lawar iawn o betha diddorol, sa ti'n gofyn i mi.' A brysiodd Elin trwodd i'r gegin, i anwesu croeso cyffrous y ci. Oherwydd bod hwnnw wedi tyfu cymaint, a'i fod bellach mor anhylaw o drwm, yna ni allai hi fentro'i godi yn ei breichiau.

'Rwyt ti'n i ddifetha fo, 'sti.'

'Pwy? Fy nhad?'

Roedd sŵn ei chellwair yn amlwg.

'Nage'r ffŵl. Y ci! Wneith o byth gi gwarchod da os wyt ti'n mynnu rhoi gormod o sylw iddo fo.'

'O? A be mae hwn yn i awgrymu y dylwn i neud efo chdi, Eidw? Rhoi cic gas iti bob tro y byddi di'n fy nghroesawu fi adra? Deud wrthat ti am gadw dy belltar neu... neu Lwc owt! Rhaid mai fel 'na mae pobol Rhuthun yn treinio'u cŵn ar gyfar Crufts, a ffarmwrs Dyffryn Clwyd yn paratoi ar gyfar rasys cŵn defaid yn y Sioe Fawr.' A chyn rhoi cyfle i Dewi feddwl am ateb clyfar, 'Felly, be ddeudodd fy nhad heno oedd mor ddiddorol yn dy farn di?'

'Pan oeddech chi'n sgwrsio am hen wraig y Gelli, a phan oeddet ti yn ei holi fo am y llyfr a gest ti ganddi, y llyfr ddaru dy hen daid ei brynu yng Nghroesoswallt yn 1940.'

'Wel ia! Rhaid cyfadda bod hwnnw'n gyd-ddigwyddiad diddorol, pan feddyli di am y peth. Cael ei alw i'r fyddin, i'r gwersyll yn fanno... Be ddeudodd Nhad oedd enw hwnnw?'

'Park Hall.'

'Ia, dyna ti... A chael cyfla i fynd i'r dre un diwrnod a digwydd gweld *Hanes Plwyf Tre'r Garnedd Lwyd* mewn ffenast siop lyfrau ail-law, yn fanno o bob man! Ac yna'n mynd i mewn i'w brynu fo. Ro'n i'n falch o glywad y stori yna, Dewi, ac o gael eglurhad ar hanas y llyfr.'

'Ond be ddeudodd o wedyn oedd fwya diddorol i mi, Elin. Hynny ydi, pan aeth dy dad i sôn am rai o'r hanesion eraill a glywodd o gan ei daid.'

'Be? Hanas fy hen daid yn y rhyfal ti'n feddwl?' Roedd hi ar ei chwrcwd o hyd, yn mwytho'r ci.

'Ia. Er enghraifft, ei hanes o yng ngogledd Affrica efo'r *Eighth Army* yn ymladd efo Montgomery yn erbyn Rommel.'

'Ti'n swnio fel taet ti'n nabod rheini'n iawn, y ffordd ti'n cyfeirio atyn nhw wrth eu henwa cynta.'

Gwenodd Dewi'n dosturiol ond atal rhag gwawdio'i hanwybodaeth hi.

'Ac mi soniodd wedyn fel roedd Ambrose Morgan, dy hen daid, yn rhan o'r glaniad ar ynys Sisili yn 1943 ac mor lwcus fuodd o pan oedden nhw'n teithio mewn *convoy* i fyny trwy'r Eidal.'

'Wel na, rhaid i mi gyfadda nad o'n i ddim yn gwrando mor astud â chdi ar yr hanas hwnnw, mae gen i ofn. Wedi'r cyfan, does gynnon ni, ferchaid, ddim diddordab mewn rhyw straeon rhyfal fel 'na. Be sy'n rhyfeddol i mi ydi bod Nhad yn cofio'r hanesion o gwbwl, o styried bod cymaint o betha eraill, mwy diweddar yn ei fywyd, sy'n dal ar goll iddo fo hyd heddiw, o ganlyniad i'r ddamwain.'

'Mae peth felly'n ddirgelwch ac yn rhwbeth nad oes bosib ei egluro, mae'n siŵr. Sut bynnag, yn ôl fel mae dy dad yn cofio'r stori, roedd Ambrose Morgan, ei daid, yn teithio i fyny trwy'r Eidal mewn *convoy* hir ac, ar y diwrnod arbennig yma, roedd o'n digwydd bod yn eistedd yn sedd flaen un o'r lorïau, wrth ochr y dreifar. Yn ôl y stori, pan oedden nhw'n nesu at fynachlog fawr Monte Cassino, dyma Ambrose Morgan yn troi'n sydyn at y dreifar a gofyn iddo fo stopio'r lorri ar ymyl y ffordd er mwyn iddo fo gael mynd allan i neud dŵr.'

'Gneud dŵr?'

'Pi-pi, yn iaith dy dad! Sut bynnag, erbyn iddo fo orffen, a dringo i mewn yn ôl, roedd dwy lorri arall wedi cymryd eu lle nhw yn y *convoy*. Wyt ti'n cofio be ddigwyddodd wedyn?

'Na. Fel ro'n i'n deud, rhyw hannar gwrando ar eich sgwrs chi o'n i. Roedd gen i betha erill, pwysicach, ar fy meddwl ar y pryd.'

'Wel gwranda ar hyn, ta. Mi gafodd y lorri… yr un oedd wedi cymryd eu lle nhw yn y *convoy* ei tharo gan *shell – direct hit!* – ac fe gafodd pawb oedd ynddi hi eu lladd yn y fan a'r lle. Oni bai bod dy hen daid wedi gofyn am gael stopio i neud bî-pî, yna ei lorri fo fasa wedi'i chael hi.'

'Lwcus iawn,' meddai Elin, gan ddal i fwytho'r ci.

'Ond yr hyn oedd yn ddiddorol i mi ynglŷn â'r stori oedd yr hyn ddwedodd Ambrose Morgan wrth dy dad pan oedd o'n adrodd yr hanes. *"Doeddwn i ddim wir isio gneud dŵr, wyddost ti, Huw"* – Dyna ddeudodd o, *"ond roedd 'na ryw lais bach yn fy mhen i yn deud bod yn rhaid i mi stopio'r lorri am funud neu ddau."* Ydi hynne ddim yn gneud i ti feddwl am ddigwyddiad arall mwy diweddar, Elin?'

Gwelodd hi'n difrifoli rŵan ac yn codi ar ei thraed. 'Bws y Côr yn Ffrainc!' meddai hi'n floesg, ac yna mewn tôn ysgafnach, 'Dwyt ti rioed yn awgrymu ein bod ni, fel teulu, yn gallu rhagweld y dyfodol, wyt ti? Neu ein bod ni'n seicig fel yr hen Margiad Rowlands?'

'Dim ond ti a all ateb y cwestiwn yne. Sut bynnag,' meddai mewn llais troi stori, 'ro'n i'n sylwi mai coffi, yn hytrach na brandi, gymerest ti ar ôl y pryd. A chymeraist ti ddim gwin chwaith efo dy fwyd. Dim byd ond dŵr. Wyt ti ar y wagen, ta be?'

'Fe wnâi fyd o les i titha neud yr un peth hefyd, mêt.' A gan blygu eto i fwytho'r ci, 'Wyst ti be, Eidw bach?' meddai hi'n gellweirus. 'Mae gen i ofn bod y dyn ma sy'n dod i fyny yma i'n gweld ni weithia… dim ond weithia, cofia… yn prysur droi'n alcoholig. Be ti'n feddwl?'

Gan ysgwydd ei ben mewn anobaith o gael y gair olaf arni, aeth Dewi i lenwi'r tecell ar gyfer eu paned hwyrol.

# Newyddion cyffrous

'ELIN? JOSIE SY 'ma. Ydi Dewi efo chdi yn fan 'na, rŵan?'

Edrychodd Elin ar ei wats. Chwarter wedi naw. Bore Sadwrn. Pe bai hi'n cyfadde mai yno yr oedd Dewi, a'i fod o, yr eiliad honno, yn dod i lawr y grisiau o'r llofft, yna byddai hynny'n cadarnhau be oedd pawb yn ei wybod, beth bynnag, sef bod Dewi Rhys yn rhannu gwely Elin Puw yn aml iawn y dyddiau yma. Oedd hi'n poeni be oedd pobol yn feddwl? Nac oedd, ddim wir, erbyn heddiw.

'Ym! Pam wyt ti'n gofyn, Josie?'

'Alun Daniels, Tregarnedd Coaches, newydd fod ar y ffôn eto rŵan, yr eildro o fewn deng munud, yn gofyn am rif ffôn Dewi; rhif ei mobeil y tro yma. Ro'n i wedi rhoi rhif ffôn y tŷ iddo fo pan ffoniodd o gynta, ddeng munud yn ôl, ond mae o wedi methu cael atab yn fanno, medda fo. Roedd o'n swnio'n daer iawn, fel tae rhwbath mawr yn bod, ond wnâi o ddim deud be. Ydi rhif mobeil Dewi gen ti?'

Wrth i hwnnw gyrraedd y gegin, cododd Elin fys at ei gwefus, yn arwydd iddo beidio dweud dim.

'Mae o gen i yma yn rhwla, Josie. Dal am eiliad.'

Arwyddodd eto ar Dewi i gadw'n dawel, ac yna, ar ôl eiliadau byr, 'Oes gen ti bapur a phensal, Josie? Dyma fo i ti!'

Wrth iddi roi'r ffôn yn ôl yn ei grud, camodd Dewi yn nes. 'Be ar y ddaear oedd hynne?'

'Does wbod, ond mae Alun Daniels, Tregarnedd Coaches, yn awyddus iawn i gysylltu efo chdi, beth bynnag. Felly, gelli ddisgwyl galwad unrhyw funud ar dy… Damia unwaith! Dwi newydd sylweddoli na chei di ddim signal mobeil i fyny yn fan 'ma, diolch i BT!'

Eiliad yn unig y parhaodd ei chyfyng-gyngor.

'Gwell i ti fynd i lawr i'r dre, i rwla lle y cei di signal. Cyn bellad â dy fod ti'n gadal i mi wbod yn syth bin be sy'n bod, wrth gwrs.'

Yna, i guddio'i hanesmwythyd, ac o weld Dewi yn brysio i ufuddhau, yn taro côt amdano ac yn gwthio'i draed i'w esgidiau llac, trodd Elin at y ci. 'Mae o'n mynd a'n gadael ni eto, Eidw bach, a hynny cyn brecwast. Petha fel 'na ydi dynion wyddost ti. Unwaith maen nhw wedi cael eu ffordd efo ni'r merched, buan iawn maen nhw'n ein taflu ni heibio wedyn.'

Er gwaethaf ei gwamalrwydd a'r ffaith ei bod hi rŵan â'i breichiau am ei wddf ac yn cosi ei glust efo'i thafod, synhwyrodd Dewi y nodyn bach o bryder yn ei llais.

*

Pan glywodd hi'r cloc mawr yn y parlwr yn taro un ar ddeg, a Dewi byth wedi dod nôl, na thrio cysylltu na dim, ofnai Elin fod rhywbeth mawr yn bod. I ychwanegu at ei phryder a'i diflastod, roedd yr awyr tu allan erbyn rŵan yn un cwmwl du di-dor cyn belled â'r môr yn y pellter, a hawdd fyddai credu bod y gwynt yn gwallgofi oherwydd bod y Garnedd Lwyd a'r moelydd eraill yn gosod gwarchae ar y düwch trwm hwnnw ac yn ei gadw'n gaeth.

'Mae'r gegin yn dywyllach rŵan nag oedd hi pan oedd

o'n gadael, awr a hanner yn ôl,' meddai hi wrthi'i hun, ond yn ddigon uchel serch hynny i Eidw godi pen cam i edrych arni.

Chafodd hi mo'i synnu gan y gawod aeafol pan gyrhaeddodd honno, na chwaith gan ffyrnigrwydd y cenllysg yn gymysg â dafnau glaw celyd wrth i'r rheini chwipio'n ddidrugaredd yn erbyn gwydr ffenest y gegin a chlindarddach ar do'r tŷ.

'Lle mae o, Eidw bach? A be sydd mor bwysig, meddat ti, fel bod yn rhaid i Alun Daniels gysylltu efo fo ben bora Sadwrn fel hyn? Wyt ti'n meddwl mai isio i Dewi neud rhyw joban iddo fo mae o? Rhyw joban fach yn ei amsar ei hun, falla? Hynny'n rhatach, mae'n siŵr, na gofyn i gwmni John Williams a'i Fab neud y gwaith. Dyna'r cwmni mae Dewi'n gweithio iddo fo yn ystod yr wythnos, i ti gael dallt, Eidw. Ond pam na fasa Alun Daniels wedi deud hynny wrth Josie, medda chdi, yn hytrach na mynd ati i greu rhyw ddirgelwch mawr ynglŷn â'r peth? Dwi'n deud hyn rŵan, Eidw! Os nad ydi o'n ffonio o fewn y pum munud nesa, yna mi fydda i'n ei ffonio fo. Ac mi geith o lond clust gen i am ein cadw ni'n dau ar biga'r drain fel hyn.'

Rhoddodd y ci un cyfarthiad bach fel pe bai'n cefnogi'r penderfyniad a'i dilyn hi eto rŵan, am y trydydd tro o fewn y chwarter awr diwethaf, i ben drws y tŷ, i syllu allan ar y tywydd ac i graffu'n obeithiol i lawr i gyfeiriad Tai Penrallt, yn y gobaith o weld goleuadau'r Volvo yn ymddangos o'r caddug. Ond y cwbl a welai hi oedd y glaw yn stympian yn ddiddiwedd ar wyneb y ffordd, a honno bellach yn afon ynddi'i hun. Prin oedd yr arwydd bod Tregarnedd yno o gwbl, yn cuddio yn y düwch. Ac er bod y cenllysg wedi peidio erbyn hyn, roedd ei olion i'w weld o hyd yn y goler wen oedd yn dal i lynu'n styfnig ym môn wal yr ardd.

Rhaid fydd gneud penderfyniad rywbryd neu'i gilydd, meddai hi wrthi'i hun, gan gau'r drws o'i hôl a chamu unwaith eto i glydwch y gegin. 'Dydw i ddim yn mynd i aros dim rhagor, Eidw,' ac estynnodd am y ffôn. 'Gad i ni weld lle mae o'n cuddio.'

'Helô?'

'A! Gartra wyt ti felly?'

'Ia. Sut wyt ti 'nghariad i? Dim byd yn bod, gobeithio?'

Doedd dim cynnwrf o gwbl i'w glywed yn ei lais.

'Dim byd yn bod? Nag oes wrth gwrs. Dim byd mwy na bod Eidw a finna jest â drysu yn fan hyn yn poeni amdanat ti... yn poeni ynglŷn â be allai fod wedi digwydd iti.'

Roedd y coegni, yn gymysg â pheth dicter a rhyddhad, yn amlwg yn ei goslef.

'... A be wyt ti'n neud rŵan, os gwn i? Ista'n dy gadair glyd, mae'n siŵr, o flaen tanllwyth o dân ac efo panad boeth o goffi wrth d'ochor.'

Ai smalio bod yn flin oedd hi, gofynnodd Dewi iddo'i hun. 'Ia. Rhwbeth felly,' meddai, a'i dôn yn amddiffynnol, 'ond o flaen grât oer, i ti gael gwybod. Aros am y post ydw i, Elin. Hwnnw'n hwyrach nag arfer heddiw, am ryw reswm. Mi ddo i fyny yn syth wedyn.'

'A be sydd mor bwysig am y post, meddat ti? Glywist ti hynna, Eidw bach? Mae'r post yn bwysicach iddo fo na ni'n dau fach, i fyny yma'n hunain, ar drugaredd y storm.'

Anwybyddodd Dewi wamalrwydd ei llais. 'Dyna oedd Alun Daniels isio'i wybod. Holi oedd rhwbeth go arbennig wedi cyrredd i mi yn y post bore ma. Ro'n i'n casglu, ar ei wynt, ei fod o ei hun wedi derbyn rhwbeth, ond wnâi o ddim deud be. Dim ond gofyn i mi ei ffonio fo'n ôl os oedd gen i rwbeth i'w ddeud wrtho fo. A dyna pam mod i'n dal yma, Elin, yn aros i'r post gyrredd. Siawns y daw o, gyda hyn. O! A thra dwi'n cofio, rydw i newydd gael clywed newyddion da. Rhai da iawn i mi, beth bynnag. Cei wybod be, pan wela i di.'

Ar ôl rhoi'r ffôn i lawr, aeth Elin ati i baratoi cinio, ei phryderon wedi cilio ond ei chwilfrydedd hi ar gynnydd. Ar ôl bore fel hwn, be fyddai gan y pnawn i'w gynnig, tybed? gofynnodd iddi'i hun. Cyfarfod ei thad yn y Wenallt am ddau o'r gloch, a be wedyn? Roedd hwnnw, hefyd, wedi addo datgelu rhyw gynlluniau neu'i gilydd.

*

'Doedd hi ddim yn ddynas glên o gwbwl, oedd hi? Mi fasach chi'n meddwl mai *hi* oedd yn gneud ffafr â *chi* trwy werthu'r tŷ i chi. Pe bai'r asiant ddim yno i resymu efo hi, yna synnwn i ddim na fasa hi wedi newid ei meddwl ynglŷn â gwerthu o gwbwl.'

'Dydi petha ddim yn hawdd iddi mae'n siŵr, Elena, o gofio mai'r Wenallt oedd eu cartra nhw, hi a'i gŵr, dros yr holl flynyddoedd. Mae meddwl am adael yn boen iddi, siŵr o fod.'

Parodd geiriau ei thad i don o euogrwydd lifo drosti. Onid oedd hi ei hun yn gwybod, cystal â neb, beth oedd unigrwydd, beth oedd y teimlad o golled ddofn, beth oedd yr hiraeth ar ôl anwyliaid. 'Beth pe bai ti'n gorfod gadael Hen Benrallt, a symud i fyw i rwla hollol ddiarth?' gofynnodd iddi'i hun. 'Gadael dy holl atgofion am dy fam? Ac am Nain, er mor rhyfadd oedd honno? Y peth lleiaf fedri di'i neud rŵan ydi dangos rhywfaint o gydymdeimlad efo Mrs Wyn.'

'A doedd y ffaith ein bod ni wedi galw ar y fath dywydd ac wedi trampio o gwmpas ei thŷ hi yn ein cotia gwlyb ddim yn help, mae'n siŵr.'

Dewi oedd wedi awgrymu ei bod hi, Elin, yn cadw cwmni i'w thad ar y ffordd yn ôl o'r Wenallt, tra'i fod o ei hun yn arwain yn y Volvo.

'Deud i mi, ydi Dewi yn mwynhau ei waith efo...? Be 'di enw'r cwmni mae o'n gweithio iddo fo?'

'John Williams a'i Fab. Ydi, am wn i,' meddai hithau, yn amau dim mwy na chydig o fân siarad ar ei ran.

'Mae o'n saer da, yn ôl pob sôn. Peth rhyfadd na fasa fo mewn busnas ei hun. Wyt ti'm yn meddwl?'

'Dyna fydda ora ganddo fo, mae'n siŵr, pe bai ganddo fo'i weithdy ei hun ac ati. Rhyw ddiwrnod falla. Pwy ŵyr?'

'Roeddach chi'ch dau mewn hwylia da iawn pan gyrhaeddoch chi'r Wenallt, gynna. Dwi mor falch, cofia, o weld eich bod chi mor hapus yng nghwmni'ch gilydd. Mae peth felly'n rhoi tawelwch meddwl i hen ddyn fel fi.'

'*Hen ddyn* ddeudsoch chi? Hen ddyn yn bum deg a phump oed?' Roedd y chwerthiniad anghrediniol yn fwriadol ganddi.

'Elena fach, wyddost ti ddim pa mor hen a diwerth fydda i'n teimlo weithia. Dyna pam 'mod i mor awyddus i roi trefn ar fy mhetha, cyn iddi fynd yn rhy hwyr i mi allu gneud hynny. Ond dyna ddigon o swnio'n *morbid*. Be sy'n bwysig i mi ydi bod Dewi a thitha'n dallt eich gilydd mor dda. Pan gyrhaeddoch chi'r Wenallt gynna, ro'n i'n cael yr argraff bod gynnoch chi achos dathlu. Nid fy mod i isio busnesu, cofia!'

Erbyn hyn roedden nhw bron â chyrraedd adre.

'Dwi'n meddwl mai lle Dewi, ac nid fy lle i, ydi deud wrthoch chi pam ein bod ni'n dathlu,' meddai hi gan daro ei llaw dros law ei thad ar y llyw a'i gwasgu'n ysgafn. 'Fe wneith o hynny ar ôl i ni fynd i'r tŷ, dwi'n siŵr.'

Doedd hi ddim am sôn wrtho am newydd da arall Dewi, a'u hail achos dros ddathlu, sef bod Glesni wedi gadael Tregarnedd am Sir Fôn, i gyd-fyw yn fanno efo'i chariad newydd, priodas hwnnw hefyd wedi mynd ar chwâl yn ddiweddar, yn ôl pob sôn. 'A gwynt teg ar i hôl hi, ddweda i. Dydw i ddim isio clywed i henw hi byth eto.' Geiriau chwerw Dewi oedd rheini ond fu Elin chwaith ddim yn brin o fwmblan, 'Amen!' distaw.

*

'Dydw i ddim yn dallt gair o hwn.'

Syllai Huw Ambrose ar y llythyr yr oedd Dewi wedi ei roi iddo.

'Ffrangeg, Dad! *Médaille d'honneur pour actes de courage et de dévouement.*'

Braidd yn drwsgl oedd ei hynganiad hi o'r geiriau ond roedd ei balchder hi'n amlwg yn y ffaith ei bod hi wedi eu dysgu nhw ar ei chof.

'... A doedd Dewi ddim yn dallt chwaith, nes iddo fo fynd ar Google ac yna at yr athro Ffrangeg yn Ysgol Tregarnedd am gyfieithiad.'

Roedd yn rhaid iddi droi rŵan i ddarllen o'r papur yn ei llaw.

'*The medal of honour, awarded for an act of courage and dedication, is a French distinction rewarding anyone who, at the risk of his life, is helping one or more people in danger of death.* Dwi wedi sôn wrthach chi'n barod am y ddamwain yn Ffrainc ac fel y mentrodd Dewi ei fywyd i achub yr hogia ifanc ar y bỳs ac fel y llwyddodd o i gadw'r sefyllfa o dan reolaeth nes i'r gwasanaethau diogelwch gyrraedd.'

Arhosodd i wylio'i thad yn nodio'i ben i gydnabod y wybodaeth.

'... Wel, mae'n ymddangos bod yr heddlu a'r gwasanaeth tân yn fanno wedi cymeradwyo Dewi am ei waith, ac wedi gneud hynny'n swyddogol. Yna, ar ôl cael cadarnhad ei fod o'n aelod o'r frigâd dân, yma yn Nhregarnedd, mae rhyw *Prefect* neu'i gilydd yn y rhan honno o Ffrainc wedi penderfynu y dylai Dewi dderbyn medal efydd, *Médaille d'honneur pour les pompiers*, medal sbesial i anrhydeddu dynion tân am eu dewrder ydi peth felly. Ac mi fydd o hefyd yn cael tystysgrif hardd mewn ffrâm i gydnabod y ffaith ei fod o wedi peryglu ei fywyd.'

'Wel gwych iawn. Llongyfarchiada calonnog, Dewi.'

'Diolch.'

'Ond dydi medal efydd ddim yn ddigon o gydnabyddiaeth am yr hyn wnaeth o, Dad. Fe ddyla fo dderbyn y Fedal Aur yn fy marn i.'

'Be? Isio cael gwared arna i wyt ti, Elin?' Roedd gwên Dewi yn un ddireidus. 'Yn ôl Google, mi fydde'n rhaid i mi neud rhwbeth tebyg o leie un waith eto cyn cwaluffeio am y Fedal Arian hyd yn oed. Ond i haeddu'r Fedal Aur, yna mi fydde'n rhaid i mi fod wedi cael fy lladd. Ai dyna wyt ti isie?'

Chwarddodd wrth weld y newid yn dod i'w hwyneb.

'Sut bynnag,' meddai hi, i guddio'i hembaras, 'mae Alun Daniels, dreifar bŷs y côr, hefyd yn mynd i dderbyn rhyw anrhydadd neu'i gilydd, ond un llai na Dewi, wrth gwrs.'

'Wrth gwrs!' meddai Huw Ambrose, yn gwenu wrth glywed y nodyn o falchder yn dod yn ôl i'w llais.

'Mae'n debyg mai llythyr neu dystysgrif yn unig fydd o'n gael, wrth gwrs. Fydd o ddim yn cael medal.'

Winciodd Dewi ar ei thad.

'Na fydd, wrth gwrs,' meddai hwnnw, a chreithiau ei ben yn amlycach, rŵan, yn ei wên.

'Dim ond *letter of congratulations and an honourable mention* fydd o'n gael.'

'Wrth gwrs!'

'Dydan ni ddim yn gwbod eto ymhle y bydd Dewi yn cael ei anrhydeddu. Llundain falla? Neu, yn well fyth, Paris! Ddowch chi yno efo ni, Nhad?'

Roedd ei hafiaith diniwed hi'n plesio'r ddau.

# Dyfodol y Gelli

'ARŴAN MAE gen inna rwbath i'w ddangos i *chi*. Fedri di ollwng caead y piano, Elena, i mi gael lle gwastad i ddangos rhain?'

Roedden nhw newydd ddod trwodd i'r parlwr a gwnaeth Elin fel roedd ei thad yn ei ofyn gan greu digon o le gwastad ar wyneb y piano Steinway ddrudfawr. Yr 'hwn' y cyfeiriai ei thad ato oedd y rholyn o femrwn a welsai Elin ef yn estyn amdano oddi ar sedd gefn ei gar yn gynharach. Rholyn maint A2, sylwodd. Roedd hi wedi llungopïo aml i ddogfen o'r maint yma, dros y blynyddoedd, ar gopïwr Xerox mawr y swyddfa.

Daeth cwmwl o ddryswch i wyneb Huw Ambrose a chilio yr un mor sydyn wedyn wrth roi lle i wên hiraethus.

'Oes rhwbath yn bod, Nhad?'

'Dwi newydd gofio, yr eiliad 'ma, o ble y daeth hon,' medda fo am y piano. 'O gartra Ann y daeth hi, wrth gwrs. O gartra dy fam yn Llangadfan. Hon oedd ein presant priodas ni gan rieni dy fam. Wyddet ti hynny Elena? Wyddet ti bod dy fam hefyd yn chwara'r piano? Neu'n hytrach yn *canu*'r piano, fel y byddai hi'n ddeud.' Lledodd ei wên yn yr atgof. 'Sawl gwaith y clywis i hi'n dadla mai dyna sy'n gywir, mai *canu'r* piano ddylai rhywun ddeud ac nid ei *chwara* hi!'

'O'n, ro'n i yn gwbod bod Mam yn gallu chwara'r piano, nes iddi fynd i fethu gneud hynny, wrth gwrs, oherwydd ei salwch. Ond soniodd hi erioed mai o Langadfan y daeth hon yma.'

Edrychodd Huw Ambrose ar ei ferch ac yna ar Dewi. 'Choeliech chi ddim mor falch ydw i bod y cof yna wedi dod nôl i mi mor glir, a mwya sydyn rŵan, ar ôl yr holl flynyddoedd. A hynny mor annisgwyl! Darn bach arall o'r jig-so wedi ffitio i'w le.'

Yna, gan osod y rholyn memrwn ar wyneb y piano, meddai, 'Dyma dwi isio'i ddangos ichi. Dydi hwn ddim hannar mor gyffrous â dy newyddion di, Dewi, ond dwi'n awyddus iawn i gael eich barn chi'ch dau arno fo. Dal di dy law ar yr ochor yna, Dewi, fel y cawn ni ei weld o'n llawn.'

Wrth i'r rholyn gael ei agor dros wyneb y piano o'i blaen, daeth rholyn arall tebyg iddo i'r golwg. Ond gwthiodd Huw Ambrose hwnnw o'r neilltu, am y tro.

Craffodd Elin ar yr hyn oedd o'i blaen.

'Rwyt ti'n nabod y lle, siŵr o fod, Elena?'

'Y Gelli?' meddai hi o'r diwedd, gan ddarllen y geiriau mân oedd yn labelu rhannau o'r cynllun –*Adfeilion Tai'r Gelli... Ffynnon y Gelli... Bwthyn y Gelli... Ffordd y Gelli*, a *Ffordd Crawiau* mewn cromfachau... *Hen Bont y Gelli.*

Trodd i edrych ar ei thad. 'Dwi'm yn dallt,' meddai hi, a'i dryswch yn amlwg. 'Mae hwn yn debycach i gynllun o barc modern nag i'r Gelli rydw i'n 'i nabod. O ble ddaeth o, beth bynnag?'

'Fi ddaru'i gomisiynu fo. Fe ges i rai yma'n ddiweddar i dynnu llunia o'r Gelli o'r awyr a rhoi'r lluniau rheini wedyn yn llaw pensaer lleol, ac egluro i hwnnw be oedd gen i mewn golwg.'

'Be? Troi'r lle'n barc hamdden? Dyna'ch bwriad chi?' A

phwyntiodd Elin at y llwybrau oedd i'w gweld yn cris-croesi yma ac acw.

'Ia. Mae'n bwysig i ti ddallt pam bod y lle mor bwysig, mor annwyl, yn fy ngolwg i. I fan 'ma, i'r Gelli, y bydda dy fam a finna'n dod i garu, ers talwm, pan fyddai hi'n dod adra efo fi ar wylia o'r coleg. Ac yn fan 'ma hefyd, ar Bont Crawia, y gofynnis i iddi hi fy mhriodi. Wyddoch chi mai dyna'r cof cynta a ddaeth yn ôl imi wrth i mi ddeffro o'r cwsg hir? Wynab dy fam yn gwenu wrth i mi ofyn y cwestiwn a'i llais hi'n atab yn smala, "Rhaid i mi gael amser i feddwl" ac yna'n ychwanegu ar yr un gwynt, "Wrth gwrs y gwna i!"'

Tawelodd eiliad eto, gan roi'r argraff ei fod wedi ymgolli yn ei atgofion.

Sychodd Elin ddeigryn o'i llygad. Ei hatgof cliriaf hi o'i mam oedd ohoni'n symud yn fusgrell fel hen wraig o gwmpas y tŷ ac yna, dros ei misoedd olaf, yn gwbl gaeth i'w chadair olwyn ac yna i'w gwely. Allai hi ddim dychmygu'r corff toredig hwnnw yn caru'n nwyfus efo'r corff creithiog a safai wrth ei hochr hi rŵan.

'Mae llawar o betha na ddôn nhw byth yn ôl i mi, dwi'n derbyn hynny bellach, ond rydw i mor falch fod y diwrnod hwnnw, pan gytunodd dy fam i 'mhriodi fi, wedi aros mor glir ar fy nghof. Wyt ti'n cofio'r tro cynta hwnnw i ti fy ngweld i ar Ffordd Crawia, Elena? Rhyw ddeufis yn ôl, bellach?'

'Ydw. Dwi'n cofio synnu braidd bod neb arall yn dal i ddefnyddio'r llwybyr.'

'A dychryn hefyd, mae'n siŵr? Mi wnes i dy nabod di'n syth, wrth gwrs, a chynhyrfu, wyddost ti ddim faint. Ond doedd hwnnw mo'r lle na'r amsar iawn i mi wthio fy hun yn ôl i dy fywyd di. Dyna pam y brysiais i o 'no, gyntad ag y medrwn i, y diwrnod hwnnw, rhag i ti gael mwy o ddychryn nag oedd raid.' Cyffyrddodd y creithiau ar ei ben.

'Sut bynnag, dyna'r tro cynta i mi fod yn ôl yn y Gelli ers... ers pum mlynadd ar hugain a mwy. Fedri di ddychmygu, felly, sut ro'n i'n teimlo o weld cymaint o newid, cymaint o ddirywiad yno? Fedrwn i ddim credu bod y lle wedi cael llonydd i dyfu mor wyllt. A'r eiliad nesa, pwy welis i'n cerddad tuag ata i ond chdi, o bawb!

'Beth bynnag, o fewn dyddia wedyn, dyna fi'n gweld arwydd bod y Gelli ar werth a bod peryg, felly, i rywrai neu'i gilydd ruthro i brynu'r tir a chodi stad flêr o dai yno. Hynny ydi, roedd rhwla oedd mor sbesial yn fy ngolwg i mewn peryg o ddiflannu am byth o dan goncrid.

'Felly, y peth cynta wnes i wedyn oedd ffonio Clerc y Cyngor Tref a threfnu cwarfod efo hwnnw a chadeirydd y cyngor, i mi gael eu holi nhw am fanylion y gwerthiant. Ac o'u holi nhw'n dwll, fe ges wbod o'r diwadd nad oedd yr un o'r ddau, mwy na mwyafrif y cynghorwyr chwaith o ran hynny, yn hoffi'r syniad o ollwng gafael ar y Gelli. Doedden nhw ddim hyd yn oed wedi gallu gosod pris penodol ar y safla.'

'Felly, pam gwerthu?'

'Am eu bod nhw, fel pob cyngor arall drwy'r wlad am wn i, yn wynebu problema ariannol dyrys ac yn gorfod edrych yn llygad pob ceiniog, diolch i lanast y banciau yn 2008 a chynllunia *austerity*'r Toriaid yn dilyn hynny. Hynny ydi, mae petha'n dynn iawn ar gyngor Tregarnedd hefyd erbyn heddiw a does ganddyn nhw mo'r cyllid hyd yn oed i gadw'r Gelli yn rhesymol daclus, heb sôn am wario i roi gwell trefn ar y lle. Dim ond carfan o'r cynghorwyr sydd o blaid gwerthu, mae'n debyg, ond mae dadl rheini'n un gre, sef y bydd y gwerthiant nid yn unig yn dod â swm sylweddol o arian i mewn yn y tymor byr ond yn rhoi sicrwydd hefyd o fwy o drethi yn y tymor hir. A phwy a wêl fai arnyn nhw am feddwl felly? Ond dydi petha ddim yn syml o bell ffordd erbyn heddiw, ar ôl i Gordon Jones fod yn edrych i mewn i'r gweithredoedd ac yn y blaen. Yn y lle cynta, does dim hawl adeiladu ar dir y Gelli ar hyn o bryd. Cyn cael peth felly, bydd raid mynd i gyfraith i ddiddymu rhai o'r hen amodau sydd ynglŷn â'r safle. Ac mi all y broses honno, o bosib, fod yn un hir iawn, a chostus.'

'Pa amoda, felly?'

'Margiad Rowlands yn un. Fel y gwyddost ti, Elin, mae ganddi hi yr hawl i fyw yn ei bwthyn tra bydd hi, er na fydd hynny yn hir iawn eto, wrth reswm, o styried ei hoed. Ond, yn ôl Gordon Jones, sydd wedi bod yn mynd trwy'r hen ddogfenna efo crib fân dros y dyddia dwytha, mae gan y cyngor broblema dyrys eraill hefyd i'w sortio cyn y gallan nhw werthu'r lle. Ffordd Crawia yn un. Pan gafodd tir y Gelli ei gyflwyno'n rhad ac am ddim i'r cyngor, neu'n hytrach i'r Bwrdd Lleol fel y câi hwnnw ei adnabod yn ail hannar y bedwaradd ganrif ar bymtheg, yna roedd amryw o fân amodau ynglŷn â'r rhodd. Yr amod bwysica, o ddigon, ydi'r un sy'n ymwneud â'r ffordd sy'n croesi'r Gelli.'

'Sef Ffordd Crawia.'

'Ia. Honno oedd y briffordd yn y dyddia hynny, wrth gwrs. Yn ôl Gordon Jones, mae'r hen gytundeb yn deud yn blaen na cheith y cyngor ddim gwerthu'r tir na'r ffordd i neb sy'n mynd i fanteisio'n ariannol ohonyn nhw. Yr ofn ar y pryd, mae'n debyg, gan mlynedd a hannar yn ôl, oedd y gallai rhywun brynu'r tir a gosod tollborth wedyn ar Ffordd Gelli, a thrwy hynny orfodi toll nid yn unig ar drigolion yr ardal ond hefyd ar eu hawl nhw i symud anifeiliaid yn ôl a blaen. Hynny ydi, hawlio toll am bob dafad a buwch a cheffyl oedd yn cael eu gyrru trwy'r Gelli. Mae'r peryg hwnnw wedi hen basio bellach, wrth gwrs, ond mae'r cytundeb gwreiddiol yn aros o hyd, ac yn rhwystyr i'r cyngor allu gwerthu'r tir ar hyn o bryd. Dyna mae'r cynghorwyr yn ei sylweddoli bellach, sef eu bod nhw wedi bod yn rhy fyrbwyll o lawar yn rhoi arwydd AR WERTH ar y lle, cyn i Gordon Jones gael cyfla i bori'n ddigonol uwchben yr hen ddogfenna. Ond yn y cyfamsar, ro'n i wedi cael sgwrs efo Gordon, ac yn gwbod yn bur dda be oedd y problema ynglŷn â datblygu'r safla. A dyna pam y gwnes i fy nghynnig i.'

'Eich cynnig chi? Pa gynnig oedd hwnnw?'

'Dewis o ddau gynnig, a deud y gwir, 'merch i. Naill ai fy mod i'n prynu'r lle a'i gadw fo yn ei gyflwr presennol, heb wneud dim i atal y tyfiant gwyllt sy'n gymaint o broblem yno bellach, neu bod y cyngor yn cael cadw perchnogaeth o'r Gelli a fy mod inna wedyn yn ysgwyddo'r gost o dacluso'r safla, yn ôl be welwch chi yn fan 'ma...' a phwyntiodd Huw Ambrose Puw at yr hyn oedd i'w weld ar y piano o'u blaen, 'er mwyn creu parc i bobol yr ardal a thrwy hynny warchod y Gelli am flynyddoedd eto i ddod. A fy mod i hefyd yn barod i gyfrannu swm anrhydeddus tuag at gyflogi gofalwr neu arddwr i gadw llygad ar y lle ac i'w gadw fo'n daclus.'

Wrth weld Elin yn rhythu'n fwy anghrediniol fyth, brysiodd ei thad i egluro ymhellach.

'Coelia fi, Elena, mi fyddai'r ail ddewis yn rhatach o lawar i mi yn y pen draw, ac yn fwy ymarferol hefyd na phe bawn i'n talu swm o filoedd lawar am dir a allai fod yn faen melin am fy ngwddw i am flynyddoedd i ddod. Ar y llaw arall, pe bawn i'n gneud dim, be sydd i rwystro datblygwyr rhag prynu'r safla a mynd i gyfraith i herio'r cytundab gwreiddiol? Yn yr oes sydd ohoni, mi fydden nhw'n debygol o ennill eu hachos yn fuan iawn, coelia fi.

'... Ond roedd gan rai o'r cynghorwyr bryder gwirioneddol y byddai parc o'r fath yn mynd yn lle i bobol ifanc hel at ei gilydd ar fin nos, i yfed alcohol a defnyddio cyffuria a phetha felly. Roeddan nhw'n ofni y byddai nodwydda ac ati yn cael eu gadael ar hyd y lle, ac y byddai'r rheini wedyn yn beryglus i blant a fyddai'n defnyddio'r parc yn ystod y dydd.

'... Ond dyna'r oes drist 'da ni'n byw ynddi bellach, gwaetha'r modd, a doedd gen inna ddim dewis ond parchu barn y cynghorwyr, a meddwl am gynllun mwy derbyniol. A dyna ydi hwn!'

Craffodd Elin a Dewi wrth i'r ail rolyn gael ei agor allan nes ei fod yn gorchuddio'r cynllun cyntaf.

'... Yn hytrach na chlirio'r safla, mae'r cynllun yma'n amlinellu sut y gellir troi'r lle yn warchodfa natur. Dydi'r cyngor ddim wedi gweld hwn eto, wrth gwrs, ond mae rhywun o'r RSPB wedi bod yma'n barod, i drafod y syniad efo fi, ac wedi dangos diddordab mawr mewn cael troi'r Gelli yn warchodfa natur swyddogol, efo cytiau gwylio pwrpasol yma ac acw,' – pwyntiodd at dri o'r rheini – '... lle gall pawb, sydd â diddordab, ddod yma i wylio'r adar yn nythu ac yn magu ac yn y blaen. Er enghraifft, roedd Richard, sef y boi o'r RSPB, yn ffyddiog y gellid denu tylluanod yn ôl yma, yn ogystal â mwy nag un math o gnocell y coed, yn ychwanegol at yr amrywiaeth adar sy'n nythu yma'n barod, bob blwyddyn. Roedd o hyd yn oed yn sôn am arbrawf o ddod â'r wiwer goch yn ôl yma, yn gweld y syniad yn un cyffrous iawn, yn enwedig yr awgrym y gellid addasu ac ehangu bwthyn Margiad Rowlands, rywbryd yn y dyfodol, wrth gwrs, yn Ganolfan Natur, efo siop fach a chaffi ac yn y blaen, ac efo lluniau'r gwahanol adar ac anifeiliaid i'w gweld ar y walia. Roedd o wrth ei fodd hefyd efo'r awgrym wnes i o adfer Ffordd Gelli i'w chyflwr gwreiddiol, efo'r crawiau i gyd yn y golwg unwaith eto. Gallai ddychmygu pobol yn crwydro'n hamddenol yn ôl a blaen arni, meddai, ac yn dod i adnabod cân y gwahanol adar ac ati. Ac ro'n i'n gwbod y bydda fo'n gwirioni mwy fyth am y syniad, unwaith y câi o glywad fy nghynnig i.'

'Eich cynnig chi? Be dach chi'n feddwl, Dad?'

'Yr hyn ddwedis i wrtho fo oedd hyn. Pe bai'r RSPB yn cytuno i gadw llygad ar y safle yn barhaol, a'i thacluso o gwmpas yr ymylon, fy mod inna wedyn yn barod i gyfrannu deng mil y flwyddyn i'w cyllid nhw dros y pum mlynadd nesa.'

'Hannar can mil!'

'Ia, pris bach i'w dalu Elena, ac efo addewid am fwy eto yn fy ewyllys i, cyn belled â bod y lle yn cael ei gynnal a'i redag yn llwyddiannus.'

'Ond be am y Cyngor Tre? Nhw bia'r Gelli, wedi'r cyfan.'

'Yr un cyfraniad a'r un telera iddyn nhwtha hefyd. Hannar can mil am ddim byd mwy na gneud yn siŵr bod yr RSPB yn cadw at y cytundeb. Y cyngor fydd piau'r Gelli o hyd, wrth gwrs, yn ogystal â bwthyn Margiad Rowlands. Ond mi fydd gen i ddwy neu dair o amodau iddyn nhwtha hefyd. A dyma un ohonyn nhw. Pan ddaw'r dydd y bydd rhaid i Margiad adael ei chartra am byth, mai chi a fi fydd â'r hawl i gontractio'r gwaith o addasu ac ychwanegu at yr hen fwthyn, er mwyn gneud y lle yn ganolfan deilwng i'r Warchodfa.'

Rhoddodd law ar fraich ei ddarpar fab-yng-nghyfraith.

'A 'ngobaith i ydi y byddi di, Dewi, yn fodlon ymgymryd â'r gwaith hwnnw.'

Trodd ei ben i edrych ar Elin a tharo winc arwyddocaol arni.

'Ac y bydd o, gobeithio, Elin, wedi sefydlu ei fusnas ei hun erbyn hynny yma yn Nhregarnedd.

'Yr ail amod ydi mai *Bwthyn Margiad* fydd yr enw ar y Ganolfan newydd ond mai'r cyngor fydd yn gyfrifol am gynnal y lle, a hynny i safon dderbyniol. Dydi'r cynghorwyr ddim wedi gweld y cynllun diweddaraf 'ma eto, wrth gwrs. Ro'n i'n awyddus i gael eich barn chi'ch dau yn gynta.

'Ond y trydydd amod ydi'r pwysica, sef bod Coed y Gelli yn aros ym meddiant y Cyngor Tref am o leia hannar can mlynadd i ddod. Mae Gordon Jones wrthi'n gweithio ar y cytundab drafft hwnnw rŵan ac, os ceith o'i dderbyn, yna mi fydda i a swyddogion y cyngor yn ei arwyddo fo, ac fe ddylai Coed Gelli fod yn ddiogel wedyn am flynyddoedd lawar i ddod. Felly, be ti'n feddwl, Elena? Be ti'n feddwl, Dewi?'

Cymerodd eiliadau i Elin ateb. 'Mae o'n andros o fuddsoddiad. Fedrwch chi'i fforddio fo Nhad, heb dlodi'ch hun yn ormodol?'

Gwenodd Huw Ambrose, heb gofio am unwaith bod y wên honno'n crychu croen ei wyneb ac yn amlygu'r creithiau hyll o gwmpas ei ben.

'Fel dwi wedi'i grybwyll yn barod, Elena, rydw i wedi cael mwy na fy siâr o lwc ar y Farchnad Stoc dros y blynyddoedd dwytha, diolch i ansicrwydd y Brexit ac i gyfnod Trump yn America. Mae pobol yn gweld hwnnw fel tipyn o ffŵl mympwyol sy'n troi fel cwpan mewn dŵr. A dyna sy'n wir amdano fo fel gwleidydd, wrth gwrs. Ond nid felly pan mae o'n trafod arian. Coeliwch chi fi, mae Mr Trump yn dallt y Farchnad Stoc cystal â neb ac yn gwbod i'r dim sut i droi pob dŵr i'w felin ei hun. Wyddech chi, er enghraifft, fod ganddo fo dros bum cant o wahanol gwmnïa yn ei enw ei hun? Dim peryg i rheini golli arian, yn reit siŵr. Felly, o gadw llygad ar sut mae'r busnesau rheini ac amball gwmni arall yn ymatab i'r farchnad, yna dwi'n gallu rhagweld yn eitha clir sut y bydd y Farchnad Stoc yn ymatab i ddatganiada Mr Trump, a dw i'n rhuthro wedyn i brynu neu i werthu cyfranddaliada mewn gwahanol gwmnïoedd ar hyd a lled y byd. Dwi fel tawn i'n synhwyro be i'w neud nesa o hyd.'

Trodd Dewi i edrych ar Elin a sylweddolodd hithau union arwyddocâd yr edrychiad hwnnw. Roedd o'n cofio'r rhagrybudd a gawsai hi ar y draffordd yn Ffrainc a hefyd y ddihangfa ffodus a gafodd ei hen daid hi, Ambrose Morgan Puw, yn yr Eidal, yn ystod yr Ail Ryfel Byd.

'Fel ro'n i'n deud, dwi wedi llwyddo i neud bywoliaeth dda iawn hyd yma. Er enghraifft, falla i chi weld ar y newyddion yn ddiweddar fod Cwmni Comcast yn America yn awyddus i brynu Cwmni Sky a'u bod nhw wedi gneud cynnig hael iawn amdano. Wel, mi fues i'n ddigon craff i werthu fy stoc i yn Sky bryd hynny ac i neud miloedd lawar o elw i mi fy hun. Nid canmol ydw i, Elena, dim ond ceisio dangos nad ydi arian ddim yn broblem i mi bellach. Ond gêm ydi hi wedi bod i mi o'r cychwyn, a dim byd mwy na ffordd o basio'r amsar. Wedi'r cyfan, pa werth sy 'na mewn bod â chyfrif banc sylweddol, fel yr un sydd gen i, os na fedar y cyfoeth hwnnw wella cyflwr fy nghorff i, na rhoi dim yn ôl i mi o'r bywyd dwi wedi'i golli.'

Syrthiodd tawelwch rhyngddyn nhw wrth i Elin dreulio ei eiriau olaf.

'Dwi'n meddwl bod eich cynllun chi ynglŷn â dyfodol y Gelli yn un gwych iawn, Nhad,' meddai hi o'r diwedd, yn y gobaith o lacio mymryn ar yr awyrgylch. 'A rŵan mae gynnon ninna betha i'w dangos i chi.' Trodd at Dewi. 'Fyddet ti'n meindio'u gosod nhw allan ar fwrdd y gegin, 'nghariad i, y petha ddaeth i lawr o'r to?'

Ar ôl i Dewi adael y parlwr i wneud hynny, rhoddodd Elin fraslun i'w thad o'r neges a ddaethai oddi wrth ei thaid, trwy Margiad Rowlands y Gelli, ac fel roedd hi wedi dringo i fyny i do'r tŷ i chwilio am y 'pethau' oedd wedi cael eu cuddio yn fanno flynyddoedd ynghynt.

'Gad i ni fynd i'w gweld nhw, Elena. Ond cyn i ni fynd, dwi am i ti wbod fy mod i'n bwriadu trosglwyddo swm go sylweddol i dy gyfri banc di, digon i sicrhau na fydd raid i ti boeni'n ormodol am arian yn y blynyddoedd i ddod. Matar i ti fydd penderfynu os wyt ti am ddeud wrth Dewi ai peidio. Ar hyn o bryd, o leia.'

O gael dim ateb, aeth ymlaen, 'Mae Dewi yn fachgan dymunol iawn, wrth gwrs, ond charwn i ddim meddwl y gallai rhwbath fel cyfri banc ddylanwadu ar ei fwriada fo tuag atat ti. Pe baech chi'n penderfynu priodi, yna mi fyddai'r sefyllfa'n wahanol, wrth gwrs.'

Cydiodd Elin yn ei law a gwasgu honno'n galetach na'i bwriad. 'Diolch am feddwl amdana i, ond... ond...' Roedd ei llais yn crygu, er ei gwaethaf, 'ond does dim rhaid i chi. Wir! Mi fydda i'n iawn, gewch chi weld. Yn iawn, beth bynnag neith ddigwydd.'

Wrth weld ei dagrau, tynnodd ei thad hi ato, gan ymdrechu, ar yr un pryd, i gadw'i gydbwysedd. Roedd y geiriau *beth bynnag neith ddigwydd* yn gadael cwestiwn yn ei feddwl.

*

Dros yr hanner awr nesaf bu'r tri yn plygu uwchben y deunydd a osodwyd yn eu trefn gan Dewi ar wyneb bwrdd y gegin, ac efo Huw Ambrose yn rhyfeddu'n gynyddol at yr hyn a welai o'i flaen.

'Wyddwn i ddim tan rŵan pwy oedd rhieni fy hen Nain, Elena,' meddai. Yna, treuliodd beth amser yn pori trwy'r wybodaeth deuluol oedd i'w chael yn y ddau Feibl. 'Fyddi di ddim yn cofio hwn, wrth gwrs,' meddai gan bwyntio at enw Ambrose Morgan Pugh, 'ond roedd o, fy nhaid, dy hen daid, yn dal yn fyw pan gest ti dy eni. A fo oedd fwya taer am i ti gael dy enwi yn Elena Morgan, ar ôl ei fam. Ond fe fuodd yr hen gradur farw o fewn mis neu ddau wedyn.' Daliodd i graffu ar yr enwau. 'Dydi enw ei dad o ddim yma, wrth gwrs. Roedd hwnnw wedi'i ladd yn y rhyfal.'

'Pwy oedd hwnnw ta?' Roedd Elin yn gofyn er ei bod hi'n gwybod yr ateb.

'Harri Wood y sipsi. Dyna mae'r teulu wedi'i gredu erioed, beth bynnag. Dwi'n cofio holi Mam rywdro, pan o'n i'n hogyn ysgol, ond mi wylltiodd honno'n gacwn efo fi, am ryw reswm. Oherwydd y gwarth, am wn i, y gwarth ar y teulu oherwydd bod yr hen Elena wedi cael plentyn siawns.'

Trodd at yr ail Feibl rŵan.

'Ond pwy oedd yr Elin Pugh yma, os gwn i? Fe gafodd hon bump o blant ond mae'r gangen yma o'r teulu yn ddiarth iawn imi, mae gen i ofn.'

'Eich hen nain Elena oedd hon hefyd, dwi'n ama. Ond pam fasa hi wedi newid a Seisnigo ei henw, meddach chi? Dylanwad ei thad, dach chi'n meddwl? Hwnnw'n gweld y newid enw fel ffordd o gelu gwarth y teulu oddi wrth ei gŵr newydd hi? Mae'n eitha posib na chafodd William John Williams wbod bod ei wraig newydd yn fam yn barod.'

'Falla wir, ond mae'i enw fo, ac enwau'r plant ddaeth o'r briodas, yn gwbwl ddiarth imi.'

'Mae Dewi wedi bod yn gneud tipyn o ymchwil ac wedi darganfod bod William John Williams a'i deulu wedi symud o ardal Llanrwst i Awstralia i fyw.'

'A!' Daeth rhyw oleuni dieithr i lygad Huw Ambrose, fel pe bai rhyw gof pell wedi dod yn ôl iddo. 'Wyst ti be, Elena? Mae gen i go' am Nhad yn sôn rywdro bod un gangen o'r teulu wedi ymfudo i Awstralia. Mae'n ddigon posib, felly, mai cyfeirio at rhain yr oedd o.'

'Falla bod y teulu wedi mynd,' eglurodd Elin, gan bwyntio at y cofnod olaf ar y dudalen, 'ond aeth yr hen, hen Nain Elena ddim efo nhw, oherwydd roedd hi wedi marw ar enedigaeth ei phlentyn ienga. Dyma i chi lun a dynnodd Dewi o'i bedd hi yn Llanrwst.'

'Wel wel! A dyna oedd ei hanas hi, felly. Marw yn ddim ond tri deg a chwech oed. Trist iawn.'

'A rŵan dyma i chi lun ohoni hi'n dair ar ddeg oed, a'i hanas hi'n cyfeilio i'r Gymanfa Ganu ar organ fawr Capel Bereia.'

Cydiodd ei thad yn y toriad papur, a'i ddarllen.

'Does ryfadd dy fod ti mor gerddorol, merch i,' meddai. 'Maen nhw'n deud bod talent yn rhedag mewn teulu, wyst ti, ond bod y dalent honno, weithia, yn gallu neidio cenhedlaeth neu ddwy. Wel, fe neidiodd drosta i, beth bynnag,' ychwanegodd efo gwên wan.

'Tybad? Fe glywis i Mam yn deud fwy nag unwaith eich bod chi'n dda iawn ar y gitâr.'

'A!' Daeth golwg freuddwydiol eto i'w lygad. 'Rheini oedd y dyddia da. Dy fam ar y piano, a finna ar y gitâr yn bloeddio canu caneuon poblogaidd y dydd. A dy nain yn cwyno am y sŵn, gelli fentro.'

Wrth ei weld yn ymgolli yn ei atgofion, arwyddodd Elin efo'i llygaid ar i Dewi fynd i'r llofft i nôl y gitâr.

'Hon oedd hi, Nhad?' gofynnodd wrth i Dewi ailymddangos, yn cario'r offeryn.

Doedd dim rhaid iddo'i hateb. Roedd ei ddagrau mud yn gwneud hynny drosto.

'Be am i ni glywad cord neu ddau gynnoch chi rŵan? Ac mi a' inna ar y piano.'

Gwelodd Elin ef yn ystyried ei chais ac yna'n ysgwyd ei ben.

'Rywbryd eto, falla.'

'Ia, rywbryd eto,' meddai hithau wrth sylweddoli bod ei hawgrym wedi agor craith yn ei feddwl. 'A dyma lyfr nodiada Huw Ambrose Puw, tad yr hen Nain Elena. Mae Dewi wedi dod o hyd i lawar o betha diddorol iawn yn hwn hefyd, sy'n sôn am Harri Wood a'r Harri arall.'

'Pa Harri oedd hwnnw?'

'Henry, yn hytrach; sef mab rhyw siopwr yn y dre 'ma ar y pryd. Fo, mwy na thebyg, ddaru lofruddio'r hogan ifanc 'na yn y Gelli, pan oedd o adra ar *leave* o'r Rhyfal Mawr. O fewn wythnos o fynd yn ôl i Ffrainc, roedd ynta hefyd wedi'i ladd. Fo a Harri Wood.'

O gael dim ymateb rŵan, estynnodd Elin am ei ffôn symudol a dod â llun ar y sgrin. 'Bedd Harri Wood ym mynwent Artillery Wood,' eglurodd. 'Yr un fynwent â Hedd Wyn, gyda llaw. A dyma i chi fedd Henry Morris, sef yr Harri arall oedd yn ffansïo Nain Elena. Mae'r ddau wedi'u claddu o fewn 'chydig lathenni i'w gilydd. Y ddau wedi syrthio o fewn deuddydd i'w gilydd ym mrwydyr gynta Passchendaele.'

'A dyna lle claddwyd fy hen daid, felly. Diddorol iawn.'

'Ac mae'i ffidil o ar y bwrdd yn fan'cw. Ffidil Ffrainc!'

'Dwi'n cofio'r ffidil, wrth gwrs, ond sut gwyddost ti mai ffidil Harri Wood oedd hi?'

'Mae'r hanes yn hwn,' meddai Dewi gan ddangos y dyddlyfr bach du. 'Sut bynnag, rydw i wedi ceisio rhoi trefn ar y cart ache,' meddai wedyn, gan wthio dalen o bapur o dan drwynau Elin a'i thad, 'ac wedi trio diweddaru rhywfaint arno fo hefyd, ond does dim enw i'ch nain chi mae gen i ofn, sef gwraig Ambrose Morgan Pugh.'

Syllodd y tad a'r ferch yn hir ar yr hyn roedd Dewi wedi'i sgrifennu.

'Un o Bwllheli oedd Nain, beth bynnag,' meddai'r tad, cyn hir. 'Dwi'n cofio cymaint â hynny. Joyce Evans, os y cofia i'n iawn, oedd ei henw hi cyn priodi. Ond dydi enw Morris ddim yma chwaith.'

Ymddiheurodd Dewi ac ychwanegodd y ddau enw newydd i'r achres ac yna eu tanlinellu.

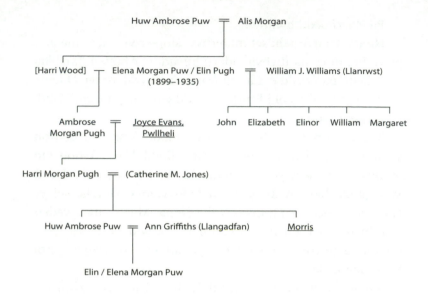

Bu gweld enw Morris yn ddigon i atgoffa Elin am gynnwys y twll ffenast ac aeth i fyny i'r llofft gefn i nôl y pethau roedd hi wedi eu darganfod yn fanno.

'Ia, dyna fo, Morris.' meddai ei thad, pan ddaeth hi i lawr a dangos y llun iddo. Yna, yn dawelach, 'Fe ddylwn inna fod yn y llun yma hefyd, yn sefyll wrth ochor Morris, ond mae Mam wedi defnyddio siswrn i 'nhorri fi allan.'

Welodd Elin mo Dewi yn ysgwyd ei ben yn anghrediniol, a chlywodd yntau mohoni hi'n dal ei gwynt mewn syndod. Aeth eiliadau distaw heibio cyn i Elin ddangos y gasged bren a'i gosod hi'n ofalus ar glawr y Beibl Mawr, Beibl Pitar.

'Dwi'n ama mai Morris oedd hwn hefyd, Nhad,' meddai hi gan bwyntio at y llythyren M euraid oedd ar y gasged.

Os oedd hi wedi disgwyl mwy o ymateb ganddo, yna fe gafodd ei siomi. Ar ôl syllu'n hir ar y blwch, y cwbwl a ddywedodd ei thad, oedd: 'A dyna brofi, felly, bod amheuon fy nhad yn iawn, sef bod Mam wedi gwasgaru llwch Morris dros yr ardd gefn, a hynny heb ddeud gair wrth neb.'

'Na. Mae Morris yn dal efo ni, Nhad.'

Gwelodd Elin y croen ar ei dalcen yn crychu a'r creithiau ar ei ben yn tynhau wrth i'w wyneb gymylu mewn dryswch. 'Be? Be ddeudist ti, Elin?'

Yn ateb, cododd hi gaead y gasged i ddangos y llwch iddo. 'Yma mae Morris wedi bod dros yr hannar can mlynadd dwytha, heb yn wbod i chi na'ch tad, nac i minna chwaith tan yn ddiweddar iawn.'

Wrth deimlo'r tyndra yn cydio yn ei gorff, rhoddodd Elin ei braich am ei ganol a'i wasgu ati, fel arwydd o'i chydymdeimlad.

Bu'r munudau nesaf yn drwm gan dawelwch ac emosiwn nes i Elin deimlo'i gorff yn ymlacio unwaith eto a'i glywed yn sibrwd yn gryglyd, 'Rhaid iddo fo gael angladd parchus. Ei gladdu yn yr un bedd â'i dad... a'i fam. Mi fydd fy nhad yn dawelach ei feddwl wedyn, siŵr o fod. A phwy ŵyr na fydd Mam, hefyd, yn fodlonach ei byd.'

'Bydd rhaid cysylltu efo'r Cyngor Tref am ganiatâd i ailagor y bedd,' awgrymodd Dewi, gan gofio'n ôl i ddyddiau cynnar ei brentisiaeth yn Rhuthun slawer dydd. 'Garech chi i mi neud hynne?'

'Na. Fy nghyfrifoldab i ydi peth felly, 'machgan i.'

'Beth am weinidog i gymeryd y gwasaneth?'

'Na, fydd dim angan peth felly. Dim ond ni'n tri ar lan y bedd. Dyna i gyd. A dyna fyddai dymuniad Mam a Nhad, a Morris hefyd, dwi'n gwbod.'

Trodd Dewi i edrych ar Elin ond gan ddal i siarad efo'i thad. 'Pan gewch chi ganiatâd gan y cyngor i agor y bedd, yne a fydde'n well gynnoch chi i mi neud y gwaith? Hynny ydi, agor jest digon i dderbyn y gasged? Mater bach fydd codi un o'r tywyrch a osodes i yno'n ddiweddar, a'i hail osod hi wedyn ar ôl yr... yr angladd.'

Edrychodd y tad a'r ferch ar ei gilydd a nodio'u pennau mewn cytundeb mud.

'Fyddai gen ti'r hawl i neud peth felly, nghariad i?'

'Wrth gwrs! Fe weles i fy nghyflogwr cyntaf yn Rhuthun yn gneud hynne unweth, efo dim ond y weddw a fo a finne'n sefyll uwchben y bedd agored. Unweth y cewch chi ganiatâd y cyngor i agor y bedd, yna chi fydd â'r hawl wedyn ar y trefniade. Pe bai'r fynwent yn perthyn i'r eglwys, yne bydde pethe'n bur wahanol, mae'n siŵr.'

'Dyna wnawn ni felly!' Roedd y pendantrwydd yn ôl yn llais Huw Ambrose. 'A rŵan, rhaid i mi fynd. Fe gysyllta i efo clerc y cyngor ben bora Llun i drefnu ac i gyflwyno'r cynllun yma iddo fo, yr un pryd.'

Yna, wedi rhoi llwch Morris yn ôl yn nwylo Elin a tharo rholyn papur Cynllun y Gelli o dan ei gesail, cychwynnodd am y drws.

'Be am y gitâr, Nhad? Ydach chi am fynd â hi efo chi?'

'Na. Yma mae lle honna.' Doedd dim gwadu'r pendantrwydd yn ei lais.

'Iawn felly, ond cyn i chi fynd, fedrwch chi ddeud ydach chi'n nabod y bobol yn y ddau lun yma? Roedd rhain hefyd yn nhwll ffenast un o'r llofftydd cefn.'

Ond roedd Huw Ambrose yn llawn ei drafferth erbyn hyn, yn ceisio gwau ei ffordd allan o'r gegin i'r cyntedd. Gwelodd Elin ei goes glec yn troelli fel gwyntyll ac yntau'n brwydro, gyda help ei ffon, i gadw'i gydbwysedd, tra ar yr un pryd yn gwarchod y rholyn memrwn rhag i hwnnw ddianc o afael cesail y fraich arall.

'Wyt ti'n meindio'u taro nhw ym mhocad fy nghôt i, Elena? Fe ga i olwg arnyn nhw yn fy stafall, heno.'

*

'Rhwng pob dim, mae heddiw wedi bod yn ddiwrnod a hanner.' O gael dim ateb, ychwanegodd, 'Wyt ti'm yn meddwl, Elin?'

Roedd Dewi wrthi'n rhoi trefn ar y Beiblau a gweddill y deunydd y buon nhw'n eu trafod yn gynharach, ac yn gosod y cwbl rŵan yn bentwr taclus ar sil y dresel, yn barod i'w gludo'n ôl i'r llofft gefn. O gael dim ateb eto chwaith, trodd i edrych arni, a'i gweld hi yn ei chwrcwd yn rhoi mwythau distaw i Eidw. Daeth i'w feddwl ei bod hi'n edrych yn llwytach nag arfer, a'i hwyneb hi'n feinach hefyd, yn enwedig o gwmpas y trwyn. Doedd y graen arferol ddim ar ei gwallt hi, chwaith, meddyliodd. Sut na fydda fo wedi sylwi ar y newid, cyn hyn?

Straen y dyddie dwethe, siŵr o fod, meddyliodd. Dydi hi ddim wedi bod yn cysgu hanner cystal ag arfer yn ddiweddar, yn troi a throsi yn ei chwsg, a hyd yn oed yn gneud sŵn crio weithie wrth freuddwydio.

Dyna pryd y gwelodd o hi'n sychu deigryn o'i llygad.

'Oes rhwbeth yn bod, Elin?'

Cydiodd yn ei braich a'i chodi hi'n dyner i'w thraed. Yna, rhoddodd ei fraich amdani a'i thynnu hi ato.

'Pam y dagre, 'nghariad i? Ai poeni ynghylch dy dad wyt ti?'

Bu hynny'n ddigon i agor y llifddorau a theimlodd Dewi ei chorff yn cael ei sgrytian gan ddagrau.

'Bobol bach, Elin! Be sy'n bod? Be sydd wedi achosi hyn?'

Ei ofn cyntaf oedd ei bod hi wedi cael rhyw newydd drwg, gan ei doctor o bosib, a'i bod hi wedi celu hwnnw rhagddo fo, tan rŵan.

'Deud wrtha i be sy'n bod, 'nghariad i! Ddim yn teimlo'n dda wyt ti? Siawns y medri di ddeud wrtha i, o bawb.'

'Dwi'n feichiog, Dewi,' meddai hi, gan snwfflan trwy'i

dagrau. 'Disgwyl babi! Ac ofn, ofn y bydd gwbod hynny yn dy ddychryn di i ffwrdd, ofn i dy deulu deimlo gwarth. Ofn cael fy ngadal fy hun unwaith eto... ofn bod fel... fel...'

*Fel yr hen nain Elena* oedd ar ei meddwl hi, ac roedd geiriau ei thad yn gynharach yn canu fel cnul yn ei phen eto rŵan – 'Charwn i ddim meddwl y gallai rhwbath fel cyfri banc ddylanwadu ar ei fwriada fo tuag atat ti.' Oedd, roedd y geiriau hynny wedi ailgodi'r cwestiwn a fu'n poeni cymaint arni dros y mis diwethaf.

*Be fydd ymatab Dewi pan glywith o fy mod i'n feichiog? Fydd o'n gneud esgus i bellhau a throi cefn? Pa mor sicir wyt ti o'i deimlada fo tuag atat ti?*

Yn hytrach na holi rhagor arni, tynnodd Dewi hi i'w freichiau a gwasgu pob gwynt, bron, allan ohoni. 'Oes gen ti'r synied lleie, dywed, pa mor hapus wyt ti newydd neud i mi deimlo?'

Fu dim mwy o eiriau rhyngddyn nhw am funudau lawer wedyn, wrth i'r ddau gofleidio a theimlo dagrau'r naill yn gwlychu wyneb y llall.

'Be ar y ddaear a wnaeth i ti feddwl y byddwn i'n dy adel di, dywed? Ai dyna gyn lleied o feddwl sydd gen ti ohono i? Y byddwn i a fy nheulu yn troi cefn arnat ti, a hynny am dy fod ti am fy ngneud i'n dad? *Gwarth* ddeudest ti? Bobol bach, Elin! Rhwbeth sy'n perthyn i'r oes o'r blaen ydi peth fel 'ne erbyn heddiw.'

Gwthiodd hi oddi wrtho, hyd braich, a syllu i fyw ei llygaid gloyw.

'Elena Morgan Puw, pe bai hi ddim mor dywyll ac mor wlyb tu allan, mi fyddwn i'n mynd â chdi i lawr i Goed y Gelli y funud ma.'

'Nid fi fyddai'r gyntaf i gael ei llofruddio yn fan 'no, cofia. Ai dyna sydd ar dy feddwl di?'

Anwybyddodd yntau ei chellwair dagreuol.

'Nage ond i fynd â chdi i sefyll ar Bont Gelli ac i ofyn yn fan 'no i ti 'mhriodi i.'

Rhyddhad yn fwy na dim oedd i'w weld rŵan yn ei ffrwd dagrau. 'Wyt ti'n gofyn?'

'Wrth gwrs fy mod i.'

'Wel, rhaid i mi gael amsar i feddwl am y peth,' meddai hi'n chwareus ond yr un mor ddagreuol. 'Ond tyrd. Mae'n bryd i ni fynd i glwydo, ac i ddathlu dy Fedal Ffrainc. A gyda llaw, dwi wedi penderfynu mai Harri fydd ei enw fo. Harri Rhys!'

'Hy! Falla mai merch gawn ni.'

'Na. Mae 'na rwbath yn deud wrtha i mai hogyn fydd o, tebyg iawn i'w dad, ac y bydd o'n eithriadol o gerddorol, fel ei hen, hen, hen daid.'

'Fel Harri Wood? Y sipsi?'

'Ia. Ac ro'n i mor falch o glywad fy nhad hefyd yn cadarnhau mai fo, ac nid yr Harri arall, oedd tad plentyn yr hen hen nain Elena. Meddylia, mewn sobrwydd! Beth pe bai Harri Rhys bach, wrth dyfu'n ddyn, yn dod i wbod bod ganddo fo lofrudd yn ei deulu? Mi fyddai hynny'n ddigon i roi hunlla i unrhyw un. Wyt ti'm yn meddwl? Sut bynnag, dwi'n edrych ymlaen rŵan at gael rhannu mwy o newyddion da efo fy nhad, pan fydd hwnnw'n galw yma bora fory.'

# Y gair olaf

'PRIODAS FACH DAWAL. Dyna sydd gynnon ni mewn golwg. Chi, rhyw hannar dwsin o deulu Dewi, Josie ac Idris i gynrychioli Côr y Garn, Gordon Jones a'i wraig, un o gydweithwyr Dewi a'i wraig, a dyna fo, am wn i!'

Mae'r tri yn eistedd yn y parlwr; Elin, yn ôl ei harfer, yn hawlio sêt y piano ac Eidw yn gwmni iddi. Wrth i'r cloc mawr daro hanner dydd, mae hwnnw'n cynhyrfu eiliad ond yna'n rhoi ei ben i orffwys unwaith eto ar ei chlun.

'Dwi mor falch. Mae'r ffaith eich bod chi'n priodi yn rhoi tawelwch meddwl i mi. A fi, wrth gwrs, fel dy dad, fydd yn talu am y wledd briodas. Na, waeth i ti heb â phrotestio, Elena. Fy mraint i fydd cael trefnu peth felly, dim ond i chi benderfynu ar y dyddiad ac enwi'r fan a'r lle. Ond tybad a fyddech chi'n fodlon i mi gael gwahodd rhywun arall atom ni i ddathlu?'

'O?' Mae'r cwestiwn *Pwy?* i'w glywed yn drwm yn ei llais ac i'w weld ar ei hwyneb.

'Ar ôl eich gadael chi neithiwr, mi fues ar y ffôn yn hir iawn, yn gneud ymholiada, ac mi fyddi'n falch o glywad, dwi'n siŵr, fy mod i wedi llwyddo i gysylltu efo dy fodryb Enid, chwaer dy fam, yng Nghwm Nant yr Eira.'

Mae Huw Ambrose yn gweld y syndod ar wyneb ei ferch yn troi'n wên lydan.

'Mi fuon ni'n siarad yn hir ac fe ges i gyfla i egluro iddi bob dim sydd wedi digwydd i mi. Roedd hi'n swnio'n hollol syn, fel y medri di ddychmygu, pan glywodd hi nad oedd dy fam a thitha wedi gadael Hen Benrallt o gwbwl, ac roedd hi'n drist iawn, wrth gwrs, o ddallt bod Ann wedi marw mor ifanc heb iddi hi, Enid, na'i rhieni, fod yn ymwybodol o'i salwch hir hi. Roedden nhw wedi mynd i gredu ers blynyddoedd lawar ein bod ni, fel teulu, wedi symud dramor i fyw. Fedrwn i fy hun neud dim byd mwy nag ymddiheuro iddi o waelod calon am agwedd od a chwbwl afresymol dy nain dros y blynyddoedd.'

'Mae Nain a Taid Llangadfan yn dal yn fyw, felly?'

'Nac 'dyn, gwaetha'r modd. Mi fu'r ddau farw o fewn chydig fisoedd i'w gilydd, medda Enid, a hynny yn ystod y ddwy flynedd ddwytha.'

'O, bechod! Does gen i ddim cof i mi eu cwarfod nhw erioed.'

'Nag oes, mae'n siŵr. Dyna oedd Enid a finna yn ei drafod neithiwr. Deirgwaith yn unig y buon nhw yma erioed, yn Hen Benrallt. Y tro cynta, i dy weld di pan gest ti dy eni. Yna, ymhen deufis, roeddan nhw'n ôl i angladd fy nhaid, sef Ambrose Morgan, ac yna, ddwy flynadd yn ddiweddarach wedyn, i angladd fy nhad. Dwyt ti ddim yn cofio hwnnw chwaith, wrth gwrs. Sut bynnag, rhyw feddwl yn sydyn wnes i rŵan y bydda fo'n beth dymunol iawn pe bai Enid a'i gŵr yn cael gwahoddiad i'r briodas. Be ti'n feddwl, Elena?'

'Argol ia! Ar bob cyfri. Ac os oes ganddyn nhw blant, yna rheini hefyd.'

'Dwy ferch, un yn byw yn y Trallwm a'r llall i fyny yn Falkirk yn yr Alban. Erbyn heddiw, mae Enid yn nain i bump o wyrion bach, mae'n debyg, dau yn y Trallwm a thri yn yr Alban.'

Wrth droi i edrych ar Dewi, mae cyffro Elin i'w glywed yn

ei llais. 'Tan yn ddiweddar, doedd gen i ddim teulu o gwbwl ond rŵan maen nhw... maen nhw rif y gwlith.'

Mae'r ddau ddyn yn chwerthin, o glywed yr ormodiaith. Yna, maen nhw'n ei gweld hi'n sobri eto.

'Ond dwi'n mynd o flaen gofid rŵan, falla, oherwydd dydw i ddim wedi deud wrthach chi eto, Nhad, pam ein bod ni'n priodi. Wyt ti am ddeud wrtho fo, Dewi?'

Mae'r saer yn gosod llaw gyfeillgar ar ysgwydd ei ddarpar dad-yng-nghyfraith. 'Mr Puw! Y gwir ydi bod Elin, Elena, yn mynd i'ch gneud chitha hefyd yn daid yn fuan iawn.'

'Harri Rhys!' meddai hi'n falch wrth weld y dagrau o lawenydd yn gloywi llygaid ei thad. 'A dwi hefyd wedi penderfynu bod yr Harri yma'n mynd i gael ei fedyddio.'

Edrych ar Dewi mae hi rŵan.

'... Y cynta yn nheulu'r Puwiaid ers cenedlaetha. Dydan ni fel teulu ddim wedi cael rhyw lawar o lwc dros y blynyddoedd, ydan ni? Felly pwy ŵyr na fydd chydig ddiferion o ddŵr sanctaidd ar ei dalcan yn siwriantu cychwyn gwell i Harri Rhys yn yr hen fyd 'ma.'

'Ond pwy gawn ni i'w fedyddio fo, Elin? Does dim gweinidog i'w gael yn Nhregarnedd erbyn heddiw, a does ond dau gapel yn dal ar eu traed yma.'

'Twt! Mae yma ficar, on'd oes? A rydw i newydd benderfynu hefyd ymhle y ceith Harri Rhys ei fedyddio.'

'O?' Mae'r ddau ddyn yn glustiau i gyd ac yn mwynhau ei hasbri diniwed.

'Allan yn yr awyr agorad.'

'O?'

'Ia. Allan ar Bont y Gelli. Be dach chi'n ddeud, Nhad? Ac fe geith o ei fedyddio efo dŵr o'r Nant Lwyd.'

'Ond dydi hwnnw ddim yn ddŵr sanctaidd,' meddai Dewi efo gwên.

'Wel mae o i mi. Ac i chitha hefyd, Nhad. Ydw i'n iawn?'

Mae'n aros nes gweld hwnnw'n crymu ei ben i gydnabod yr hyn mae hi'n cyfeirio ato. Yna, efo'i thafod yn ei boch, 'Ac os y bydd hi'n awyddus, yna fe geith yr hen Fargiad Rowlands fod yno efo ni. A phetai'r ficar ddim ar gael i fedyddio Harri bach, yna falla y bydda i'n gofyn i Margiad ei hun neud y job.'

Yn sŵn eu chwerthin, mae Elin yn troi ac yn anelu am y gegin. 'A rŵan,' medda hi dros ei hysgwydd, 'dwi'n mynd i dywallt gwydriad bach o win coch i chi'ch dau a sudd oren i mi fy hun, i ni gael dathlu. Ac wedyn mi gawn ni ginio.'

Mae Eidw yn ei dilyn hi allan o'r stafell.

*

'Gwranda Dewi! Cyn i Elena ddod yn ôl, dwi isio gofyn dy farn di ar un neu ddau o betha. Am y wledd briodas i ddechra. Dwi'n gwbod nad ydi hi ddim isio llawar o ffys ond, fel syrpreis iddi, beth petawn i'n gofyn i'r côr ddod yno i ganu ac i gynnal noson hwyliog? Fyddai hynny'n plesio, wyt ti'n meddwl?'

'Bydde. Yn plesio'n fawr iawn erbyn hynny, dwi'n siŵr.'

'Da iawn. Mi drefna i hynny, felly, unwaith y byddwch chi wedi penderfynu ar ddyddiad. A siarsio Josie i gadw petha'n gyfrinachol, wrth gwrs. Yr ail beth sydd gen i mewn golwg ydi hwn. Mae'n bwysig, dwi'n meddwl, bod eich plentyn chi, wrth dyfu, yn dod i sylweddoli cymaint o dalent gerddorol sydd gan ei fam, ar y piano ac ar y ffidil. Fyddet ti'n cytuno?'

'Wrth gwrs.'

'A phwy ŵyr na fydd y dalent honno'n ymddangos yn eich plant chitha hefyd, wrth i rheini dyfu.'

'Gobeithio hynny, beth bynnag.' Ond i ble mae'r sgwrs yma'n mynd? Dyna sydd ar feddwl Dewi.

'Be garwn i neud fyddai trefnu i Elena ymweld â stiwdio broffesiynol i recordio, ar ffilm, y math o *repertoire* boblogaidd a glywson ni ganddi hi yng nghyngerdd y côr yn ddiweddar. Fyddai hi'n cytuno i beth felly, ti'n meddwl?'

'Gwych o syniad yn fy marn i, ond mae gan Elin ei meddwl ei hun, fel y gwyddoch chi.'

'Digon teg. Bydd rhaid trio dwyn perswâd arni hi, felly. Ond ar ben hynny hefyd, mi garwn i weld codi estyniad pwrpasol yng nghefn y tŷ 'ma, i fod yn stiwdio gerdd, lle gall hi ymarfar a chyfansoddi ac yn y blaen. Dim byd rhy fawr, wrth gwrs, ond efo'r acwsteg iawn. Ar ôl geni'r bychan, mi fydd gan Elena gyfnod mamolaeth o'i blaen a rhywfaint o oriau segur bob dydd, mae'n siŵr. Wyt ti'n meddwl y byddai cael lle o'r fath yn apelio iddi? Mi allai'r adeilad fod ar ei draed erbyn i Harri Rhys gael ei eni.'

'Fedra i ddim ateb drosti, mae gen i ofn.'

'Na fedri, debyg! Ond pe bai hi'n cytuno, fyddet ti'n barod i fod yn gyfrifol am y gwaith? Pe bai gen ti dy weithdy dy hun, dwi'n feddwl.'

Mae wyneb Dewi yn ddrych rŵan i'w ddryswch.

'Paid â meddwl mod i'n gwthio fy nhrwyn yn ormodol i mewn i'ch bywyda chi ond Elena ddigwyddodd sôn dy fod ti'n gobeithio sefydlu dy fusnas dy hun, ryw ddiwrnod. Wel os felly, ac os wyt ti'n fodlon, yna dwi'n awyddus iawn i dy helpu di i yn hynny o beth, yn ariannol o leia, i ddod o hyd i adeilad addas, neu i godi gweithdy newydd sbon pe bai raid, ac efo'r math o beirianna y byddet ti eu hangan, wrth gwrs.'

O orfod aros am ymateb, mae Huw Ambrose yn mynd ymlaen: 'Ond falla dy fod ti'n meddwl 'mod i'n ymyrryd gormod? Sut bynnag, eich dyfodol chi'ch dau… chi'ch tri yn hytrach… sydd gen i mewn golwg. Matar i ti ac Elena fydd penderfynu, wrth gwrs, ond gan mai chi fydd yn cael pob dim ar f'ôl i, beth bynnag, yna wela i ddim be sydd i'w ennill trwy oedi. Felly, ar ôl i mi adael heno, wnei di drafod y ddau gynnig efo Elena, plis? Y stafell gerdd a'r gweithdy newydd?'

*

'Dyma ni!'

Daw Elin i mewn yn cario hambwrdd ac arno dri gwydryn.

'Gwin i'r alcis a diod cyfrifol i mi.'

Ar ôl aros i'r ddau gydio yn eu gwydrau, mae'n codi ei diod ei hun mewn ystum o gynnig llwnc destun.

'I'r tri Harri!' meddai hi, a gwenu'n ddireidus wedyn wrth weld talcen Dewi yn crychu mewn cwestiwn.

'Yn gynta, Harri Wood y Sipsi, fy hen, hen daid, a hen, hen, *hen* daid Harri Rhys wedi i hwnnw ddod i'r byd. Harri'r cynta! Un o arwyr y Rhyfal Mawr.'

Mae'n dod â'i gwydryn at ei gwefus ac yn aros i'r ddau ddyn wneud yr un peth.

'Heddwch i'w lwch!' meddai hi.

'Ia, heddwch i'w lwch!' meddai'r ddau arall yn ffug ddifrifol.

'A diolch iddo am adael ei ffidil sbesial – Ffidil Ffrainc – i ni, fel teulu.'

'Amen!' meddai un.

'Amen!' meddai'r llall.

'A rŵan, yr ail Harri, sef Harri Morgan, fy nhaid. Bendith ar ei ben o am ofalu bod hanas y teulu wedi cael ei gadw'n saff i ni hyd heddiw.'

Ar ôl eu gwylio'n sipian eto o'u gwin, mae Elin yn difrifoli. 'A rŵan y trydydd Harri, a'r pwysicaf ohonyn nhw i gyd. Harri Rhys! Cenhedlaeth nesaf Puwiaid Penrallt!'

'Harri Rhys!' meddai'r ddau ddyn, nhwtha hefyd yn codi eu gwydrau yn fwy ystyrlon y tro yma.

'A rŵan, dowch trwodd i'r gegin. Mae cinio'n barod.'

'Ond cyn i ni fynd, Elena. A chyn i mi anghofio. Fe roist ti rhain yn fy mhocad i neithiwr, fel ro'n i'n cychwyn o'ma.'

'A! Y llunia oedd yn y twll ffenast yn llofft Nain. Ddaru chi nabod rhywun ynddyn nhw?'

Yn ateb, mae ei thad yn dangos y diweddaraf a'r cliriaf o'r ddau lun.

'Fy Nhaid a Nain ydi'r ddau yn y ffedogau gwyn yn nrws y siop, ac Yncl Tom a Mam ydi'r plant.'

'Be? Nain ydi honna?' Mae Elin yn swnio'n anghrediniol am eiliad. 'Ia,' meddai hi wedyn. 'Mi wela i'r tebygrwydd rŵan. Roedd hi'n medru edrych yn gas hyd yn oed pan oedd hi'n blentyn. Felly eich taid a'ch nain chi, o ochor eich mam, ydi'r siopwrs yn y llun? Fy hen daid a nain inna, felly.'

'Ia.'

'Be oedd eu henwa nhw?'

'Ellis Jones oedd enw Nhaid ac roedd o'n hanu o ardal Dolgella, dwi'n meddwl. Ond yn Nhregarnedd y ganwyd Elizabeth Catherine, fy nain.'

Erbyn rŵan, mae Dewi wedi dod o hyd i damaid o bapur glân a beiro ac wedi dechrau rhoi trefn ar yr achau newydd.

'A be am yr ail lun? Mae hwnna gryn dipyn yn hŷn, yn ôl ei olwg.'

'Ydi, Elena. Genhedlaeth union yn hŷn, fel mae'n digwydd. Doedd gen i ddim syniad pwy oedd rhain. Dyna pam yr es i heibio i Margiad Rowlands ar fy ffordd i fyny yma gynna. Mynd yno'n unswydd i'w holi hi ynglŷn â'r llun yma. Fel y gwelwch chi, dydi hwn ddim yn un clir iawn, a gan nad ydi golwg Margiad cystal ag roedd o, yna mi fuodd hi'n craffu'n hir iawn arno fo trwy chwyddwydr. Ond roedd hi'n eitha sicir, erbyn y diwadd, mai llun teulu Siop Fawr ydi hwn. Dyna oedd hi yn eu galw nhw… ac mai fy hen, hen daid a nain i a'u plant sydd i'w gweld yn fan 'ma… hen, hen, *hen* daid a nain i chdi, Elena.'

Gan nad ydi o wedi synhwyro'r anniddigrwydd cynyddol yn Elin, na chwaith wedi sylwi ar brysurdeb Dewi yn llenwi bylchau ar y papur, mae Huw Ambrose yn mynd ymlaen â'i stori gan osod ei fys ar y llun.

'Moi Siop oedd Margiad yn galw hwn ond doedd hi ddim yn cofio enw'i wraig o. Mae'n debyg bod y ddau ohonyn nhw mewn gwth o oedran erbyn i Margiad allu cofio dim. Ond roedd hi'n cofio dau o'r plant yn iawn, medda hi.'

Mae'n pwyntio at y plentyn canol yn y llun.

'Esther Thomas Morris oedd hon! Fel hen ferch surbwch ddi-wên mae Margiad yn ei chofio hi, yn gweithio yn y siop, slawar dydd. Ond hwn ydi'r pwysica o ddigon o'n safbwynt ni,' meddai, gan osod bys ar wyneb yr iengaf o'r tri phlentyn. 'Morris Thomas Morris, i roi iddo fo ei enw llawn, a synnwn i ddim nad ar ei ôl o y cafodd Morris, fy mrawd bach i, ei enwi.'

Mae Dewi yn dal i lenwi'r bylchau ar y papur, gan ganolbwyntio rŵan ar gangen arall y teulu.

'Sut bynnag, y Morris yma, ymhen blynyddoedd, ddoth yn dad i Elizabeth Catherine fy nain, ac yn hen hen daid i titha, Elena. Hen hen hen daid i Harri Rhys, wrth gwrs, pan geith hwnnw ei eni. Yr unig enw na fedrai Margiad ei gofio oedd un y brawd hynaf. Fe gollodd hwnnw ei fywyd yn ifanc yn y Rhyfal Mawr, mae'n debyg. Meddylia, Elena! Hen, hen daid i ti ar un ochor o'r teulu a brawd i hen hen daid i ti ar yr ochor arall. Y ddau wedi'u lladd, a'r ddau yn arwyr, siŵr o fod. Dyna i ti rwbath y bydd Harri Rhys yn gallu ymhyfrydu ynddo fo gyda balchder ymhen blynyddoedd i ddod.'

Wrth glywed Dewi yn mwmblan 'Harri'r Ail', a gweld y

dychryn ar wyneb Elin, mae gwên fodlon Huw Ambrose yn cilio'n sydyn iawn.

'Oes rhwbath yn bod?'

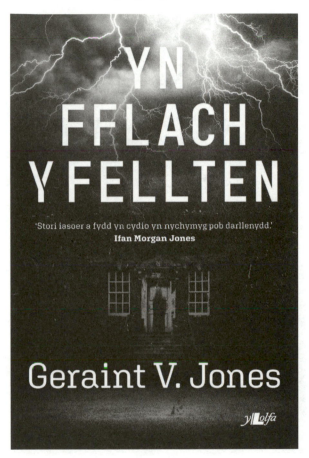

£5.99

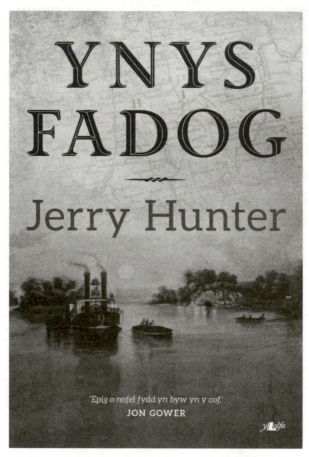

# YNYS FADOG

## Jerry Hunter

'Epig o nofel fydd yn byw yn y cof.'
JON GOWER

£14.99